新东方的旧时光

第一枚东方大学印章　92.3.26

东方大学

1. 20世纪90年代初期俞敏洪在课堂上
2. 第一枚东方大学（新东方前身）印章
3. 1993年11月16日，在中关村二小一间不足10平方米的教室里，第一所新东方学校——北京新东方学校诞生

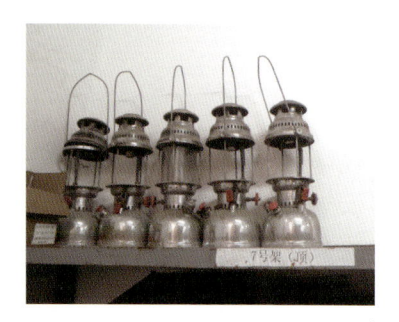

4 新东方早期，教室停电时，学生就靠这些煤油灯照明坚持学习
5 为招揽生意，三轮车司机在自己的车顶贴上了"新东方"三个字。新东方学员们称之为"马自达"
6 北京新东方学校早期的报名前台

7 新东方早期的学生公寓
8 20世纪90年代的新东方已经成为中国学子留学备考的选择。图为中关村礼堂前,报名长龙蜿蜒数百米

和学生们在一起

1 俞敏洪老师和学生一起过年
2 2004年，新东方的管理者与学生欢度新年
3 "中关村礼堂"时期，俞敏洪每次课后，都会被学员团团围住，为他们解惑答疑

4 新东方"青春学习行动"讲座现场
（2003）
5 俞敏洪老师在杭州做万人大演讲
6 新东方"希望之光"启动仪式——
延安万人讲座现场

> 凝聚力，
> 是向前发展的
> 内在力量

1 新东方早期元老合影（从左至右依次是王强、徐小平、俞敏洪、杜子华和包凡一）
2 2000年8月，北京新东方学校教职员工在北戴河

3 新东方 GRE 春节联欢晚会
4 2002 年新东方教师节大会会场

5 2006年圣诞晚会，俞敏洪和周成刚合唱歌曲

6 新东方成立10周年晚会上，举行集体婚礼

11 2017年11月，新东方捐赠5000万元，与共青团中央、全国学联签订未来十年合作协议，继续在全国寻访"中国大学生自强之星"，激励中国大学生自立自强

走向国际，一直在路上

1. 2006年9月7日，新东方教育科技集团在美国纽约证券交易所成功上市，成为中国大陆在美国上市的第一家教育机构
2. 2007年11月14日，新东方与美国教育考试服务中心（ETS）签署合作协议

3 2010年12月17日，美国教育部副部长安东尼·米勒访问新东方

4 2012年，新东方击败美国浑水公司的攻击后，于6月全面进入国际游学领域

5 新东方首席执行官周成刚与百年名校荷兰罗素高中校长阿里·霍卫宁合影
6 美国麦克米伦教育与新东方战略合作协议签约现场

我曾走在崩溃的边缘

俞敏洪亲述
新东方
创业发展之路

俞敏洪 著

图书在版编目（CIP）数据

我曾走在崩溃的边缘：俞敏洪亲述新东方创业发展之路 / 俞敏洪著 . -- 北京：中信出版社，2019.4（2024.10重印）
ISBN 978-7-5217-0307-8

Ⅰ.①我⋯ Ⅱ.①俞⋯ Ⅲ.①教育组织机构—企业发展—经验—中国 Ⅳ.① G523.1

中国版本图书馆 CIP 数据核字（2019）第 055948 号

我曾走在崩溃的边缘——俞敏洪亲述新东方创业发展之路
著　　者：俞敏洪
出版发行：中信出版集团股份有限公司
　　　　　（北京市朝阳区东三环北路 27 号嘉铭中心　邮编　100020）
承　印　者：北京通州皇家印刷厂

开　　本：880mm×1230mm　1/32　　插　页：8
印　　张：12.25　　　　　　　　　　字　数：235 千字
版　　次：2019 年 4 月第 1 版　　　　印　次：2024 年 10 月第 31 次印刷
书　　号：ISBN 978-7-5217-0307-8
定　　价：68.00 元

版权所有·侵权必究
如有印刷、装订问题，本公司负责调换。
服务热线：400-600-8099
投稿邮箱：author@citicpub.com

这里没有高深的理论知识，只有场景和故事。通过场景还原，总结我的经验教训，把故事掰开了、揉碎了，坦诚地与大家讲述我曾遇到的问题，帮助跟当初的我一样的创业者、年轻朋友，回避掉一些坑，让他们尽可能获得一些参考，哪怕一点点。

目 录

序 言 VII

第一章
初出茅庐

缘起：我为什么离开北大 003
我为什么选择从出国考试入手 008
如何招收第一批学生 011
小班模式为什么会变成大班模式 014
为什么我要备几乎所有的课 018
为什么第一个"造反"的老师是数学逻辑老师 022
最正确的领悟：优秀老师等于一切 026
我和其他老师是怎样进行利益分配的 030

第二章
试水江湖

东方大学外语培训部有着怎样的合作机制 037

要成功就得死磕：新东方的第一张办学许可证 040

和竞争对手的较量：人才聚集＋流量入口 046

竞争对手砍伤新东方员工 049

品牌传播：饥饿营销＋顶级产品 054

励志的象征：冰块教室与蜡烛课堂 058

留学，还是做新东方，这不是个问题 064

游走加拿大、美国，拉徐小平、王强等人入伙 066

机遇和风险：邀约被拒绝 072

第三章
创业维艰

家族成员一起创业的利与弊 077

"原始合伙制"奠定新东方发展的基础 082

各占一摊：业务划分 084

鼎力互助与利益分配 087

包产到户激发的潜力与局限 092

如何从家族企业中走出来 097

发展的制约：相关法规不明朗 101

险些没命：错误行为带来的后果 105

朋友同学一起创业的利弊 110

新的力量加入新东方 114

第四章

风云变幻

没有良好的公司结构，业务就没有了载体	121
成立公司：一场咨询引发的新东方变革	125
合伙人之间，股权如何进行分配	129
从合伙人到股东，再到职业经理人，一场艰难的历程	133
定心丸：给股权定价	136
引进外部投资人的是是非非	139
我是用什么心态来对待变革中职位的起起伏伏的	145
卢跃刚对新东方稳定起到的作用	149

第五章

雾里看花

和 ETS 的是是非非	157
新东方和 ETS 的战略合作是如何达成的	166
新东方的发展，为什么没有太受内部争执的影响	170
回到新东方领导岗位	174
新东方分校发展：个人发展与组织规范	178
老虎基金进入新东方	183
胡敏、江博的退出和新东方 VIE 的设立	187

第六章
走向国际

我对新东方去美国上市的矛盾心理	193
我是如何寻找到优秀 CFO 的	197
新东方启动上市进程	200
不做假账：新东方最珍贵的传统	204
国家部委文件的出台，新东方上市提速	207
10 天路演，新东方成为"抢手货"	210
敲钟的那天，我做了些什么	214
中关村管委会出资为新东方庆功	217

第七章
承前启后

老股东退出，新生代崛起	225
生源的改变，促使新东方业务模式发生变革	229
泡泡少儿：新东方有了全新的年龄层次	233
教学管理部成立，新东方有了产品和教研的全国指导	237
教学管理部拆分为五大项目中心	240
前途出国咨询是如何起来的	244
新东方在线，发展过程中的是是非非	250

大愚出版，为新东方品牌助力 256

第八章
瞻前顾后

新东方业务布局的亮点和失误 261
新东方的电脑培训业务为什么做死了 266
为什么新东方在10多年前就开始做家庭教育 270
新东方优能业务的发展和一对一业务的兴起 274
为什么要限制新东方一对一业务的发展比例 279
竞争对手给新东方带来的利与弊 282
新东方上市后，资本市场对于教育的介入 286
新东方上市后走过的弯路 289

第九章
回归本质

浑水公司攻击：新东方的应对策略 297
试错：盲目营销和开校区不是做培训的好方法 305
屁股决定脑袋：新东方考核机制的变革 310
互联网时代：新东方的迷茫与探索 315
坚持教学产品和教学质量，新东方的再次崛起 319

重视教学管理部，发挥总裁办公会作用　　　　　　　　321

情怀和人文精神是新东方企业文化的核心　　　　　　　324

新时代变革：以科技为驱动力　　　　　　　　　　　　328

第十章
自我剖析

从大学老师到上市公司创始人，我的点滴成长　　　　　335

我的个性如何成全和阻碍了新东方的发展　　　　　　　343

我的知识结构如何影响了新东方的发展　　　　　　　　346

新东方的人为什么会有创业基因　　　　　　　　　　　350

如何看待人才的流动和发展　　　　　　　　　　　　　354

做人做事的核心要素：诚信、坦诚和信任　　　　　　　358

与政府官员打交道：坚持原则做事情　　　　　　　　　362

我的未来不是梦：为孩子们的成长全心服务　　　　　　366

附　录　新东方发展大事记　　　　　　　　　　　　　371

序 言

如果问我为什么要讲新东方的成长历程，那么我会说，新东方从成立到现在，已经走过了 1/4 个世纪，快要迎来而立之年，这对于新东方来说，是一个既趋于成熟又继往开来的时间点。在这个时间点上，回顾新东方一路走来的历程，重新理解新东方的发展轨迹与文化，别具意义。

这 20 多年来，新东方走过了非常多的艰难时刻，也遇到了很多发展机遇，从一家小小的培训机构变成了一家上市公司，一路砥砺前行，到今天依然在中国民办教育事业中扮演着重要角色。

在这个过程中，越来越多的人进入了教育行业，也有越来越多的人希望能在教育行业创造自己的事业，为中国的教育发展做出贡献。所以，我想总结一下新东方过去 20 多年的经验和教训，为大家提供我在教育领域创业的思考。所以，这也是我讲新东方成长历程的一个主要原因。

这本书里讲什么

新东方在教育领域还没有《公司法》、没有《民办教育促进法》的时候就开始，一路走到今天，成为一个在美国上市的教育集团公司，虽然不是中国最大的公司，也为千千万万的中国教育领域创业者提供了一个样本。

同时，我也希望我在创业过程中的各种经验教训，能够帮助大家绕过各种陷阱。所以，我抱着一种坦诚的心态，毫无保留地来跟大家讲述新东方成长过程中每一个节点所遇到的问题，我们是如何解决这些问题的，以及我的个性，包括我个人的决策能力是如何在新东方的发展过程中起到正面或负面影响的。

所以在本书里，我要讲述新东方从 0 到 1 的成长历程——从我自北大辞职开始创办新东方，一直到今天的发展过程。这里面包含了我的创业心得、成长心得、管理心得，以及新东方结构变化、组织变化的心得。大家可以看到一个公司的创业过程，看到一个创业公司成长为一个上市集团公司的组织变革过程，看到人才替换和发展的过程，也可以看到一个公司不断发展、不断变革、不断突破、不断尝试，以及不断失败也不断地走向成功的过程。

在本书里，我不会讲系统的理论知识，因为我相信场景以及故事会有真正的力量。通过每一个场景、每一个故事的还原，能够让大家体会自己所在的创业公司是不是有过同样的场景、同样的故事，以及我用过的解决方法是不是适合自己，可以作为自己解决问题的参考。

当然，世界是不断发展的，也是不断进步的，每一种方法都有时代的局限性，也有场景的局限性。所以希望大家在看待这些问题的解决方法时，也要多思考一下，不能照搬照用。

同时，在过去这些年中，作为一个投资者，我也投资了不少创业公司。从这些创业公司中，我也看到很多共性问题。所以在本书里，我也会把我的投资心得、对创业者所碰到的共性问题的理解，以及为解决问题所提供的方案，分享给大家。

从中可以收获什么

如果要问在这本书中，你可以收获什么，我觉得是以下几点：

第一，你能看到一个人的成长历程。我从北大出来，创立新东方的时候只有 30 岁，到今天我已经 50 多岁了。我相信，大部分人都要经历一个从三十而立到事业成功的过程。在这个过程中，我经历过的各种甜酸苦辣，以及我的心路历程，也许对你有一定的启示作用。

第二，你会看到一项事业的成长历程。新东方从一个小小的培训班做起，如今成为美国上市公司，到今天依然在中国民办教育领域中扮演重要角色。你会发现，它的利益分配制度和组织结构变革、高科技对它的发展历程的影响，以及竞争对手对它的成长的影响，每一点都可以掰开揉碎来看。你会发现，原来新东方曾遇到这样的情况，是这么发展过来的。

第三，大家可以看到团队合作和发展的经验。任何一项事业，都不可能是一个人干出来的。从新东方创立到今天，我依然是新东方的领导者，但是，是新东方太多太多的人才，跟着我一起才把新东方做大、做好的。所以，如何管理人才，如何跟合伙人搞好关系，如何进行利益分配，这些都是新东方反复经历的，而且这个过程是要不断更新、不断调整的。

第四，你可以收获跟社会的各种组织、系统打交道的经验。任何一个组织和个人都不是孤立的，在发展的过程中，每个组织和个人都必须跟社会的各个系统打交道。比如你创办公司，就要跟工商局、税务局打交道；在拓展业务时，你就要不断地跟竞争者以及合作者打交道，甚至要跟政府部门打交道；当走向国际时，你还要跟国际机构、国际投资人打交道。总而言之，这里面包含了各种复杂的关系，从创始人内部的关系到跟社会系统的关系，再到跟参与者之间的利益关系、契约关系等，所有这些问题都曾在新东方出现过。我们也是经过了很长时间，才找到解决方案的。我想，这也许能够给广大创业者提供一个参考。

最后一点，也是我觉得最为重要的一点，就是做任何一件事情，当你把它作为一项事业来做的时候，一定是把它跟你的理想和价值观连在一起的。在纵观新东方这20多年的发展历程时，大家一定会发现一条暗含的主线。这条主线就是，新东方这群人到底在坚持一种什么样的理想，一种什么样的价值观？这种理想和价值观，在这个企业的发展过程中，到底起到了什么样的重要作用？我想你读完本书，一定会有所感悟。

适合谁来看

　　这本书肯定是适合教育行业的创业者的。因为教育行业的创业者一定会遇到很多跟新东方同样的问题。但是，我觉得这本书的读者远远不止教育行业的创业者。

　　因为创业和管理企业都是相通的，不管你是在教育领域还是在其他领域，去看一个人、一个组织从零发展到行业巨头的过程，一定对你有某种启示。所以总体来说，本书适合所有想创新、创业的人。

　　此外，我觉得这是一本非常好的讲成长的书。很多大学生都希望自己进大学的时候，就能够了解社会、了解创业、了解发展。所以讲述新东方的成长历程，是让大学生提前知道他们想知道的，让他们知道创业、企业到底是怎么一回事，以便更好地在上大学期间确定自己未来是否可以创业。因为你会知道创业的过程原来是这样的，并判断创业是否可以跟自己的个性相匹配。所以你可以思考：我能不能成为下一个俞敏洪，或者下一个马云？

　　还有一点，是一以贯之的，就是希望能够激励一些挣扎在困境中的朋友。很多人可能都知道新东方的校训和励志文化，但并不知道校训中的那句"在绝望中寻找希望"是我在什么情境下写在笔记本上的。也许很多人可能会想"我曾走在崩溃的边缘"太危言耸听，但我想说，这就是真实的创业历程，成功并不能掩盖我们曾经遇见的困难与困惑——现实总是比电影更精彩。这就好似我曾在北大做分享时提及的一个例子，蜗牛虽然不能像雄鹰一样一下飞到金字塔顶，但是它的坚韧，照样可以带它看到更高的风景。

总而言之，希望我的这些感悟和思考，能够对所有成长中的年轻人，但也不仅限于年轻人，有所帮助，哪怕一点点。

人生是一场漫长的马拉松，加油。

第一章

初出茅庐

还在北大工作的时候,我就进入了教育培训领域。那时,我的年龄跟现在的很多创业者差不多,二十七八岁。我为什么离开北大,又为什么选择从国外考试入手?我是如何招到第一批学生的?在我创立新东方之前,全国各种各样的辅导班都是小班模式,为什么新东方采用了大班模式?作为一名老师,我为什么要备当时新东方开设的所有课程?为什么新东方第一个"造反"的老师是数学老师,而不是英语老师?我和其他老师又是怎样进行利益分配的?这些,都是我想在本章与大家分享的。

缘起：
我为什么离开北大

首先,我要讲一下当时的"出国热"。我记得1980年我到北大读书的时候,同学中还几乎没有出国的。但是到了1982年,我的大学同学中就有离开北大跑到国外去读书的了,因为那些同学有亲戚在国外,愿意资助他们。此外,我们英语专业的同学也可以读西方的书,看西方的电影了。同时,我们开始跟外国人有了直接的接触,比如北大英语专业就有两个外教在教我们英语。那个时候,出国潮还没有兴起。我记得大学毕业的时候,我们全班同学参加了一次没有经过备考的托福考试。当时,老师抱着一种玩的心理,说"你们考着玩一玩",所以我们就参加了那年的托福考试。我记得我考了520分,而当时的托福考试满分应该是673或者677分。大学毕业后,我们班的同学几乎全都被分配到了国内的单位,从政府机关到中学、大学,没有几个出国的。1986年以后,国内突然就兴起了出国的热潮。

1988年,我身边的朋友就开始一个接一个地出国了。我想,如果一直留在北大教书,不出国进行深造的话,那么我会在未来的世界失去机会。所以在1987年、1988年的时候,我开始准备自己的出国考试,包括托福和GRE(美国研究生入学考试)。由于我是学英语的,所以托福考试对我来说相对容易些,我复习了两个月就考了673分,这在当时算是非常高的分数了。因为当时跟我一起考的英语专业的老师大概只考了580分。紧接着,就是GRE了。这对我来说难度比较大,因为我的数学相当于零分水平,所以我把全部精力放在了考试要求的数学和逻辑题的复习上。好在我的词汇考得相当不错,最后我的分数虽不算特别高,大概700分——满分是800分,但也算是不错的成绩,因为当时中国考生的平均分是400~500分。

考完了托福、GRE之后,我接下来的任务就是精心准备出国。大概在1988年下半年,我联系了二三十所美国大学。当时,我对这两个专业颇感兴趣:一个是比较文学,另一个是国际关系。于是,我就沿着这个思路联系了一些学校。原本在1989年的时候我还在努力地跟美国的大学联系,并尽力让自己能够拿到奖学金,以准备出国。因为当时美国的大学给中国留学生发放的奖学金少得可怜,但我觉得作为北大的学生我应该还是有机会的。但后来,由于出现了一些特殊情况,我就完全把出国的事扔到一边了。等到情况稳定,已经是当年的6月了,美国所有大学的奖学金发放以及招生录取已经完毕。而且,我当时的心思确实不在出国上,就这样把出国的事给耽误了。

紧接着,我在心理上进入了一段时间的修复期。修复期过去以后,由于没有奖学金,我意识到一个问题:我不得不靠自己挣钱去美国读书。就这样,出国考试也考过了,也没事干了,我就等着第二年继续联系美国的大学。同时，我还在北大继续教书。教书对我来说还是比较轻松的，教的都是和原来一样的内容，每个星期只要上八小时的课，剩下的时间都是自己的。当时，我在北大拿的工资比较低，想靠工资出国留学是完全不可能的。于是，我就有了自己出去挣钱的想法，就开始参与一些培训机构的托福、GRE 课程的教学工作。就这样，我每个月有了一两千元的收入，比在北大的工资高出了差不多十倍。所以这就给了我一个启示，让我感觉如果去参加培训班教学的话，会挣钱更快。

但后来，我又觉得参加培训班教学还不如自己开培训班来钱更快，所以我就在北大成立了一个托福培训班。这个托福培训班实际上是没有工作人员和证照的——当时我也不知道到什么地方去办证照，而且我那时还是北大的正式老师。但招生并不困难，一是因为我还在北大当老师，二是因为打着北大的招牌，所以有二三十个学生来班内上课。

当时，我北大的学生也帮我贴广告，我们实际上形成了一个老师和学生开培训班的联盟。这件事给我带来的直接影响就是我发现自己原来还有做生意的本事。大家都知道南方人天生就会做生意，这一点从我家乡江阴现在有近 50 个上市公司就可以看出来。

但我们这种方式也存在一个问题，那就是没有证照。因此，我们做事情就不能光明正大，而且我还是北大的老师。当时，北大也有托福培训班，这个培训班是北大老师，尤其是英语系老师的业余收入来源。而我开这个培训班就等于在抢北大托福培训班的生源，因为学生到我这来上课，那边的学生就会相应地减少。所以北大的领导就找我谈话说我这样不行,因为我是北大的老师,不能跟北大抢生意。

但这是没有办法的事,因为北大的培训班,我也不能去讲课,也不让我去讲课,所以我说我还是愿意开这个培训班。后来,我跟北大的领导发生了一些争执,甚至是冲突。最后,北大给了我一个行政记过处分。我的行政记过处分被贴在了北大当时著名的三角地,贴了整整一个月,也用高音喇叭播了大概一个星期,这是我人生中第一次出名,有人在北大看见我会说:"你看,那个就是被处分的老师。"当时在北大已经有一些学生上了我的课,认识我了,所以出现了这样很有意思的一幕。

本来我还是想留在北大的,因为当时我的理想就是出国留学,留学成功以后,比如到国外读了博士,回来继续在北大当老师,图一个安逸的生活。对我来说,每天早上读读书,在未名湖边散散步,是很舒适的生活。而且当时我已经结婚了,就图个安稳。

但是我突然发现,被处分以后我在北大有很多方面都落了下风:比如分房子,当时国家还是分房子的,由于我受过处分,就轮不到我;北大要派人出国进修,也轮不到我。有人会对我说:"你看,某某没被处分,跟你同样的资历,都没出国进修,怎么能轮到你呢?"我发现在这个体系中,被处分这件事情在那段时间甚至终生都会给我带来很大影响!

于是,我产生了一个想法:既然我在北大已经落了下风,而且工资还那么低,不如离开北大出去教书,挣的钱会比现在多很多,而且出去以后我再开培训班,也不会有任何人给我处分!我做出了一个决定：与其在北大过得不如意，还不如自己主动离开。

所以在1990年的时候，我向北大提交了辞职报告，然后用一辆三轮车从北大宿舍拉上了我的所有家当离开了北大，到外面租了一间房子住。当时，北京还没有什么可以出租的公寓房，所以我就租了一间农民的房子，这间房子在北大西边一个叫六郎庄的地方，尽管六郎庄这个名字现在还在沿用，但村庄已经被拆掉了。就这样，我毅然离开了北大，这是整个事情的缘起。所谓"初出茅庐"就是我离开了北大。但是，也正是因为离开了北大，离开了北大的庇护，才有了后来自己不断前行的事业，才有了新东方翻天覆地的发展。所以，这应了中国那句老话："人挪活，树挪死。"离开北大的时候，我内心还是很凄凉的。但是今天看来，凄凉是没有必要的，因为虽然我离开了一个让我感到极其安全的舒适区，走进风雨之中，但就像大家常说的那样：风雨之后才能见到彩虹。

我为什么选择
从出国考试入手

从北大出来以后，我很自然地要开始自己的事业，继续着手创办培训班。因为我当时已经考过了托福、GRE，对这两个考试非常熟悉，所以就决定从托福和 GRE 的培训开始做起。

还有一个原因就是，我发现尽管国内出现了学习英语的热潮，学习英语的人越来越多，但是更多学生学习英语的目的是希望自己能够通过考托福和 GRE 出国。这就意味着，参加英语考试的生源比纯粹学习英语的生源要更加充足。所以我最终决定，从出国考试开始做。后来我发现，这一决定十分英明，因为我要是只从英语培训开始做的话，到最后我的培训班可能就是一个小型的英语培训机构。正是由于我当时隐约地感觉到了出国考试培训将会变成中国的一个热门培训，并且出国人数每年都会越来越多，所以才有了这样一个想法，觉得从托福、GRE 入手应该是最好的选择！

而且，这两个考试在当时被认为是比较难的，尤其是 GRE。坦率地说，连北大的老师也没有几个愿意去教 GRE 的，因为教 GRE 的基本要求是你的词汇量得在两万左右。那时，没有几个人会吃饱了撑的背两万个词汇在那放着，而我恰恰就是这样一个吃饱了撑的没有事干的人。因为我在上大学的时候，得肺结核在医院住了一年。那一年，我在医院没事干，就一边读书一边背了很多单词。所以在大学毕业的时候，我其实已经掌握了接近两万的词汇。后来，我在北大又当了六年多的老师——在北大当老师是非常具有挑战性的，因为北大的学生本身非常聪慧，而且中间的黑马也非常多，所以我不得不时时做好学生向我挑战的准备。就这样，在北大的六年间，我的英语水平也有了很大的提升。因此，我实际上是当时北京教 GRE 教得最好的老师之一。甚至不夸张地说，我是京城 GRE 词汇第一老师。

就这样，我教授这两个考试实际上是有了一个比较高的门槛。也就是说，我不会遇到别的跟我教得同样好甚至比我教得更好的老师，来跟我竞争。由于我参加过这两个考试，再加上自己的不断钻研，对这两个考试的教学有了比较大的把握。

此外，还有一个原因就是，我出来以后招的大多数学生都来自北大、清华，因为中国的出国热就是从北大、清华开始并蔓延的。为什么呢？因为国外的很多学校、研究生院都知道北大、清华是中国最好的大学，所以只要北大、清华的学生申请，基本上都有希望被录取。紧接着跟进的，就是复旦、同济、武汉大学、浙江大学、南京大学、南开大学等高校的学生。所以，这些学生之间就产生了竞争，他们需要在托福和 GRE 中比别人考得高，于是这些学生就变成了我培训班里的学生。由于这些学生大多来自名牌大学，并且都是奔着出国来的，所以刚好跟我的教学水平和内容契合。

此外，这些学生本身的基础也非常不错，所以很容易被教出高分来。一旦他们被教出高分，会反过来对我培训班的发展有很好的影响，甚至说非常重要的影响。当时，我并没有抱着要在国内一直开培训班的想法，甚至那时这个培训班都不叫新东方，就是一个培训班而已。我个人的想法也是想通过这样的教学，能够进一步提高自己的水平，希望自己在达到一定程度的时候重新考托福、GRE，以后自己也能申请到美国大学的奖学金，或进入美国的一所名牌大学，能够出国读书。

从这个意义上来说，我也非常愿意跟我的学生打交道，因为这样我可以认识一些非常聪明、有才华的人，未来到了国外也可以跟他们变成朋友。这就是尽管那时英语学习在中国也还算火，但是我要从这两个出国考试入手的一个重要原因。

如何招收
第一批学生

创立培训班时,我已从北大出来,这就涉及一个问题:我该怎么招生。因为在北大的时候,我毕竟带着北大的光环和声誉。而从北大出来以后,"俞敏洪"这个名字在当时是不可能有人知道的,也是不值钱的,所以用我个人的名声来招生是行不通的。而且离开北大后,我也没有任何办公地点,最后在一个朋友的帮助下租了中关村二小的一间小破房子。那间小破房子,下雨都会漏,总共也就20平方米,而且要在一个小巷中拐十八道弯才能进去。在那个地方招生,都会让人觉得是骗人的。有学生真的来了,本来是要报名的,结果一看那个招生的破地方,拿着钱又跑掉了。就这样,招生成了我的一大难题。我到处贴各种各样的招生广告,甚至把广告跟马路边上的性病广告贴在一起,但是来的学生还是非常少。因为当时附近都是北大、清华的学生,这些名牌大学的学生还是蛮挑剔的。尽管有几个北大学生认识我,报了名,但是这几个学生还是凑不成一个班。

当时,我想:必须要想办法吸引学生。大家都知道,现在各种网络发展获客都是靠发各种免费的东西，创造免费流量入口。其实，我当时想到的也是这个路子，既然收费招不来学生，不如先搞免费的活动。我把托福、GRE试卷研究透了以后，给学生讲课，于是就有学生来听免费的讲座和课程。在讲课过程中，我突然发现，学生除了听我讲题目，还非常喜欢听题目之外的一些知识和内容。所以，这成了今天我，还有其他新东方老师讲课的底子和基础，就是如何用知识加上其他的幽默或励志的故事让学生愿意来听讲座。当时，我们也没有办法租到好的场所，因为当时像大教室或者会堂、中关村礼堂这样的地方，月租要好几千元——现在要好几万元了。我那时是不可能有这么多钱的，所以我前面几场讲座干脆用的是中关村二小的操场。当时没有任何音响设备，我就在操场上扯着嗓子给学生喊。

结果来的学生还不少。我记得第一场讲座就来了100多人，这在当时是个巨大的数字。当然，这跟现在一场讲座能来几千人、上万人不是同一个级别。但是当时，这100多人听完了，觉得很好，可能就有十个八个留下来报名，这对我来说已经是非常低的获客成本了。

今天，很多互联网教育公司的获客成本依然非常高，一个交费客户的成本大约为3000元或5000元，甚至更高。但是当时，我的获客成本几乎为零，因为操场是免费的，我自己讲课也是不用钱的，如果学生听完课以后愿意报名，那就等于我白得了学生的报名费。为了帮助学生解答有关出国各方面的问题，我把讲课内容分成了几个主题，比如托福的学习方法、GRE的学习方法、单词的背诵方法，还有出国的注意事项等。这些内容加在一起是非常密集的。我把这些内容研透了以后，再加上一两个辅助老师，短短时间内就进行了几十场讲座。

除了这几十场讲座，我还开展了一系列免费活动，包括免费为学生录制磁带、免费为学生提供出国咨询。当时，培训班没那么多学生，我也没那么多事情，所以坐在报名处的时候，学生有问题我就跟他们聊，甚至有时候我还会请学生去吃夜宵，通过吃夜宵来跟他们沟通，增加他们对我的信任。就这样，我逐渐吸引了不少学生来我这上课。一个学生上过课以后，就会告诉另一个学生："那个老师讲得挺好的，我们一起去上课吧。"当时还有过这样的现象：一个班招生的时候只有20人，但是等到这个班结束的时候就变成了40人。为什么会变成40人呢？就是因为那20人不断把自己同宿舍的同学带着插班过来听课。我允许插班免费听课，但听到一定程度，他们自己就不好意思再免费听下去了，最后就交费听了。就这样，我的名声开始在周边几个大学，尤其是北大、清华、人大、北师大这样的名校中传播开来。这就使我和新东方——当时还不叫新东方——的获客成本越来越低。

这套方法跟现在互联网的应用方法其实是差不多的，其本质就是你如何能够以最低的代价获得最可靠的客户，并且让这些客户变成你的品牌宣传员，愿意把新的客户带进来，这就是做生意的本质。所以，不管你现在广告做得多好，或者花了多大力气，如果客户来了以后对你产生失望，你的产品不能让人满意，那么即便你花再多的钱最后也是做不起来的。这其实是一个以最优的服务、最优的产品吸引客户，让客户愿意把新客户介绍过来，使你的获客成本不断降低的过程。

小班模式为什么会变成大班模式

我最初开班的时候，采取的都是二三十人、三四十人这样的小班模式。很明显，因为招不到学生，我只能用小班模式来上课。还有另外一个原因，那就是我没有优秀的老师来开更多的班，所以只能通过自己先把学生吸引住。

但是如我刚才所说，一个班如果开始是20人，后来变成40人，最后变成80人，学生带来的学生越来越多，老师不够怎么办？小班模式完全满足不了需求了——再开小班的话，没有足够的老师去上课——我只有一个办法，就是把小班变成大班。

我记得新东方授课地点的转移过程是这样的：在中关村二小的教室里，先是有20个人在上课，后来20人的课变成40人的，人再多这课就没法上了，小学又没有更大的教室，于是我就开始跟北大电教中心联系。后来，电教中心的主任李力老师还成了新东方的后勤行政总裁，我们就是从这个时候开始结缘的。北大电教中心是有大教室的，能容纳80人的、100人的、200人的、300人的教室都有。当时，我自然用不了能容纳300人的大教室,所以就租用了能容纳80人的教室。

我本以为人多了学生会有意见,但没想到学生的学习热情反而变得更高了。为什么?因为他们都是大学的学霸,对自己的学习非常自觉。也就是说,他们不是被老师逼着来上课,也不是被家长逼着来上课的,这跟今天的学生还真是不一样!尽管今天的学生中依然有学霸,依然有充满热情、自我驱动的,但是我发现现在别说是中学生了,即使是大学生很多时候也都是被逼着来上课的,因为家长要他们学习这门课,或者自己不得不学。而当时,学生都是具有极高的自主学习热情的。同时,他们对讲课的老师也有极高的要求。也就是说,如果你讲课不好,他们就不愿意再跟着你学了,何况他们当时是花钱来上课的,所以对老师的要求就更高了。但他们对教室里坐了多少学生是没有要求的,就像我们现在的网络课堂,对有多少学生在听是没有要求的,而对老师讲得到底好不好是有要求的。

由于学生人数越来越多,培训班从一个班变成两个、三个,我一个人自然就教不过来了。于是,我不得不再请一些教其他课程的老师。当时,北京的托福、GRE培训市场上已经有一些老师出现了,但这些老师的讲课水平在我看来不是那么高,所以我就开始培养自己认为合格的老师,这些老师中有一批人最后成了新东方乃至当时的教育培训界,特别是外语培训界的佼佼者。

当时采用大班模式还有一个原因,那就是我们的收费标准不高,一个学生才收100元,如果只开小班的话,就是把这些钱全给老师也是不够的,所以为了使老师的工资能够不断提高,大班模式自然是最可行的。比如同样收每位学生100元，20位学生只能收2000元，而100位学生就能收1万元。毫无疑问，老师从里面分的利润也会变多，我们自己支付各种成本的能力也会提升。

后来，大班模式就变成了新东方的一种标配，甚至成了新东方教学文化的一部分。这里面有两个重要原因。一是学生进入更大的班级以后，学习热情反而提高了。为什么会这样呢？因为他发现自己周围有上百个人在学习——后来新东方一个班级有300人，再往后还扩大到了500人——当他发现有这么多人一起学习的时候，他的竞争心理被调动起来了，觉得有这么多人一起学习，最后都是参加同一个考试，而且美国的奖学金是有限的，那么自己一定要比其他人考得更好才行。而身边坐的人动不动就是名牌大学的学霸，也导致那些不是来自名校的学生奋起直追，他们觉得无论如何自己不能被落得太远，落得太远了别人就到美国去读书了，自己就去不了了。因为大家都知道，尽管有很多人参加考试，但是能拿到美国奖学金的学生比例毕竟是有限的。所以大班制这样一个几百人在一起学习的热火朝天的竞争模式，反而促使学生提高了学习热情。

二是老师也变得非常兴奋。因为大家都知道，一个老师对着十几个学生讲课，是没有什么热情的，也就是慢条斯理地讲一讲。但当他面对100个学生或者300个学生，甚至500个学生的时候，他的讲课热情会变得非常高，因为他觉得要吸引这300个、500个人的注意力，对他来说是很难的事情。因此，他的讲课水平和备课的认真程度、吸引学生注意力的能力必须迅速提高。所以这样双向配合，学生和老师的热情都提高了。

由于采用了这样一种上课模式,当时新东方的大班变成了京城的一个奇观。几乎所有教室里不仅座位上坐满了人,连台阶上都坐满了人。比如北大化学楼的一个教室,有300个座位,但这个教室里硬是挤进了500个学生。因为很多学生想进这个班上课,但是进不去,那么就加座,有的学生就干脆坐在台阶上听课。报名的时候,我就明确跟他们说:进去以后就只有这样的环境,没有桌子,只有一把没有靠背的椅子,有时甚至连椅子都没有,必须坐在台阶上,你愿意不愿意?最后学生都愿意,原因是他们就想挤进当时新东方那几个有名的老师的课堂去听课。

所以当优秀老师资源有限的时候,在还不可能通过互联网来听课的情况下,学生只能走进教室才能听到这些优秀老师的课。在这种资源匮乏的情况下,所有学生都愿意挤进同一个老师的教室,从而形成了一种教学相长的热烈气氛。

为什么我要备几乎所有的课

培训班刚设立的时候，新东方其实没有几个优秀老师，最初的时候就我一个人。于是，我不得不每门课亲自上阵。托福培训当时分成听、说、读、写四部分，也就是说，听力课是我上，口语课是我上，阅读课是我上，语法课是我上，写作课还是我上……我就变成了一个全能老师。GRE 培训分为阅读课和词汇课，词汇课又分为词汇的类比课、词汇的反义词课，这些都是我自己备课！只有一个数学逻辑我觉得比较困难，所以在新东方 GRE 班最初开课的时候，我就想办法找到了当时在北京能找到的数学逻辑老师来上这门课。我之所以要全面备课，一是因为缺老师，二是因为我希望对每门课的教学特点进行研究和了解，这样当我去听这个老师课的时候，就能知道这个老师讲课的优点和缺点，并且通过对老师讲课的优点、缺点进行分析，引导这个老师把课讲得更好。所以，当时我也抱着培养老师的目的，让自己先把每门课都备好。

我还发现一点，那就是用市场上已有的老师去讲课非常难，因为这些老师都是没经过培训的,基本上都是中学或大学的英语老师,他们讲课基本上是按照中学或大学的上课节奏。举个简单的例子,我讲托福阅读课的时候,两个半小时的一节课,我能讲 10~12 段阅读理解,但从外面请的老师同样时间内最多讲两段阅读理解。这些老师讲课讲得太细,一句话能讲半个小时,把中间的语法结构、单词造句等都讲得很细,但他们讲的这些东西其实跟考试和得高分是没有什么关系的,这会导致学生"吃不饱"。所以,老师需要我亲自培养。我要培养每一门课的老师,如果我自己不会教这门课的话,就没办法告诉老师这门课大概怎么教,所以我亲自教每一门课,实际上也抱着把老师带出来的想法。

我教每一门课还有一个重要原因,那就是我发现如果有一门课我不会教,另外一位老师会教的话,这位老师就会觉得自己在这个课堂上特别重要,不可替代,他会高估自己。曾经就有这样一位老师跟我谈他的工资水平,他教的这门课我不会教,尽管我当时给他的工资已经超出了市场标准一倍以上。但是这位老师觉得这门课我不会教,离开他就不行,所以就提出更高的要求。现在做公司或创业的时候,我们也常常会发现这样的现象:如果公司在某一个领域,比如技术、市场营销或产品设计领域,过度依赖某一个人,除了这个人别人都做不了,其结果就是要么给这个人特别高的薪酬待遇和股权激励,要么就去找一个跟他水平相当的人一起干这件事情,否则到了一定程度,会出现"挤兑"或"造反"的现象。其实,我后来碰到的很多创业公司之所以倒闭了,就是因为公司最核心的、不可缺少的人才离开公司,或公司人才缺失导致的。

当时,因为我才刚开始做培训,身上是没有余钱的,仅挣的那点钱还要用来租教室、做市场宣传、采买设备,比如翻录设备,因为当时学生学托福用的磁带都是要翻录的,录完后拿回去听。当时,日本的夏普翻录设备还是很贵的。因此我想,我自己有时间上课的时候就尽量自己上,毕竟我是不用给自己发工资的,这样培训班赚的钱都可以用来进行扩大再生产。但要请别的老师上课的话,我就必须给他付工资,要不然他下次肯定就不来了,甚至会跑到竞争对手那里去。

所以公司初创时,自己多累一点,带来更好的收入,使公司有更多的资金发展,也是一件特别好的事情。我们那时不像现在,现在很多教育领域的公司,只要拿出一个创意,有一个商业模式,就可以对外融资,就有人投资让其发展。我们那时是从零干起,是没有人给我们发展资金的。

我记得特别清楚,当时我收了第一笔学费以后,拿了120元去买了20盒磁带,最后还自责自己怎么花了那么多钱。因为120元相当于一个学生的学费,我觉得这钱花得太多了。现在看来,这样的花费都不算什么事,可那时我们每笔花费都要精打细算,因为害怕最后干不下去了,亏本了,没人帮我们还钱。

大家都知道教育培训行业曾有一些培训机构,把家长交的钱花完了,就关门跑路了。这样的事情在我这里是永远不可能发生的,因为我一开始就非常小心谨慎,觉得欠学生一分钱都是罪过,既然学生交了钱，我就必须把这门课实实在在地讲到最高境界，让学生满意，这样我才能达到自己内心安宁的状态！而且，提高自己的讲课水平还可以同时培训新老师，省下来的钱还能用在新东方进一步的发展上。

这就是为什么我要自己讲所有课的几个主要原因了。

为什么第一个"造反"的老师是数学逻辑老师

创业公司倒闭，常常是由于创始人不懂核心业务导致的。创业公司是比较脆弱的。我们常常看到一群人一起创业，开始有一个人是核心，另外几个是搞技术的，技术搞到一定程度，如果核心创始人不愿意给这些人更多股权激励的话，那么这些人可能就开始有不满情绪，最后的结果就是他们有可能会另立门户，也就是自己出去再搞一个创业公司，而原来的创业公司就会被抽空，甚至倒闭，这种情况是经常发生的。

我常常喜欢举的一个例子就是大厨效应。一个饭店，老板花了很多钱进行装修，但是他自己不会做菜，所以就请了一个大厨，由于这个大厨的水平特别高，所以顾客如云。这时，大厨意识到，顾客来不是因为老板花了钱进行装修，而是因为自己做饭的水平太高了，这时他就会去跟老板谈，饭店的利润要和他分成！大厨去找老板谈的时候，老板其实已经很被动了。如果老板聪明的话，他就必须主动跟大厨提出利润分成的事。最后，如果大厨的需求没有被满足，或者说大厨本身就比较贪婪,那结果一定是大厨离开这个饭店,然后这个饭店也倒闭了。而大厨出去以后,也不一定能干成饭店。因为会做菜的人并不一定懂得经营,而会经营的又不一定懂得做菜,所以大厨和老板之间存在矛盾效应。这在很多创业公司中都有反映。

当时我在新东方全面备课,其实内心也有防范这种大厨效应的想法。也就是说,我既是老板,又是做饭最好吃的人,这样的话我的饭店就安全了!但是其中有一道"菜",我是无论如何都不会做的,那就是 GRE 中的数学逻辑。让我把数学学到我能教的程度,不花个十年八年,是不可能的。所以,我就一定要请能做这道菜的厨师过来。当时北京的培训市场上确实有能教这门课的人,所以我就把他请过来,并且把我的教学风格教给他,于是他就变成了京城教 GRE 数学逻辑最好的人。

由于当时新东方开设的 GRE 培训班级非常少,每一期总共也就招三五个班,所以一个数学逻辑老师是足够的。我觉得他教得不错,也就没有去培养别的老师。所以当时,新东方就只有一个数学逻辑老师。

过了大概半年,这个老师觉得整个托福、GRE 的培训中,俞敏洪什么课都能教,就他教的这门课不能教。那就意味着新东方根本少不了他,所以他就可以要求多拿点收益。于是,这个老师就开始找我谈:"俞老师,你看别的课你都能教,但是我这门课你教不了。既然这样,那这门课你多给我点工资也是正常的。"我问他:"你认为应该多给你多少工资?"我还给他介绍了一下学校目前的经费情况。同样都是 GRE 的课,尽管在他看来 GRE 的阅读和词汇是我能教的,但是其他老师在教课的时候，花的力气跟他是一样的。所以，如果要给数学逻辑老师加钱，那我也得给其他老师加钱，这就意味着整个成本的上升。如果这个班的所有收入都发给老师，那后面的市场费、广告费，还有运营费用，又由谁来出呢？谁知他听了却说："这些事情我就管不了那么多了，反正我这门课你得给我加钱。"我说："那你到底要多少钱？"他说："这个班1/4的收入归我就行。"我说："这是不可能的。"结果，这个老师直接就不去上课了，真的把学生晾在教室里了。

后来没有办法，由于没有其他人能教 GRE 数学逻辑，最后我只能把这一期的三四个班——全部费用的大约 1/2 退给学生，并告诉他们：GRE 数学逻辑这门课，你们只能自学了。当时，这件事令我非常难堪。

尽管如此，我那时也不能答应这位老师，因为如果我答应他的话，就必须给其他老师也加工资，而且这一期班答应了，那下一期要下调工资就是不可能的，这样下去新东方就会垮掉。所以，这件事带给我的一个深刻教训就是刚才我讲到的大厨效应：如果你要开一个饭店自己又不会做菜，还想要大厨不"造反"的话，那就得配 2~3 个大厨，让大厨之间能互相制衡。

这件事情过去以后，我就不再只让一位老师负责一门课了，每门课都配上了 2~3 位老师，而对于我不能教的 GRE 数学逻辑课，我找了四五位老师。后来，新东方几个比较著名的人物，例如现在做资本投资的李丰、后来到耶鲁大学读书的钱永强、在新东方当过执行总裁的陈向东，都是在那个时候被我发展成数学逻辑老师的。这样，我就不用再担心其中有哪个老师"造反"了。所以，这就是一个教训：当有一件事情你不能做的时候，一定要找几个人同时帮你做。除非你相信自己已经给了这个人足够的利益，并且这些利益能够保证他一辈子都愿意跟你一起干。当然，这是不太容易做到的，因为你一旦把事情做起来，就会有不同岗位之间的利益平衡问题。换句话说就是，想要做成一件事，你必须把人才配置到位，并且不能让人才最后把你所创立的事业翻过来，而是要让大家共同获利。这也是我在创业初期最深刻的感悟了。当一个人向你提出过分的要求时，你会怎么处理，这在某种意义上代表你的能力和智慧。

最正确的领悟：
优秀老师等于一切

在我从北大出来到后来新东方发展得比较壮大的整个过程中，我觉得我最正确的直觉和领悟就是：在教育培训行业中，优秀老师等于一切。因为在教育培训行业中，拥有产品研发优势在当时是很难做到的：一是因为当时托福、GRE培训不需要研发产品，所有考题都由国外的出版社或出题机构提供；二是因为我们也不可能研究产品系统，那时互联网还没有普及，也没有现在所谓的人工智能，就靠老师的个人魅力把学生给吸引过来。这就意味着：掌握了优秀老师，就掌握了一切。

那时，我在深刻意识到这个问题以后，做出了一个决定，那就是我给新东方老师开出的工资比周边所有培训机构都高。当时，我们周边包括北大、北外在内，已有二三十个托福、GRE培训机构。我调查了它们给老师开的工资以后，决定把我们给老师的工资翻倍。也就是说，新东方老师的工资必须是其他培训机构老师工资的两倍以上。如果其他培训机构给50元，我这儿就给100元；其他机构给100元，我这儿就给 200 元；其他机构给 200 元，我这儿就给 400 元。通过这种方式，我就能够把优秀老师培养出来。

但是后来我发现，光给钱还不行。因为开出高工资以后，其他培训机构的老师，包括我原来在北大的同事，都愿意跑到我这儿来讲课。他们到课堂上以后，出现一个问题——镇不住学生。也就是说，虽然他们在讲课，但学生觉得这个老师的讲课水平不是自己期待的。就这样，第一批老师基本都被淘汰了，包括我刚才说的北大老师也被淘汰了。那接下来该怎么办呢？既然现成的老师不能用，我就必须亲自培养老师。但是我不能因为这个老师是我亲自培养的就给他低工资，因为一旦他教课很好，给他低待遇就很难让他在这儿继续教课了。

当时，我培养老师非常认真。我让他们走进我的课堂去讲课，把我讲课的录音给他们听，让他们到我面前一道题一道题地讲，讲得不对、不精彩的地方，我会告诉他们应该怎么讲。这样到最后，所有的新东方老师都学会了轻松、幽默、励志的授课方法，有了比较一致的教学风格。这样，我就有了稳定的新东方文化，也有了学生们喜欢的老师队伍。

当然，后来在业内也有一些优秀老师，这些优秀老师讲课的风格跟我不太一样，但是他们对题目比较熟悉，也比较年轻，例如后来比较著名的教 GRE 和 GMAT（经企管理研究生入学考试）的白勇老师（后来因病去世），当时在国际关系学院、现在在美国当教授的黄少华老师，都是那时比较优秀的老师。他们来新东方的时候讲课风格跟我不一样，我就给他们进行了风格的再培训，最后他们都变成了新东方的优秀老师。

对于这些优秀老师，我认识到只要他们来了我就不能让他们走，所以除了必须向他们支付高于市场一倍的薪酬以外，还要有好的激励体系。比如当时我让学生对老师进行打分。也就是说，老师课讲得好坏不是我说了算，也不是老师自己说了算，而是学生说了算。根据学生给老师打分的高低，来确定每个老师到底应该拿多少奖金。这样，老师就会全心全意地讨好学生。当然了，讨好学生会产生另外一个问题：为了讨好学生，老师要不断地活跃课堂气氛，比如讲笑话、讲段子的时间会变多，这样会不会影响学生的正常上课？后来，我发现其实没什么影响，因为学生来是为了托福、GRE 和 GMAT 考试得高分的。如果老师只讲段子而不讲课的话，学生最后发现自己的水平没能提高，那么即使老师段子讲得再好学生也是不买账的。所以，学生喜欢又能讲段子，课又讲得好的老师。

但这样的好老师并不是很多，即使我当时全力以赴去培养，一年也就培养出来十几个。当时，新东方的学生已经越来越多，老师不够怎么办呢？一般的做法是继续招老师开课，但是我当时做了一个非常重要的决定，那就是坚决不让我认为不合格的老师进课堂。优秀老师有限，新来的老师又不能进课堂，这就意味着开班数量会受到限制，很多本来想到班里来上课的学生进不来。怎么办？按照一般做生意的原则，每个学生身上都揣着钱，那就继续开班呗，反正把老师培训一下放进课堂去讲课就行了。

而我当时恰恰把握住了底线。当时，我还不知道什么是饥饿营销，但是确实是有一半想来新东方上课的学生被卡在了教室外面，就是进不来，最后不得不跑到别的培训机构去上课。你可能会想：这样的话，不是白白把学生送给别的培训机构吗？岂不是很亏？其实不亏。原因很简单，当在新东方学习的学生比在其他培训机构学习的学生考的分数更高时，就会形成一种反差效应，这会直接导致后面想要来新东方学习的学生不断提早来报名，最后一年以后开课的班，一年之前就已经全部报满了，学生根本就进不来。

当然，这后来也给了我一个启示，那就是要加大力量培训优秀老师，因为如果优秀老师的队伍不能扩大的话，班级就不能增加，大量的学生依然会被挡在外面，从长远来说，这确实是在培养自己的竞争对手。因为竞争对手如果有了足够的生源，就可以向你学习，可以像你一样给老师发高工资，这样优秀老师就可能留在竞争对手那里，也就意味着培养了竞争对手。所以，问题就变成了在优秀老师就是一切的情况下，怎么扩大优秀老师的队伍？

我和其他老师是怎样进行利益分配的

说到优秀老师，就必然要提到利益分配的问题，因为有人的地方，就有利益问题。不管是国家与国家之间，还是组织与组织之间、人与人之间，甚至夫妻之间在某种意义上都存在利益关系。我们可以说我们之间是有友情的，也可以通过友情来做事情，还可以无偿去帮助别人，但从本质上来说，只有把利益的问题摆正了，人与人之间的友情才能长久。

我跟新东方的第一批老师，以及后来的很多老师的个人关系都非常好。之所以能这样，就是因为我跟这些老师把利益关系处理得非常好。

现在，我们如果成立一家公司，要找合伙人的话，每个人都会分股权。但最初的时候我没有这么做，主要有两方面的考虑。第一就是当时我办的是一个培训班，这个培训班是没有股权的，那时我甚至连自己的机构都没有——我前边提到的新东方只代表新东方的一个发展阶段。确切地说，1990—1993年的时候还没有新东方呢，新东方成立是1993年11月的事。

在只有一个培训班,即自身就是一个临时身份的状态下,我是不可能去跟老师分股权的。那时,我也没有划分班级的分成体系。因为最初我开班的时候,一个班就只有二三十人,拿这二三十人的班跟老师谈分成,说这个班收入的10%或20%给老师,他只能拿到几十元,那就没有老师来上课了。所以最初,我就意识到了优秀老师是培训机构的一切,必须把优秀老师留在我这儿,必须给老师比其他任何培训机构都更高的工资。

所以一开始很简单,就是老师来了以后,我给他们定的工资比其他培训机构高出一倍,这也就意味着整个班的收入都得给老师。最初一个班只有20人,后来变成40人、80人……我当时计算了一下,差不多一个班有80人的时候,给老师发完工资,再扣除成本费用,基本上就没钱了。也就是说,我自己讲课都是免费的。这也是为什么后来要采取大班模式的一个重要原因,因为这样会迅速降低成本,老师可以拿高工资,也很开心。实行大班制以后,成本下降了,这个培训班就有了利润,可以扩大招生,进一步拓展。

我后来意识到,如果一开始就跟老师分成的话,会增加很多负担,因为一个班是由四位老师分别讲授不同科目的。比如托福课由听力老师、口语老师、阅读老师、语法老师分别来讲,由于老师的教课水平、所做的贡献是不一样的,因此很难进行收益分配,何况还要等到学生打分以后才能区分出老师水平的高低。所以我后来实行了这样一个分配体系,就是确保老师的工资收益,比如老师来新东方讲课,他的工资与北京同类机构的工资相比已经是最高的，所以他会觉得很划算。

当时，新东方实行打分制，制定了一整张打分表格，采用五分制。也就是说，学生按照这个表格上的内容给授课老师打分。刚开始，我们给老师的评分标准分了很多类别，包括老师的讲课水平、熟练程度、幽默程度、对学生的吸引力、知识结构等，可结果发现分类打分的总和基本上和直接打一个总分一样。所以后来，我们就让学生只打一个总数，就是你认为这个老师的教课水平是可以给5分，还是4.8分、4.5分，或是4.2分、4.1分。当时，我定了一个规则：凡是得分在4分以下的老师没有奖金；得分在4分以上的，每增加0.1分就会有相当配额的奖金。这样一来，所有老师都会拼命地想要得到4分以上。后来，最好的老师基本能拿到4.8分、4.9分，这意味着这些老师每个课时的奖金能增加100元，甚至200元。这样的奖金再加上工资，老师的收入就非常可观了。

这样一个体系可以确保两件事情：一是老师有很好的收入，只要他的评分在4.0之上，就必然能拿到奖金；二是确保老师有动力去努力备课、讲课，因为为了拿到奖金，他一定会想办法让自己的评分在4.0以上。当时，我们还有一项规则，那就是如果某位老师连续两期的评分都在4.0以下，便自动离开新东方的讲台。如此一来，评分总是在4.0以下的老师实际上就被淘汰了。所以，当时就有一批老师离开了新东方的讲台，而另一批本来没有被发现的优秀老师，由于自己发奋努力，后来成了新东方的优秀老师，比如后来很有名的杨继、宋昊等一批年轻老师。这批老师大学刚毕业就来到新东方，希望成为新东方的老师。由于他们自身的底子和素质较好,再加上新东方精心培养,迅速就成了新东方的台柱子。这种机制帮助新东方实现了优秀老师的聚集效应。

大家都知道,公司或组织在不同发展阶段的利益分配是最难的,公司在不同时期应该采取不同的分配体系以留住不同的人才。比如:如果新东方一开始就跟老师实行股份制,让很多老师拿到股份,而他们后来却因为得分较低离开了新东方,但股份还在,那新来的老师就没有可分配的股份了;如果我一开始就进行利益分成,在班级规模很小的时候,老师拿一半,我拿一半,那后来班级规模变大了,老师依然拿一半收益,我连运营成本和市场营销费用都无法支付,公司也就没有办法运营下去。

所以,企业在不同发展阶段应采用不同的利益分配方式。新东方在不同阶段采取的利益分配方式有:起初,给老师固定工资加奖金;后来徐小平、王强来了以后,采取合伙人机制;2000年以后,新东方有了更多长久的合作伙伴,就采取了股份制;而如今采取的是上市公司的利益分配机制。

毫无疑问,利益分配的方式决定了你能不能把一个公司做好、做兴旺。我知道有许多公司,包括我自己投资的一些公司,到最后之所以散架或者倒闭,就是因为创业者或利益相关人士认为公司利益分配不公平,或者利益分配不到位。人们常常能够在艰难困苦的时候团结在一起艰苦奋斗,但是在面对利益的时候,却往往做不好利益分配的工作,导致公司倒闭。

值得庆幸的是,新东方从一开始就与老师进行了合理的利益分配,后来采取了合伙人制,再后来又采取了上市公司的利益分配机制,到今天还没有出现太大的问题。尽管也有一些人对利益分配机制不满,但整体来说,新东方到现在还是人才济济。这意味着,新东方的利益分配机制整体上还是及格的。

第二章
试水江湖

这一章，主要是讲新东方是如何"试水江湖"的，是怎样从初出茅庐到后来成为中国出国培训领域第一品牌的。

从最初的东方大学外语培训部，到新东方拿到第一张办学许可证，到和竞争对手较量、对手砍伤新东方员工，再到游走美国、加拿大，拉徐小平、王强等人入伙……我给这章起了一个名字——试水江湖，它是新东方初出茅庐后的一个重要发展阶段，这段故事就从东方大学外语培训部说起。

东方大学外语培训部有着怎样的合作机制

现在,大家对于"东方大学"这个名字,已经非常陌生了。但是当年的东方大学,尤其是东方大学外语培训部是一个特别响亮的品牌,因为它就是新东方的前身。

我刚从北大出来办培训班时是没有办学许可证的,而没有办学许可证培训班就没有办法开学。所以我要想招生,就必须要有一张办学许可证。这个办学许可证以我个人的名义是无法从教育局拿到的,所以我只能寻找合作伙伴。找了几家以后,我发现有一家叫作东方大学的机构,它其实不是一所真正的大学,而是一个培训机构。20世纪80年代,国内对这样的学校没有太多限制,于是北京成立了一批大学,只要大学教授联名申请就能获得审批。而东方大学就是由中国人民大学的几位教授一起创办的,这几位都是大学教授,人也比较好。当时,东方大学有进行各种培训的资格。但这些教授身边没有什么年轻人,他们自己也办不了太多的班,主要做一些自学考试辅导之类的,也没有外语培训部。

见到这几位教授后，我就跟他们说：我是从北大出来的，能不能跟你们联合来办外语培训班？他们说他们没有外语培训经验，如果我愿意的话，可以用他们的许可证，只要给他们一个利益分配方案就行。在跟他们讨论完了以后，我提出由我来办这个外语培训部，把总收入的 25% 分给他们。但如果学生要发票的话，他们就必须把发票给开出来，以证明培训的合法性。最后，我们对上述方案达成一致，但其他事项，如校舍、招生地点、宣传、老师等他们一概不提供，都由我自己解决，这些都由留给我的 75% 的收入负担。这样一来，我就有了一个合法的名称和一个很清晰的分成体系，接着就开始了独立招生。

把总收入的 25% 分给别人来联合办学，这个负担其实是非常重的，因为剩余的收入既要用来给老师发工资、招生，又要用来解决办学地点和教室的问题，所以我最初的财务压力非常大。

但我之所以提出这个分配方案，是因为我觉得我一定能把这个培训机构越做越大，能够让教室里的学生越来越多。只要教室里的学生越来越多，利润就会越来越多，就能实现良性循环。因为做任何业务，都需要资金的良性循环。如果资金不能实现良性循环、得不偿失的话，是任何事情都做不起来的。所以从这个意义上来说，我觉得我能够成功的一个很重要的因素就是我没有自己要先拿钱的想法。如果当时我按照课时从公司给自己开工资的话，那么这件事就没法做下去了。我那时想的是只要把其他人的钱给够了，剩下的就都是我的了，而我的钱是不需要拿回家的，可以用来扩大再生产。通过扩大再生产，学生会越来越多，综合成本也会越来越低，这也就意味着培训班能够继续开下去。

　　同时，我还做了一个现在看来非常明智的决定，就是把外语培训部的办学地点设置在远离东方大学本部的地方。当时，我认为做事如果太依赖合作伙伴，比如每天一起办公、一起商量事情，最后可能会矛盾重重，越来越难做。当时，东方大学本部在中国人民大学附近，所以我故意把办学地点选在了稍远点的位置，这样很多事情我就可以独立决策、独立操作，只在每一期班结束时，把款项结了。这样的良性合作持续了三年左右，从1990年下半年一直持续到1993年11月16日新东方拿到了真正的办学许可证。正是这样的合作，给了我三年充分的准备时间，也为新东方以后的发展奠定了良好的基础。

要成功就得死磕：
新东方的第一张办学许可证

现在办理办学许可证，相对来说是比较容易的。大家知道，目前中国光培训机构就有四五十万家。当然，最近由于行业整顿，对于一些像我当初那样身无分文要办培训班的人来说，拿到办学许可证难度依然比较大。但就当时的情况而言，难度也是非常大的，因为要拿办学许可证，需要符合两个条件：一是办学人必须有大学副教授以上职称，而我当时从北大出来的时候只是一名讲师，没有副教授职称；二是要经原单位同意，才能够拿到办学许可证，而我原来的单位是北京大学，我是跟学校吵了架、背了处分才出来的，让北京大学出证明同意我办培训班，是不可能的。所以，这两个条件实际上我都不满足，这也意味着我拿不到办学许可证，这也是为什么我离开北大以后不去办许可证，而是创办东方大学外语培训部的主要原因。

但是在这三年中，我无时无刻不在想办学许可证的问题，毕竟东方大学是别人的，你做得再好，别人说不让你干你就干不了了。另外，如果自己拿了办学许可证，25%的分成就不用给别人了，那可是一笔大钱,而且后来越分越多。1993年,培训班的年收入已经接近六七百万元,分出去上百万元是很让人心疼的。因为东方大学除了提供合法性外,其他什么都不提供。所以我觉得,无论如何我一定要拿下这张办学许可证。

人总要有自己的天地,为了拥有自己的培训天地,我一定要拿到许可证。于是,我就跑到海淀区教育局去了。当时,那里叫海淀区成人教育局。那时,没人认识我,我刚开始去跟他们聊,说我要申请办学许可证,他们说:这是不可能的,你不用来了。可我却想,我死磕也要磕下来。所以每过一两个星期,我就去跟他们聊天。到后来,我和他们就特别熟了。过了半年左右,也就是1993年年初的时候,他们跟我说:"俞老师,你不是想拿办学许可证吗?我们看你在外面帮东方大学干了那么长时间,一点问题都没出,也听说你办学对学生很负责。如果你想拿办学许可证的话,我们还是可以帮忙的。"我说:"当然愿意了,那要怎么办呢?"他们说:"这两个条件是必须要满足的。要不这样,第一个条件我们可以放松一点,因为你是北大的讲师,相当于其他大学的副教授,第一条可以算过了。但第二条原单位证明是必须要拿来的。"我表达了我拿证明的困难,他们就给我出了个主意,找户口档案存放地。20世纪80年代,国内已经有很多人从原单位辞职出来办公司了,到了90年代这种现象更是普遍。

当时,中国的机制也比较开放。北京还成立了这么一家机构——人才交流中心,可以为各种社会工作人员,以及下岗工人保存档案。当时我从北大出来,档案就存到了这个人才交流中心。

海淀区教育局的人跟我说，如果人才交流中心愿意给我出允许办学的证明，那也是可以的。所以我就跑到人才交流中心去。可人才交流中心的工作人员不肯出这个证明，他们说："我们不知道你办学具体干什么，万一你把学生的钱骗走了怎么办？所以，我们不能给你出证明。你把档案放在我们这儿，跟允许你办学是两回事儿。"没有办法，我只能第二天再去，想着这件事情死磕也得磕下来。结果第二天去的时候，我在门口碰上了一个小姑娘，她问我："俞老师，你在这儿干什么？"我说："你认识我啊？"她说："我就在你的托福班上课。"我说："这个事情巧了。现在的东方大学外语培训部，你上课的那个地方，其实不是我的。我现在希望能自己办学，但是需要人才交流中心出证明。"后来，在她的帮助下，我终于拿到了盖了章的证明。

拿到这个盖了章的证明以后，我就又到了海淀区教育局。海淀区教育局的工作人员说："这就算齐了，就给你办吧！"于是，我拿到了办学许可证。拿到办学许可证的那天是1993年11月16日，我记得特别清楚。那天狂风大作，我骑着自行车，马路边上几十年的大杨树树叶落了一地，被狂风一吹，满天飘舞。我跑到海淀区教育局拿到这张办学许可证，结果打开一看上面的有效期是半年，当时我就傻了。我说："半年？半年以后怎么办？"海淀区教育局的人跟我说："俞老师，我们对你还是有点不放心。因为办学毕竟是一件大事，万一出了问题，我们要承担责任。给你半年时间，只要半年内没有任何学生来投诉，你没有做任何违法的事情，我们就给你换长期的办学许可证。"

听到这，我就拿着办学许可证回去了。这一天，成了新东方真正的开始。尽管那一天狂风大作，但在我心中一直是最温暖的一天。所以一直到现在，新东方的周年庆典都是放在 11 月 16 日。2018 年，新东方成立 25 年了。其实大家可以回顾一下，加上我之前和东方大学合作的三年，新东方其实已经成立 28 年了。但由于前面三年我是以东方大学外语培训部的名义办学，所以我要开始切换品牌的工作。

切换品牌要跟创立东方大学的教授们沟通。我跟他们说，到今天为止我非常感激他们，正因为有了他们才有了新东方的前半生，没有他们的话，我连办学资格都没有，根本没法招生，但我现在能自己办学了，不能再给他们 25% 的分成了。他们很失望。我又说："没有办法，东方大学是你们的，我总得干些自己的事情，对吧？"后来，他们说："小俞，我们年纪大了，东方大学就给你干吧！"但说归说，真的要把东方大学给我也不是一件容易的事情，毕竟这是他们老有所依的事业，我不能剥夺。所以后来我说，我还得自己办学。最后，他们说："既然这样，我们好聚好散，希望你办学能够更加成功！"就这样，我离开了东方大学。

但没想到，我一离开就出现了岔子。"东方大学外语培训部"这个名字在当时已经非常有名了。我刚离开，就有一批人跑到几位教授那儿说："这个名字我们来用，我们跟俞敏洪一样，也给你们 25% 的分成。"结果，这个名字就归别人使用了。就在我贴出新东方广告的第一天，"东方大学外语培训部"的广告就贴在旁边。因为新东方是第一次出现，而"东方大学外语培训部"当时在全国已经很有名了，学生不知道新东方,所以就有大量学生去那边报名。

后来,我找到东方大学的那几位教授,告诉他们目前的混乱情况,并提出一个建议:现在的"东方大学外语培训部"到底能不能办起来还不知道,那25%的分成能不能拿到也是个问题,所以我每年给你们一笔钱,把这个名称连续买断三年吧。也就是说三年之内,我每年付给他们20万元,但是这个名称他们就不能再给其他人用了。后来,教授们答应了,因为他们觉得把这个名称给别人用也不知道能不能做成,而且俞敏洪还是一个蛮可靠的人。所以,我们就达成了共识。在买断这一名称的三年时间里,我不再以东方大学外语培训部的名义招生,而是用"新东方"这一新名称开始招生,并且在下面注明了"原东方大学外语培训部",让大家知道这是一个品牌切换的过程!仅过了一年,新东方就已经誉满天下,已经不需要再借助"东方大学外语培训部"这一原名称了。

大家发现,品牌建立起来后,再切换成另一个品牌还是蛮难的,幸亏当初起了一个比较不错的名字——"新东方"。后来,常常有人问我:"俞老师,你怎么会起'新东方'这个名字呢?"我说:"其实,没仔细想。"当时,我只是想,办这个学校得起一个新名字,肯定不能再叫"东方大学外语培训部"了。那叫什么呢?"东方"这两个字用了这么多年不能改,所以要围绕这两个字来做文章。当时,我刚好有一个朋友在北大的高科技公司工作,出来后创办了一家新公司,起名"新北高"。受他的启发,我想:你叫'新北高',我就叫'新东方'!"于是,就有了"新东方"这个名字。

后来，很多人给这个名字附着了很多意义，诸如"新东方"是东方冉冉升起的新星……其实起这个名字的时候，我想得真的特别简单，就是因为原来创立了东方大学外语培训部，后来要办一个新学校，需要起新名字，就取了"新东方"这三个字。这就是新东方的诞生。

和竞争对手的较量：
人才聚集 + 流量入口

大家都知道，新东方的蓬勃发展，肯定给竞争对手形成了挤压效应。这种挤压效应主要来自两个方面：招生和优秀老师。到新东方来的学生越来越多，而当时每年出国学生的增加人数是有限的，这就意味着去竞争对手那里的学生少了。而在优秀老师这一方面，因为新东方的学生多，他们也更加愿意到新东方来讲课，既能拿到更高的工资，还能不断激发自身的潜力，更有成就感。对老师而言，面对40个学生讲课和面对400个学生讲课，感觉是完全不一样的。面对400个学生时，老师的大脑会产生更多的多巴胺，会更加兴奋，会觉得自己有了一个更大的舞台，更能发挥自己的才能。这样一来，精英越聚越多，新东方出现了人才济济的良好局面。

同时，我对新东方的老师有一个要求：除了正常授课以外，必须要有演讲能力，即一个月进行多少次演讲是额外的必须完成的任务。其实，当一个老师能够对着课堂上的四五百个学生讲课的时候，他的演讲能力已经自然形成了。后来，新东方的老师都能演讲。这就意味着,新东方可以大量地开演讲班了。就像我前面讲的,新东方最初的演讲,大小几十场都是我一个人讲,而现在,新东方几乎所有有演讲能力的老师都可以去讲。而这时,新东方已经变成了一家能够租礼堂进行演讲的机构。当时,首都图书馆大讲堂、中关村礼堂、北大第三食堂(当时的一个大讲堂,现在的北大纪念堂),还有周边能演讲的场所几乎都被新东方占了。几乎每个星期,都有新东方的老师在那些地方演讲,而且每次来听演讲的学生都非常多。

这里有一件很有意思的事。有一次,我们在紫竹院附近的国家图书馆礼堂演讲。那个礼堂只能坐1000人左右,虽然是免费演讲,但由于是在冬天,所以我们贴广告时觉得不会有那么多人来,也没有给学生发入场券。然而,当天一下来了3000多个学生,进到礼堂的有1000多人,一部分学生在外面待了一会就走了,还剩下1000多个学生就是不肯走,站在寒风里,说什么也要挤进去听讲,造成了大量拥挤。结果,紫竹院派出所的警察都过来了,但也没能把学生劝走。我本来是在礼堂里面的,后来从窗户里爬了出来,想要到现场解决问题,刚爬出来的瞬间被警察给抓住了。警察问:"你是干什么的?"我回答说:"我就是讲座的主办人。"警察说:"刚好要找你,跟我们去派出所。"我就跟警察说:"我跟你们去派出所可以,但你得先让我把课讲完了。"我跟警察说,现场的学生是来听我讲课的。虽然他们还是不相信,但也让我继续讲了。刚好旁边有两个大垃圾桶,我就往那两个大垃圾桶上一站,对着下面1000多人讲了40分钟。最后,场外这1000多个学生算是心满意足地离开了,礼堂里面还有别的老师在讲。

散场以后,警察就把我带到了派出所,说:"我们要拘留你,因为你造成了公共安全事件。"我就向他们解释,讲了一遍我的故事。后来,警察说:"好吧,看你也不像个坏人,又是北大出来的,今天就放了你。下次请记住了,再做任何演讲一定要给学生发入场券。否则,出现踩踏事件,你新东方还能干下去吗?"我连忙答应。由于这次的教训,新东方形成了每次演讲都发入场券的传统。这是新东方开讲座过程中的一个小插曲,也是我当时遇到的最有意思的一场讲座。

后来,这些警察也成了我的好朋友。这样一来,演讲相当于今天的互联网免费宣传,成了新东方的免费流量入口。到最后,新东方几乎不用再在马路上贴广告了,因为学生都知道新东方了,有的听了演讲就自动跑过来报名了。

但是新东方的发展跟竞争对手形成了激烈的冲突,因为竞争对手的空间日益变小,他们也要吃饭。后来,就形成了几十家竞争对手对抗新东方一家的局面。这个局面变得非常紧迫,这就是我下面要讲的了。

竞争对手砍伤
新东方员工

当时,海淀区甚至整个北京市为了避免贴广告的人把各种广告贴在电线杆上,就在路边设置了圆柱形或者方柱形的广告桶。所有培训机构都会在上面贴广告,甚至一个培训机构会贴几十张。于是,就出现这样一种状况:一个培训机构一下子贴上几十张,过十分钟,另外一个培训机构再来一下子贴几十张。新东方的广告贴得相对少一点,因为当时新东方已经用了免费演讲等方式招生。

这种互相覆盖的贴广告方法存在很大的问题。新东方也贴广告,但贴得比较少。而且为了避免冲突,我专门要求新东方的工作人员把广告贴在广告桶的下面,不要贴在最好的位置,把最好的位置让给其他培训机构。但这样也不行,其他培训机构只要看到新东方贴广告就恨得牙痒痒。

后来,一家培训机构贴广告的人员和新东方贴广告的人员在同一个广告桶上贴广告时,把新东方贴广告的人捅了好几刀,造成了一起流血事件。我们把这个工作人员送到了医院,幸亏没有生命危险,但缝了好多针,在医院里住了差不多两个星期。无论如何,这个事情必须解决。因为我再让新东方其他人员去贴广告时,他们说:"俞老师,我们不敢去贴,因为前面那个人被捅的事还没解决。我们再被人捅了,也解决不了,岂不是白被捅了?"甚至还有人说:"要不俞老师你去贴,我们跟在你后面……"

我找到了海淀公安系统,但那时,他们的刑事案件特别多,需要逐个处理,我们需要等待。但要是这件事情不能及时处理的话,毫无疑问,对新东方来说是一个重大伤害,因为我们没有办法再干下去了。所以我想,无论如何都要尽快解决。

于是,我就跑到海淀刑警大队蹲点,看看警察能不能马上给我解决。第二天,有一个中年男警察进出警察局时总是对我面带微笑,我就上前去找他,向他介绍了自己,并讲了我员工被捅的事情。细聊了之后,他说这件事不由他负责,但感觉我人还不错,答应帮我问问。后来在他的帮助下,我见到了他们的大队长还有其他几位警察。我把自己的诉求和他们说了,他们说:"只要你们不做违法的事情,我们会尽量支持你!"从此以后,这些人跟我关系一直不错。

与那时相比,今天的各种社会关系、社会融洽度、个人的社会地位,甚至政治地位都得到了很大的提高,这也是一种社会进步的体现了。但当时,我们确实是创业维艰!后来,新东方有句校训——"从绝望中寻找希望",就是我那个时候写在笔记本上的。

这件事情解决以后,虽然竞争对手还在,但不敢再动刀子了。因为海淀公安局警告他们说,如果再发生这种恶性事件,就立刻把他们抓起来。虽然没人敢再动刀子了，但是他们还在继续捣乱。有一家竞争机构（现在已经不在了），让它的员工到新东方的教室给学生发广告。这几个人站在新东方教室门口，进去一个学生发一张广告，从学生进教室开始一直发到6点半上课。对此，我们也没有办法，因为如果我们动手打架也成了恶性事件，所以只能让他们发。虽然这种行为不会给我们造成太大影响，但却让我们看着非常不舒服。

又过了一段时间，这家竞争机构就出事了。由于处理不好跟老师之间的利益关系，涨工资的需求没有得到满足，老师就罢课了。这家竞争机构的老板是个女的，原来是一名下岗工人，为了谋生才办了这家培训机构，其实也挺不容易的。她创办这家培训机构时新东方还没成立，她请了北大、北外的老师来讲课，也招了不少学生。但是新东方起来以后，她的生源就越来越少，所以越来越绝望，后来就开始做一些很没有道理的事情。当时，她的机构有两个班，大概有400个学生，一天之内4位老师全部罢课，学生也跟她闹了起来，要求退款。可这个时候，她的钱已经花光了。最后，她给我打电话说："过去我做了很多对不起你的事情，但现在有个要紧的事情要你帮我解决。我们见面聊一聊吧！"我当时还挺害怕，想着别到地方把我给捅了，但后来又想她也不至于，于是就带了一个助手去见她。到了地方，我看到她一个人坐在那儿等我。然后，我们就坐下聊她的事情了。考虑到老师罢课，学生也没法上课了，又没钱退费，她就想让我把学生接过来，帮她带完课。我没想太多就答应了，因为我这儿是有老师的。但我又一想，如果她的培训机构就这样关掉，她以后怎么生活呢？后来，我就决定把老师借给她,帮她把课上完,与此同时她还可以继续招生。同时,我还让她跟那几位罢工的老师说:"我可以给你们加点钱,请你们回来上课。如果你们不回来的话,新东方的老师会把这些课带完,同时你们也去不了新东方,以后可能就失业了。"后来,她真的给这四位老师打电话了,但那些老师并不相信她的话,理由是你怎么可能跟俞敏洪交流呢,你们不是有不共戴天的仇恨吗?

后来,那几位老师还给我打了电话:"俞老师,你真的跟她交流了吗?"我说:"是这样的。你们想想,尽管你们跟她有利益纠纷,但学生没有得罪你们,对不对?你们上了一半的课就跑了,把400个学生扔在那儿,作为老师,你们这样做是不对的……如果你们这样,以后我也不会让你们来新东方的,我最讨厌半路甩课的老师了……我跟她说了,给你们加点钱,你们先把课上完。如果以后她还要招生,你们可以继续跟她谈堂课待遇的问题,实在不行,只要你们合格以后来新东方我也要你们,但是现在,我绝对不会要你们。"结果,他们达成了协议。后来,这家培训机构又办了两年,最后实在是招不到学生了,创始人就转行了。

这期间还发生了一件很有意思的事,那就是从此以后她的员工再也不到新东方教室门口发广告了,而且还派人把跑到新东方教室门口发广告的人给轰走。尽管我们没有变成好朋友,但我发现,你的善意是可以把大部分人给暖过来的。通过这次事件,所有竞争对手都觉得俞敏洪做事还是挺大气的,干脆自己也别做小家子气的事情。

大概一年以后,新东方在中国市场几乎已经一家独大了,其他培训托福、GRE、GMAT的机构几乎全部关门。后来又过了十年，中学生进入了培训市场，在要求小班教学的时候，新东方的教学体系面临重新变革，才又有了另外一些竞争对手。虽然挤掉了竞争对手，但是我在"江湖"上也算留下了好名声，因为我在新东方的发展过程中一直用比较大气的方式来对待竞争对手。

品牌传播：
饥饿营销+顶级产品

在新东方的发展过程中，品牌传播其实在无意之中发挥了非常大的作用。这主要归因于两个要素：一个是饥饿营销，另一个是顶级产品。所谓"饥饿营销"，并不是指只要学生有意愿和足够资金来报名，你就无限制地把学生都招进来，而是要像爱马仕做限量版的包一样，爱马仕的包之所以能卖那么贵，就是因为它一年就做那么几个！它也不会因为一个包的利润有几十万元就大量生产——一旦生产几万个或者几十万个的时候，就不值钱了。这在某种意义上就是一种饥饿营销，我的产品少，你提早来了就能得到。所以，当时的新东方为保证教学质量采取了一个策略，那就是：没有名师不开班，班级是限量的。这就促使很多人都帮助新东方做宣传，动员身边的人赶快去新东方报名，要不然就没办法上新东方的这些班，一旦你晚一年报名，你出国的事就会耽误一年。而且，出国还需要高分，当时中国的学生越来越多，在托福、GRE、GMAT的考试中得高分就成了能够拿到出国奖学金的最重要的途径。

20世纪90年代，中国学生出国是不大可能自费的，有能力自费的学生只是极少数，几乎所有的学生出国都要靠拿奖学金，而这需要有较高的托福、GRE或者GMAT的分数。所以，培养学生得高分就成了我们的重要教学目标，而得高分的学生可以影响另一大批学生继续来到新东方学习，于是我要求老师必须把课程打造成精品课，必须把课备得滚瓜烂熟。而且，备一堂课上一堂课，这是绝对不允许的。如果一个老师要讲十次课的话，他必须从第一次课到第十次课都备得非常完整，过关后才能走进教室讲课。

后来，课讲得多了，不少新东方老师都不带讲义了，直接走进教室讲课。当时，还没有什么PPT（演示文稿），也没有什么反投系统，只有一个需要手写的投影仪，老师拿着讲义在教室讲课。所以对于老师来说，熟练就变成了一个特别重要的技能。当所有老师讲课都讲得非常熟练的时候，实际上就打造出了精品课。

由于开班数量有限，学生报名就形成了非常壮观的场面。新东方的报名期，一般是在寒、暑假快结束的时候，暑假快结束时报寒假期间的班，寒假快结束时报暑假期间的班。再加上有一大半学生是外地的，最后就形成了冬天的报名季。有的学生为报名会排整整一夜的队，这种情况出现了好几次，夏天的时候也是一样。当时正常情况下，2月寒假期间开始报6月的暑期班，开10个班，基本上一天就全部报满了。有些学生宁可等上半年再上新东方的课，也不去别的培训班。

由于学生越来越多、班级越来越多，我也加强了对老师的培训，不断挖掘有潜力的老师。新东方的优秀老师从10个变成了20个，再变成30个……班级的容量也在扩大，最后就形成了几乎所有想要出国的优秀学生都在新东方、生源辐射全国的局面。当时，有些上海的学生周五晚上坐夜车来上周末的课。那时没有高铁，周日上完课，他们再坐夜车回上海。甚至从广州来的学生也都如此。

学生人数多了，高素质的学生也就多了，所以新东方的学生考高分的就比较多。当时，新东方先是出了一个托福考满分的学生轰动一时，紧接着又出了五六个托福考满分的，接下来又出现了GRE考满分的、GMAT考满分的……在此之前，这个考试是没人考满分的，可后来，所有考满分的学生都来自新东方。当时，还有很多人都认为是考题泄露了。其实完全不是，真正的原因是当时新东方的学生水平比较高，老师的教学水平比较高，师生互学互动的频率非常高，这又进一步提高了学生的水平。当时，GRE满分为2400分，在新东方，考2300分的学生都不好意思说自己的分数，托福考660分（相当于现在托福的115分）以下也不好意思说。这种高水平的教学互动使得新东方逐渐成了中国出国考试培训领域的第一品牌，这个地位其实一直延续到今天！

如果你从占领心智的角度问中国老百姓，新东方是干什么的？大家还是会说：搞英语培训和出国培训的。尽管现在新东方的中小学全科培训已经达到了几百万人次的规模，但大家对新东方的印象还是搞出国培训和英语培训的。这就是新东方在当时出国考试培训领域独步天下的结果。由此可见，一个品牌的发展，从某一个点上进行突破比全面铺开发展要更容易些。比如海尔，当初张瑞敏把自己生产的冰箱给砸了，最后把冰箱做到了全中国最高水平之列。现在一提到海尔，大家还是会下意识地把冰箱跟海尔联系在一起。很多其他品牌也是这样，从某一个点上把自己带到最高点，让自己占领用户的心智，再向最高点延伸，这可能就是品牌的成功之道。

励志的象征：
冰块教室与蜡烛课堂

有人说，新东方最大的特点之一就是励志，而励志精神的诞生就是从我身上开始的，因为我身上同时有很多失败和成功的案例。比如我高考考了三年才考上北大，在北大又得了肺结核病休了一年，在医院里读了300本书，出国不断被拒签，后来创立了新东方等，都算是励志故事。而新东方本身，也是一个励志故事产生的地方。

"翻山越岭"

新东方最热闹的时候，大概是1993年。那一年，刚好发生了一件重要的事情——北京北四环的修建。当时，北四环那条路上被挖得乱七八糟，道路也中断了。而当时，新东方租用的教室就在北四环的两边，所以学生根本没办法到里面上课，连自行车都进不来。当时修路不像现在，能半夜赶工修好，不影响白天人们走路，那时整个北四环挖得就像一座一座高山，学生必须翻过"高山"，通过裸露的下水道才能上课,简直可以用"翻山越岭"来形容。但是学生依然每天都来上课,一堂课都不愿意落下,那种感觉特别好。

当时,北京的交通也不是很便利,南边的学生跑到北边来上课往返要花4到5个小时,尽管在课堂里只待两个半小时,但学生依然来!这主要归因于两个方面:一是学生确实要通过上课来考高分;二是当时新东方老师讲课确实很精彩,学生们不愿意错过新东方老师的课。当时没有互联网,老师讲课的内容只能进教室才能听到。北四环修了大概一年半的时间,其间新东方的学生不能坐公交车,只能步行来上课,他们在泥坑里走了好长时间。这是第一个励志的小故事。

新东方的住宿班

由于当时新东方在全国已经比较有名了,所以大量的学生连夜坐火车跑来上课。除了上海,还有来自广州、西安的学生。这些学生大部分都是名牌大学的学生,一到周末就跑到北京来上课,然后再赶回学校。当时,他们在北京也没有很好的住宿条件。如家、七天、汉庭这样的快捷酒店都是后来才有的。

后来,我们发现,外地学生的学习成本太高了,于是就有了一个设想——开新东方的住宿班。开住宿班也就意味着要给学生找住的地方。当时,我们找来找去都找不到合适的地方,最后找到了现在妙峰山脚下的四十七中。这所学校有两栋废弃的楼,好多年没用了,因为在山里,学生越来越少,后来我们就把这两栋楼改造成了新东方的教室和宿舍，结果发现根本就不够用。一个教室可以让300个学生上课，但是没有办法让300个学生住下，即便一间宿舍住了6个人，还是不够。当时，整个宿舍楼没有厕所，我们就在宿舍楼外面修了一个公共厕所，相当于现在农村的简易旱厕，没有隔板，还很臭，学生为了上课也忍了。

后来宿舍不够了，我们就又在外面发现了一座废弃的老房子，像一个古庙一样。这座老房子实际上是国家文物保护对象，据说原来是李莲英避暑的地方。后来，我们征询了国家文物局的意见，文物局的人告诉我们：只要你们不动主结构，把里面隔成宿舍没有问题。于是，我们又隔出了大概几十间宿舍，能容下一二百个人。直到现在，很多人还对那个地方记忆犹新。我到美国时曾碰到过我的一位学生，他告诉我："俞老师，我就是当初住在破庙里的那个学生。"说实话，住在那儿还是很有意思的，出来就是古树，出门就见高山，真是这样的。后来，我跟学生开玩笑说：这就叫从绝望中寻到希望，因为这个地方是太监住过的，所以你们在这儿什么都不能想，只能好好学习。

妙峰山的住宿班从1993年一直办到了2010年左右，办了十几年。那里有一个叫北安河的村庄。后来，有一些住不惯集体宿舍的学生，还有一些已经工作能挣钱的学生开始花钱租民房，结果村里的老百姓就着新东方的便利实现了发家致富，家家户户都把自己的房子变成了学生宿舍，这倒也把一部分学生的住宿问题解决了。因为当时那个地方开的班越来越多，学生也越来越多，达到数千人。后来，我们把住宿班搬走的时候，村里的老百姓拦在路上不让我们走。我们只得告诉他们中学的房子要收回去，我们没有办法才搬走的。

住宿班最热闹的时候就是过年。虽说是过年，但学生也回不去，因为我们大年三十儿、大年初一都要上课。那怎么办呢？我们就跟住宿班的学生一起过年。我记得我连续跟学生一起包了好几年的饺子，放了好几年的烟火，热热闹闹地跟学生度过了好几个除夕和大年初一。直到现在，凡是在新东方过过年的学生都对新东方记忆犹新，我也大概有连续十年的时间没有跟自己的家人过年。这就是新东方住宿班。

冰块和烛光掩映下的新东方

由于缺电，教室不能装空调，甚至有的教室连电扇都没法安装。坦率地说，在1993年、1994年的时候，空调在中国依然很稀有，属于奢侈品，学生倒也没期待教室能安装空调。但是北京的夏天极热，可以想象在一个400人的大教室里，没有空调，甚至通风都不够，学生可能会晕过去。我记得当时，我们送了好几个中暑的学生去医院，但大部分学生即使汗流浃背也依然在教室里上课。我记得特别清楚，当时我下身穿着短裤，上身穿着背心讲课，等到下课的时候，我已经浑身滴着水了。而当时，几乎所有老师都是这样。学生也一样，浑身出汗，而老师出汗更多，因为讲课还要花力气。但学生就是不走！后来我们没有办法，就开始跟制冰厂联系，开着大卡车——当时北京对这类车还没有限制——到制冰厂去拉大冰块，回去放在大盆里，一个教室放上十几个冰块。那时，学生都带着毛巾上课，觉得热得不行了，就赶快到冰水里去浸一下毛巾，拧一下，盖在脸上舒服一会儿；下课以后，围着冰块沾沾凉气。虽然冰块对一个大教室起不到多少降温的作用，但是给学生带来了很多心理安慰。直到现在，我碰上以前的那些学生，他们都会跟我说："俞老师，我们对那时的冰块，也是记忆犹新，感觉真的很励志。"

那时到了晚上，由于北京电力不足，经常停电，而且是没有预告的，突然就停电了。刚开始我们没办法，三四百人的教室一停电什么都看不见，没法上课，只能把学生都放回去了。但后来我们左思右想，觉得这个事情不对。学生花两个小时跑到教室来，结果刚半小时就停电没法上课了，而且后面老师的课也排得满满的，没法儿给学生补课，这肯定是不合适的。所以后来我们决定，即使停电也必须继续上课。那怎么才能继续上课呢？我想起我小时候每到农忙时，为了干活就用煤油灯。后来，新东方就买了几十个煤油灯，挂在教室的房顶上，这样学生就基本能看清楚，能写字。

但是教室太多了，煤油灯也不够用，我们干脆就给学生发蜡烛，每个学生一根，同时每个教室配上十几个灭火器，并告诉学生灭火器在什么地方，一旦你的蜡烛倒了要防止出现火灾。当时出现了这样一种景象：教室一停电，学生就把蜡烛点上，阶梯教室里同时燃上几百根蜡烛，那种感觉真的特别神圣。

学生不容易，老师也不容易。当时还没有无线话筒，只有有线的扬声器，老师在讲台上讲，学生在下面点着蜡烛听。所以蜡烛课堂、冰块教室，后来就都成了新东方励志的象征。现在想来，也让人觉得挺感动的！当时，没有人要故意营造这种氛围，但那段时间从新东方出来的学生，都对新东方有着深厚的感情，精气神也很高。很多人都说：只要想起在新东方学习的半年时光，就觉得人生没有过不去的坎儿。所以直到现在，每当讲起这些事情的时候，我依然很感动。而今天有些学生，空调温度稍微调高一点就受不了了，教室条件差一点、服务稍微没到位，就开始闹情绪，真让人有两代人的感觉。

当然，我并不是说现在的学生不好。我只是觉得，从艰苦条件中出来的学生和从这么好的条件中出来的学生，在精气神上还是有差别的。我个人感觉，从艰苦条件中出来的学生，他们的奋斗精神和可持续发展的动力其实更强。所以现在，我常常对新东方的学生说：你们应该学会在艰苦的环境中生活，现在生活条件好了，家长也把什么都准备好了，学习环境、相关服务、服务设施也都非常完善，那我们的奋斗精神体现在什么地方呢？如果身上没有奋斗精神的话，我们的未来又在什么地方呢？现在我们条件太好了，所以很多人要从其他方面来锻炼自己的吃苦能力和奋斗精神，比如现在各个商学院的学生都要跑到戈壁滩去徒步三五天来锻炼自己的吃苦能力。

有一次，我跟着一个团队到戈壁滩，三天走了120公里。团队里有些人，脚上走了几十个泡，无数次想放弃，可我走了120公里后，脚上一个泡都没有，也没有感觉到累。可能就是因为我们小时候吃过苦、受过累，所以这种耐力和坚韧不拔的精神依然在我们身上，而这对于一个人的成长来说是必不可少的！所以后来，新东方提出了"从绝望中寻找希望，人生终将辉煌"，这也是我对自己人生的一种总结。

留学，还是做新东方，这不是个问题

我离开北大创办新东方，确切来说，是东方大学外语培训部，其实并没有长期做的打算。当时，我只打算干一两年，赚够自己到美国留学的学费。因为当时我联系美国的大学时，有所大学给了我一份奖学金——2/3奖，意思是学费加上生活费总共3万美元，学校给我2万美元的奖学金，但我要自己出1万美元。当时，我在北大的工资是每月120元，换算后还不到20美元。最后一算，我大概要好多年不吃不喝才能攒下那1万美元，这在当时简直是一个天文数字！这也是我要办培训班的原因之一。

从北大出来以后，我给自己定了一个小小的目标，攒10万元人民币。其中，大概6万元兑换成1万美元，剩下的4万元可以用来享受生活。在办了东方大学外语培训部以后，尽管是跟别人合作，但我的收入还是要比在北大当老师时多很多，所以我又给自己定了另外一个目标：挣到30万元以后再走。这样，我不光是可以留学，而且还有足够的钱不用工作就能生活。1991年的时候，挣30万元这个目标其实还是挺大的，大概相当于现在挣 300 万元的目标。即使现在的大学毕业生，定一个要挣 300 万元的目标，其实也是挺难实现的。但没想到的是，1991 年年底，我就已经有了 30 万元。到了 1994 年的时候，钱已经不再是我的目标了，因为当时新东方一年的总收入能到千万元了。而这个时候，我之前联系的美国大学居然重新给我发了一份录取通知书："你来读书吧，我们欢迎你过来！"并且还告诉我，这一次给我全额奖学金。对我而言，这个时候出国留学的确不太合适，因为新东方已经在蓬勃发展了，此时把新东方关掉出去留学是得不偿失了。最后，我决定：留在国内继续干新东方！坦率地说，当时我已经有点热爱这份事业了，每天面对着意气风发的学生、汗流浃背的老师，考高分的学生一个接一个地出现，无数感谢信塞满邮箱，那种感觉还是特别好的。所以，我说了一句话："新东方，我再也离不开你了！"直到今天，我还是这种感觉。

至于出国留学，我还是把它保留为我的一个目标。看到王石到哈佛去游学，又到牛津、剑桥去游学，我还是挺羡慕的。我觉得，自己以后年纪大了如果不再做事业了，就到国外的某所大学去做研究，哪怕是坐在课堂里听听著名教授讲课，也是一种享受，也在某种程度上是一种人生的境界，何况我还有个优势——没有语言上的问题。所以直到今天，去留学依然是我的一个梦想，这个梦想可能要到我 60 岁以后才实现了！

游走加拿大、美国，拉徐小平、王强等人入伙

从一个想法到一次旅行

既然决定要把新东方继续做下去，那么在朦胧中我就有了要把新东方做大的打算。在此之前，我一直都把它当作一项临时的工作，不管是在跟东方大学合作创办外语培训部时，还是在自己取得了只有半年有效期的办学许可证时，都有一种做一段时间就算了的感觉，并没有把它当作一项事业。既然决定继续做，那就不再是临时的，我必须有一个长远的发展规划。对此，我想到的第一件事是找真正强大的合伙人。

在这点上，我觉得我还算是抓住了一项事业发展的核心要素：你的事业能发展多大，要看你的合伙人有多强。我比较喜欢历史，对刘邦和项羽的故事、《三国演义》都比较熟悉。所以我就想，要把新东方做大做强，就要有一批人跟我一起干。当时，我找合伙人有一个标准：

他们的水平最好要超过我，同时我们又是可以一起合作的。我想来想去，最后就想到了两批人，其中一批人就是我的大学同学。我一直认为他们从英语水平到学术水平都比我厉害。这中间就包括我的好朋友王强、包凡一，还有我在北大的老师徐小平。

1995年年底，我觉得我要去北美一趟。这次出行有两个目的：一是我自己从来没有出过国，这一趟可以走访一下美国、加拿大这些国家，实地看一看这些国家的著名大学，回来再给学生讲课的时候，底气就会更足一点，怎么说我也算出过国了，总比一个没有出过国的人天天鼓动着大家出国感觉要好很多；二是我真心想去拜访一下我那些已经在国外五六年，甚至七八年的老朋友们，想看看他们在那边生活得怎么样。同时我内心也萌生了点想法，如果能把他们说服回来跟我一起干新东方，那是再好不过的事情了。但当时我对这一点完全没有信心。因为在没有出过国的人心里，尤其在那个年代，国外的生活要比国内不知好多少倍。我记得特别清楚，王强在1989年到了美国以后给我写了封信："老俞，我现在在美国找到了一份工作，在饭店端盘子，一天大概能拿到50美元。"当时我就晕掉了，50美元，相当于300元人民币！这就意味着他一天的工资相当于我在北大三个月的工资，差别可想而知。

当时徐小平在加拿大温哥华，王强在美国新泽西，我其他几个同学，有在加拿大的，也有在美国的。我决定第一站去加拿大。去加拿大第一件要做的事情就是去大使馆办签证。加拿大的签证相对来说要好拿一些，但是也要求出示经济情况证明，好在当时我已经在银行有了一张 50 万元人民币的存款证明。也是这时，我发现当时中国学生被拒签的一个主要原因就是经济情况不行。这就意味着你到了国外去打工，可能会留在那儿不回来。所以，中国学生一般都是以有移民倾向为由被拒签。于是，我就是弄好了存款证明和营业执照证明，表明我在中国有事业，有不少存款在国内，不可能在国外不回来。后来，我就顺利地在加拿大大使馆和美国大使馆拿到了签证。

说服他们加入新东方

　　护照有了，签证有了，我就从北京飞到了温哥华。这次出门很有意思，由于从来没有出过国，出现了两个插曲。第一个是下飞机出海关拿了行李以后，本来应该是直接走出去的，可旁边有一个行李传送带，是转机到多伦多去的，而我却以为传送带是把行李传送到外面大厅的，就把行李放进去了，于是我的行李就被转到了飞往多伦多的飞机上。我发现以后就赶快去找，结果找了一个多小时才找出来！

　　第二个小插曲是我出了海关以后发现徐小平根本没有来接我，而我又什么地方都不认识，也不知道徐小平的电话，就只能在原地等着。原来徐小平把接我这件事情给忘了，过了两个小时才想起来，赶快带着他儿子来接我。很快我就发现了一件事情，徐小平在温哥华实际上没有工作。当时还没有信用卡，也没有美元支票，为了显摆，我就换了 1 万美元的现金带过去。到了晚上，徐小平请我吃饭，地点选在了一个商场里。然而，车经过商场门口附近的停车位却没停，转而去了一个很远的停车位。我一问才知道，商场门口的停车位是要收费的，两加元，而他觉得这个钱一定要省下来。也是在那个时候，我知道徐小平的经济条件不是那么富裕的。

晚上，徐小平跟我聊天。我发现他风采依旧，依然是那个特别有激情、特别有理想的人。他给我唱他在美国自己作曲的好几首歌曲，唱得我热泪盈眶。我问他："你的理想是什么？"他说："我的理想是回国搞音乐，创立一家音乐唱片公司，这就是我想要的事业。"我接着问："你觉得这家音乐公司需要多少钱？"他说："大概30万元人民币。"我说："那今天就定了，我给你30万元人民币。但我认为你这家音乐公司是赚不到钱的。如果你回去跟我一起做新东方的话，说不定能赚到更多的钱。"他说："要能赚更多的钱当然好了。"所以，我几乎是第一个晚上就跟徐小平敲定了入伙的事。

回到国内后，徐小平不承认，坚持说自己是被俞敏洪从很好的工作上拉回来的，但这几年他终于承认了。这也更好地解释了为什么我们能在一起干得那么好。

后来，我又飞到多伦多去看了另外一个朋友，他还带我去了渥太华。我记得特别清楚，到了渥太华以后，他带着我去了舞厅，这也是我第一次去舞厅，去体会那里的氛围。第二天，我就直接飞到了波士顿。在波士顿，我向朋友借了一辆车，并横穿波士顿一直往南开，经过哈佛大学、耶鲁大学、纽约大学、曼哈顿，最后到了新泽西，也就是王强所在的地方。

我提前联系了王强，就往他住的地方赶。当时没有导航，我就拿着一张地图找王强住的地方,结果找了半天。王强说:"如果你找不着,那我就到路口来接你吧!"结果,他跑到路口也没有接到我。当时,虽然王强的房子是租的,但他在美国是有正式工作的,在著名的贝尔实验室工作。王强属于那种脑子很聪明的人,到了美国他发现自己的英语专业根本就没饭吃,所以就赶紧转专业,转到了计算机系。毕业以后,他就在贝尔实验室找了工作。可以说,王强是我当时在美国的同学中找工作找得最好的,而且他老婆——也是我的同班同学,也在当地有工作。

到了王强家里,我们也一起喝啤酒聊天。我就跟他说:"徐小平打算回国了,你怎么打算?"我还跟他讲了我在中国的发展情况,讲了新东方。他问我道:"新东方是干什么的?"我说:"做外语培训……你出国之前我们不是一起出去教过课吗?主要教托福、GRE。"他问了新东方规模有多小,没问新东方有多大。我对他说:"新东方现在大概是这样的,一年的总收入已经接近千万元了,剩下的利润也有百万元了。"所以,我那时可以大把地花美元。其实在他们心目中,我是我们班里没什么出息的人,所以他们觉得挺震撼的,连俞敏洪都能赚钱了。

第二天,王强请我去他家附近的一家中餐馆吃饭。结果刚到饭馆,就有人站起来说:"俞老师,您怎么过来了?"王强说:"搞什么?怎么在这儿还有人叫你俞老师?"我说:"他们当初在我的托福、GRE班上课,现在到美国这边来上学了嘛!"他好吃惊,觉得老俞现在有点名气了。

吃完饭,我们就到他的校园里散步,后来又跑到普林斯顿大学。他发现,一进大学校园,就有中国学生过来跟我打招呼:"俞老师,您好!"这时候,王强说:"老俞,好像挺有意思的!你居然那么有名。我得考虑考虑是不是要回去了!"

　　再后来,我们去了他所在的贝尔实验室,那真是一家很棒的机构。看着他良好的工作环境,我直接对他说:"王强,你现在拿的工资也不少,每年七八万美元。这么好的工作环境离开挺可惜的……我可不敢劝你回去,你自己要深思啊!"紧接着,我又对他说:"你要真回去的话,我也没办法给你开工资,也开不起!你回去的话咱们一起创业。"他又问:"什么叫一起创业?"我说:"你看,我现在做的就是出国考试培训,中国的英语培训市场实际上是非常大的,种类也比较多,英语口语、各种阅读、语法……我们要区分开来,这就是我做的出国考试培训。你要是回去就开创你的英语培训市场,我知道你的教学水平,当时你在北大当老师时就特厉害!所以,你只要回去,再加上新东方现在的品牌和声誉,你一定能做起来。"王强说:"好,那我得想想。"最后,他真的成了我的合伙人。

机遇和风险：
邀约被拒绝

　　从王强那儿离开后，我又跑到了芝加哥，开着车一直到了我另外一位大学同学那里，他当时在普渡大学读博士。我到那儿以后就住在他宿舍里，跟他聊天。我说："你看，当初我们一起在北大的时候混得特别好，你的英语水平等各方面都不比我差，甚至还比我好很多，我们以前还翻译了好几本书，要不要回去一起干？"但他表示不能放弃博士学位。后来晚上睡觉的时候，我发现他床底下一堆《花花公子》（Play Boy）杂志，我问他："你是不是生活很孤单啊？"他说："是啊！在这儿生活可孤单了！"我说："那你回去啊，回到中国那么热闹，我们可以天天一起喝酒。"他也动了一下心，但后来还是跟我说："我在美国混了这么多年，还是舍不得离开美国……算了，你们先回去干吧！"后来，他真的没回来。其实，我这位同学要回来的话，在新东方也能有巨大的发展。

　　后来新东方上市后，他找到我说："老俞，你看当初我没跟你回去，真是挺后悔的。"我回答他道："这个世界上真的没有后悔药可以吃，毕竟当时是冒险的。你看王强把贝尔实验室那么好的工作都放弃了。我当初也跟你说了，博士毕业回来我照样要你，结果你不愿意回来。机会就是这样失去的，现在再来新东方什么都没了。"

所以我想说的就是，人遇到机会时，还是要闯一闯的，虽然我们并不知道这到底是不是一个机会，也许它就是一个坑，是有风险的，但只要你觉得这件事情值得做，即使失败了也不会有太严重的后果，那就应该去试一下。当时，我曾对我这位同学说：你回国跟我创业，就算失败了你也能回美国重新找工作，而我只能留在中国。你说，谁的失败更大？当然是我的，既然这样，为什么不回去呢？这位同学最终选择不回去，是因为在美国已经待了那么多年，已经有一定的基础了！无数人都是这样错过了人生最精彩的瞬间。

很多在政府机关工作的人也曾跟我说："我想下海，可是现在错过机会了。"其实，他们不是错过了机会，而是机会摆在眼前时，自己不愿意去罢了。为什么会这样？因为他们这么多年好不容易从科长熬到处长，又熬到局长，再下海总觉得丢的东西太多了；在大学好不容易从助教熬到讲师、副教授，再熬到教授，觉得下海太亏了。我们很多人也都有这样的感受：经营自己的事业多年，总觉得扔掉了可惜，最后就不扔了。其实这样的话，新的生活就无法开始。所以在这一点上，我还是很赞赏徐小平和王强，还有后来加入新东方的我的同宿舍同学包凡一的，他们不管自己在国外的生活境遇是怎样的，敢于抛弃国外的生活，并且是当时在其他人看来算出人头地的生活，回到国内来跟我一起创业。当然，他们后来得到的回报也是丰厚的。随着新东方的上市，他们都成了亿万富翁，现在也都有了自己的事业，过着非常优渥的生活。而所有这一切，都不是从天上掉下来的，都是要自己付出勇气和努力的。

所以，我希望我的同学和朋友们，以后在面对选择时要更加有勇气，更加有眼光，要更加坚定不移地沿着会给自己带来精彩的生活道路走下去！

第三章

创业维艰

前文里的故事大多都是我一个人的。接下来，我要讲的是一个团队的故事，一个团队不断向前发展，组织结构越来越复杂，要处理各种各样事务的故事。这个故事就从家族成员一起创业说起。

家族成员
一起创业的利与弊

中国很多本土企业一开始都或多或少有家族成员的身影。我们这一代人创业，是没有现在这样的各种融资机会的，也没有人会给我们一大笔资金让我们能立即配置资源、寻找市场上最优秀的人才。所以，在那时的创业过程中，我们所需的资金都要自己一分一分地攒出来。在这种情况下，我们做事、用人肯定要尽量选最便宜的。而最便宜、最可信赖的人，毫无疑问就是跟你有着亲戚关系或血缘关系的人，以及自己的一些朋友、同学。所以直到今天，中国的创业者中除了极少数，大部分人依然没有摆脱家族成员一起创业，或同学、朋友一起创业的这种模式。

毫无疑问，这种模式是有一定的合理性的，因为家族成员之间往往有很高的信任度。比如夫妻店，一般情况下，夫妻双方都是比较信任对方的，尤其是有了孩子以后，交流沟通成本更会降低。肉是煮在一个锅里的，夫妻双方不需要开工资，还可以分工合作。就像当初我妻子在新东方报名处帮我收费，而我是不需要给她开工资的。这样的信任度使企业的沟通成本和发展成本大大降低，能够确保初创的小企业存活下来。而这对于企业来说肯定是最重要的，活下来一切都会好。

其实，这对现在的初创企业来说也是一样的！而我却常常发现，有些刚开始创业的人拿到一笔融资款后，会立即扩大办公室，再搬到高级写字楼……我觉得这样的企业必定走不远，因为它的创业者完全不珍惜融到的资金，没有厘清这笔资金应该怎么花。或许他认为只要业务不断发展，就能顺利融到下一笔资金，可这个世界的发展不可能永远都在你的预期范围内，可能会出现融不到资金、经济环境发生变化、业务发展不顺利等情况。事实证明，中国的创业公司中至少有 1/3 因为缺乏资金而经营不下去，尽管业务还在，最后也只能倒闭。从这个意义上来说，不管是过去的企业，还是现在的企业，都是一样的，都要先想办法让企业活下去，即使有资金也要学会节流，把资金用在最关键的时刻。

家族成员一起做事还有一个好处，就是不需要组织结构，比如财务部门、人力资源部门，甚至市场、行政这些部门都是不需要的，因为家族本身就是一个组织结构，家族企业也毫无疑问是以家族为核心的组织结构。新东方开始发展，我就请来了不少我的家族成员，因为要干的活儿越来越多。新东方的老师大部分都是名牌大学毕业的，行政、后勤、打扫卫生、录制磁带、开车这些工作，他们是做不了的。而我是从农村出来的，我的家族成员也都是农民、工人，所以这些工作都由我的家族成员来承担，有几位家族成员后来还成了新东方的骨干。

由于是自己的家族成员，所以工资不需要以干够8个小时来计算。大家都是不辞劳苦的，每天从早上6点干到晚上12点，吃在一起、住在一起，也让我节约了大量成本。从某种意义上，这也说明了这种模式确实不需要组织结构。但随着企业的发展，这种模式也会带来一个问题：没有组织结构及权益保障，企业会陷入某种混乱状态。也就是说，当学校或公司的发展越来越壮大时，一定要雇用跟创业者完全没有关系的人，还要用组织结构来保障他们的权益。这也是后来新东方在很长一段时间陷入混乱的一个重要原因。

打个比方，一帮土匪在一起干活，是根本不需要组织保障的，老大说了算，最后该抢的抢，该拿的拿，抢到东西大家分，可以大碗喝酒、大块吃肉，可一旦要编入正规军，就得有纪律，变成正规军要求有非常明晰的组织结构，很多案例都能说明这一点。而家族企业很难有什么上下级关系，这就意味着有的时候大家说话互相之间是可以不听的。比如我说的话，我妈可以不听，我老婆也可以不听；我妈说的话，我也可以不听。最后，家庭企业就变成各干各的，上下级关系也变得非常不清晰。比如这件事情我想这样干，可家族成员已经那样干了，我就不好再去说什么了，员工也不知道该听谁的，最后员工会陷入迷茫，弄不明白到底应该怎样去做事。此外，员工还会产生这样一种心态——讨好的心态：要不断去讨好这个人，讨好那个人，免得得罪了谁。家族成员之间说话也是很管用的，如果我老婆说"这个员工你不能用"，而我还继续用这个人，就会造成家族成员之间更大的矛盾。所以员工为了使自己避免这种尴尬状况，要讨好每一位家族成员，如果得罪了谁,最终吃亏的肯定是员工,这就会使员工在做事情的时候不知道该向谁汇报,也会使员工形成一种不以把事情干好、干对为核心,而是以讨好人为核心的心态。毫无疑问,如此一来,企业的人事关系也会变得非常复杂。

此外,家族企业还存在一个问题,这个问题我后来考察过。我发现,凡是管理得好的家族企业,基本都是老板拥有绝对话语权,尽管也有其他家族成员在公司里面干,但他们只起到辅助作用。如果公司里有两个人同时说话算数的话,这样的家族企业一般都很难做大,公司内部往往会形成两个派别,从而影响企业的发展。

为什么家族企业发展到一定程度,出现的矛盾会比与外部的矛盾更难化解呢?因为它会涉及家族成员之间的利益关系、人情关系、血亲关系等;而与外部的矛盾,只涉及最基本的利益关系,只要把利益关系解决好,问题也就解决了。家族企业刚创立的时候,家族成员之间谁该拥有多少股份是很难说清楚的。比如新东方是个学校,最初根本无法分配股份,每个人到底做了多少贡献也是说不清楚的,大家就一起努力干;但发展到一定程度,就要解决谁干得多、谁干得少的问题。因此,家庭企业发展到一定程度后就会解散,因为不解散的话再干下去难度会比较大。

中国有很多比较大的家族企业,世界上家族企业和非家族企业也都有很大的很了不起的公司,能否发展好,关键看你怎么管。

我认识的朋友中也有成功克服了这个问题的,比如:华与华咨询公司的华杉兄弟俩,目前依然是一起干,但他们有明确的分工,一个做图书，一个做咨询；华谊兄弟的王中军、王中磊两人到现在也是在一起干的，而且华谊也做得非常出色。也有分开的家庭企业，大家各自成立一家新公司，最后把各家新公司做大，比如刘永好四兄弟，后来就一人开了一家公司，而且每家公司都发展得非常大。

当初如果徐小平、王强不回国的话，我估计我的家族企业也会持续一段时间。他们回来以后，我发现我的家族成员和回国跟我一起创业的大学同学之间就产生了各种各样的矛盾。比如我刚才讲到一般员工会觉得是为我们家打工，但王强、徐小平他们不会觉得是为我们家打工，他们会认为自己是在给自己打工，所以我的家人是不应该管他们的。他们认为自己向俞敏洪汇报工作是可以的，但不需要向我的家族成员汇报。这样，双方之间就产生了矛盾。于是，我就陷入了这样一个困境：到底该选择哪些人在新东方继续支持我创业？这就是我下面要讲的了。

"原始合伙制"
奠定新东方发展的基础

"原始合伙制"是个什么概念呢？我在前面曾经提到过，王强、徐小平他们在回国的时候就跟我说："老俞，我回去是你给我开工资呢，还是我们一起联合创业呢？"我说："给你开工资我肯定是开不起呀！"因为王强在贝尔实验室的年薪大概是8万美元，当时相当于50多万元人民币，再加上奖金，他一年的收入接近100万元人民币。而那时，新东方全年的净利润加起来也就二三百万元，毫无疑问我是给他们开不起工资的。所以我们要一起创业，这也就意味着大家一起干，然后我们再进行利益分配。

于是，我做了两个决定：一是我把基调定为大家一起创业，每人负责一项业务；二是只要这项业务是你做起来的，这项业务获得的大部分利益都归你。这也就意味着，你把一项业务做得越大，获得的收入也就越多。当时，王强还问了我一个问题："老俞，新东方现在一年的收入是1000多万元，我要是回去，万一做到上亿元的话，我自己拿走1亿元，而你才做到2000万元，你心里会不会很不平衡？"我说：

"当然不会。理由很简单,我们是一起创业的。你尽管把1亿元拿走好了,我们合在一起还叫新东方,只要能把新东方做大就行!"当然,王强所说的事情没有发生,因为我们想一起把新东方做大。

各占一摊：
业务划分

徐小平、王强他们回国以后，新东方的业务不得不进行划分，因为大家不可能都做同一件事情。当时，新东方的业务其实很单一，主要就是出国考试培训。当时，新东方的托福、GRE、GMAT 考试培训几乎已经在全国处于垄断地位。毫无疑问，我不可能把托福业务分给王强，把 GRE 业务分给徐小平，我自己负责 GMAT 业务。把现有的蛋糕进行切分是不现实的，而且他们两个也不懂考试培训。那么，我们能做的就是把蛋糕做大。蛋糕小时，就算每人一个蛋糕，加起来也是个小蛋糕。而你要把它摊成一个大饼后，其中的一小块也可能比你原来的蛋糕要大。所以我让他们回来，也是抱着这样一个目的，希望我们能够一起把蛋糕做大。

在北大的时候，王强的英语口语水平就极高，而且比我的要高很多。可到了美国以后，他转学了计算机专业，但他依然喜欢人文之类的学科。所以我觉得他回国以后，如果把当初我没有做的、纯粹的英语学习这项业务做好的话，会是一个很大的市场，他的兴趣也在这里。

所以在他回国之前，我就跟他商量好了，他也愿意来做这项业务，这也是他的激情所在。所以，在美国的时候他就开始编写自己认为可行的教材，这本教材就是《美国思维英语》，这本教材后来成了新东方最有名的教材之一。编好教材以后，他就回到国内开始进行口语教学。

那时，新东方是没有口语教学的，也没有这个品牌，而且王强当时也没什么名气。所以尽管我们拼命宣传，第一次也只招到十几个学生。不过后来，由于王强自身的讲课能力和水平很高，他的每个口语班都达到了五六百人，这是后话了。于是，英语学习板块，包括后来风行的新概念英语，还有其他英语教学全都由王强负责。

而徐小平回来就负责出国留学咨询和移民咨询这个板块，因为当时学生都要联系美国的学校，还有的家庭希望能移民到美国和加拿大。所以，移民咨询和出国留学咨询就变成了徐小平的一项业务。当时，新东方在出国考试领域已经做得非常好，而这项业务刚好可以和出国考试培训形成一个业务产业链，徐小平把这项业务也逐渐做了起来。

除了王强和徐小平负责的业务板块以外，新东方还有几个业务板块也做起来了。比如胡敏，现在是新航道的创始人，当初在新东方做老师，挺能干的，他负责的板块是国内大学生考试培训，主要是四六级考试。当时的中国大学生，英语四级是必考的，如果考不过就不能毕业，所以国内上千万大学生都需要备考英语四级；英语六级是选考的，但由于很多单位要求六级考试通过，所以很多同学也都考六级以方便找工作。于是，胡敏就把四六级考试培训承包了。后来，他还对我说："你看托福、雅思、GRE 和 GMAT 都做了，但雅思才刚刚起来，市场还很小，你把雅思交给我算了。"我一想也行，就把雅思业务交给了胡敏。

后来，我另外一个同宿舍的同学包凡一也从加拿大回到了国内。他回来时，新东方几个主要板块都已经划分完了，由于他的写作能力非常好，所以我就让他专门负责写作班。他英文水平也非常好，所以也帮我教 GRE 和 GMAT 的大课。后来，包凡一既是 GRE、GMAT 大课的老师，也把写作课给做起来了。当时，还有一个叫杜子华的老师，专门负责托福口语培训。托福口语当时在美国是一个单独的考试，不像现在是和托福其他科目考试连在一起的，而中国托福口语考试可以选择考，也可以选择不考。但随着中国留学生逐渐增多，美国的大学为了考查中国学生的口语、听力水平，要求大量中国学生在考完托福以后再参加一个口语考试。于是，就有很多学员参加口语培训，而杜子华是这方面的专家，他后来就承包了这项业务。

鼎力互助与
利益分配

当时，新东方凡是能做的板块都已经划分完了。关于利益分配，我没有给他们开工资，而是采取这样一种方式：每个业务板块获取的大部分利润都由该板块的负责人负责，我只要求两点。一是上交总收入的15%。因为每个板块租用办公室、进行宣传、拓展市场、招生、报名等，都由新东方总负责，也就是我负责。后来证明，上交每个板块收入的15%远远不够，因为这些费用占到每个板块收入的35%左右。从1996年到2003年，也就是新东方合并成集团公司前七八年时间里，我个人因为恪守这个15%的承诺也补贴了不少。因为我当时已经承诺了每个板块上交收入的15%，如果随便增加的话，大家会觉得我不讲信用，从而会影响合作。所以就这样，每个板块一直上交各自收入的15%。后来，规模效应上来了，需要贴补的也少了。比如一个口语班，招30个学生和招300个学生所花费的固定成本是差不多的，但300个学生和30个学生学费的15%完全不是一个概念。这样就形成了一个很好的局面，各板块不需要跟其他各方打交道，就能获得收入的85%，这无疑是一项很好的收益。

二是我要求他们，凡是涉及国家税费的都由各板块自己承担，如果做大以后要聘请别的老师，也由他们自己负担。这两件事情确定以后，大家充满了干劲儿，因为这相当于包产到户，做得越大，拿的钱也越多，而且互相之间还形成了竞争。当然，我负责的业务板块还是最大的。慢慢地，其他人负责的板块规模也增大了。所以，新东方就有了从1995年到2001年的快速发展。

就这样，我们这几个人当时在一起干得非常兴奋。当时，没有互联网做宣传，也没有线上课程，所以我们要做的事情很简单：用我们个人的声誉去为新东方开拓品牌，再通过新东方的品牌获得更好的生源。当时，新东方的学生百分之八九十都是大学生，中学生几乎没有，小学生是绝对没有。所以，我们的活动只要针对大学校园就行了。当时，我们就从北大、清华开始，逐渐拓展到北京所有的大学校园，再到全国的大学校园。于是，一股演讲的风潮就形成了。大家演讲得都不错，但还是以王强、徐小平和我三个人为主。

这也有一个好处，因为我们三个人是大学同学，这种大学的友情本身就令人羡慕，再加上我们三个人讲话又都很具人文色彩，具有煽动性和幽默感，这就对大学生非常具有吸引力。所以后来，我们就到各个大区演讲，演讲的主题也从知识演讲拓展到了鼓励大学生的学习热情和对生活生命的热情。也就是在这个时候，新东方的演讲从对于学习技巧的演讲，迅速转变成了关于人生发展的励志演讲，这也成了新东方演讲的一个重要特色。逐渐地，新东方"三驾马车"的名声就传扬开了,大家一提到新东方都会想到我们三个人。

除了演讲招生,我们这些人在一起并没有建立什么正式的组织结构,采取的只是原始的合伙制。我背后是干着后勤、行政、贴广告,同时帮着招生的家庭成员,而我们这些人就主要去讲课,到了招生季就出去演讲。当时,每天演讲完回来以后晚上还要讲课,大家都很累,所以就形成了一个习惯,每天讲完课以后一起喝点酒、聊聊天。当时,我们都住在北京一个叫上地的地方。我在上地买了房子,王强、徐小平也租住在那里,所以一回到上地,大家就会先跑到我家里。正好那时我老婆在国外学习,剩下我一人在家,结果一到晚上,我家就变成了一个极其热闹的场所。当时,大家也就是30岁出头,有着年轻人对世界的憧憬,充满着活力、精力充沛,即使通宵不睡觉,第二天照样可以讲上十个小时的课。当时,我们就处于这样一种状态。

每到晚上,我就让我的司机准备好一些酒菜,以便大家晚上进行沟通。我们从男女关系、社会问题,聊到业务发展,再聊到每个人的个性、互相之间的配合。当时,我们形成了一个极其坦诚的氛围,每个人有什么缺点、错误,做事情有什么不到位的、让大家不舒服的地方,都会直截了当地说出来,因为大家都是朋友关系,彼此也能接受。这就是朋友、同学在一起创业的好处,因为互相是知根知底的,所以遮遮掩掩、做表面文章都是没有必要的,大家只要能共同发展进步就行了。

但这也是一个磨合的过程。比如他们刚回来的那半年,对我是极其看不惯的,觉得我就是一"土鳖",而他们在国外已经待了七八年。

再加上我英语讲得也不如他们好，衣服穿得也很土，一讲话就像"乡村企业家"一样，讲话的内容也得不到他们的认可，在他们看来，我就好好干活就可以了。所以他们常说，新东方就是一群"海龟"带着一只"土鳖"在地上爬。而我也跟他们开玩笑说，明明是一只"土鳖"带着一群"海龟"爬，因为中国土地干旱，没有"土鳖"你们还真活不下去……就这样在一来一往中，我们互相学了很多东西。我也从他们身上学到了很多，间接地知道了很多西方文化知识，我的英语水平也提高了。新东方的发展，也证明了一件事情：在中国，很多事情其实是我做得更对，他们也逐渐理解了新东方的发展必须是一个中西合璧的过程，既不能完全按照他们的西式思路发展，也不能完全按照我的本土农民思路去发展。由于大家的不断磨合，我们最后都取得了很大的进步。

我们这些人都算是有情怀的，这是新东方人的一个特点。直到现在，新东方依然把人文精神放在科技前面，希望大家先讲情怀，再讲方式。情怀是什么？就是明白我们到底要干什么，就是自己在做一件事时，要有成就感，要引以为傲，并且能为这个社会带来某种好处和进步，这就是情怀的最终解释。情怀就是在做一件事时把个人和社会揉在一起，同时对两者都有好处，这就是情怀的核心。所以我们常常说：一个人做的事情对社会有好处，这个人是有情怀的；一个人做的事情推动了社会的进步，这个人是有情怀的。

其实，我们几个人也受到了北大人文自由独立思想的渲染，又接触了很多西方思想，所以希望把新东方做成有情怀的企业。我们不仅仅是为了赚钱，也希望学生不仅仅是因为我们讲课幽默而来上课；我们更希望学生能从新东方带走一些东西，一些他们能够铭记终生的东西，也希望新东方本身能创造一些价值，这些价值能被社会记住。于是，我们开始讨论：新东方到底要做什么。当时，新东方主要进行的是英语学习和出国考试培训，以及出国咨询，所以我们就提出了一个口号，这个口号也是在午夜聚会时讨论出来的，也是新东方的使命：新东方要做"出国留学的桥梁，归国创业的彩虹"。

这个口号提出来以后，我一下子就觉得新东方变得特别高大上，因为我们是在帮助孩子们出国深造，当他们学成归国创业，可以创造更加高精尖的科技知识为祖国做贡献。

这就是原始合伙制，就是我们这几个人在一个完全没有组织机构的企业中，各管一摊、彼此拼命帮助、鼎力前行的前提之下的合作机制。实际上，正是这种机制，奠定了新东方的发展基础。

包产到户激发的
潜力与局限

如果一直坚持包产到户，我估计新东方到最后也就是分开发展的几家小公司而已。新东方之所以现在能成为总收入不错，市值也相当高的上市公司，就是因为我们后来打破了包产到户，实行了集约化、集团化的发展。当然，这个过程是非常艰辛的，但我们也都做到了，所以后来新东方迎来了再次腾飞和发展。

我们知道，目前中国还没有出现规模较大的农业公司，因为中国的每块土地都是包给家庭的，而村与村之间是不联系的——这个村的土地不能给那个村，所以就算土地能再次集中，也只能在村的范围内进行，最多也就集中几百亩到上千亩，而一家大规模的农业公司要有几十万亩土地才行。我去加拿大、美国时，看到它们的大型农业公司中，有好多都是上市公司，拥有几十万亩到几百万亩的土地，而它们的农民也等同于农业工人。而且，它们所用的机械化设备可以在上百平方公里的土地上纵横驰骋。而我们中国，一小块土地也就几十米长，再远就是另外一家的地了，能用的农用机械主要是拖拉机，先开个几十米，拐个弯再开个几十米。所以直到现在，我们国内除了个别国有农场能用大型机械化设备，大部分农田依然距农业公司的运作有很大差距，而造成这一现象的根源就是包产到户。

正如前文所讲，包产到户还是有很大的意义的。以粮食生产来说，我小时候在生产队工作时，不管怎样，每亩水稻田产出的粮食也就五六百斤；但是到我上大学时，农村实行包产到户，每亩地的粮食产量一下子就提高到了800~1000斤。其重要原因就是农民对种地更精心了，对除草、施肥更勤快了，还天天到水稻田里察看。而包产到户之前，农民根本就不关心这些，水稻田里的禾苗干死了也没有人管。因此，实行包产到户前后是完全不同的景象。所以，我们常常说，自留地上长的粮食比公地上的旺。这在2000多年前就已经被证明了：中国周朝实行的是井田制①，从中间公地收上来的粮食永远比边上自留地上收来的粮食要少很多。

1996—2000年，新东方一直实行的是包产到户。因为那个时候，包产到户能够以非常高的效率促进新东方的发展。1996年，新东方是一个只有一两千万元年收入的学校。正是由于这帮朋友的加入，到了2001年左右的时候，新东方已经变成了一个年收入达两三亿元规模的学校，而这也是因为我们实行了包产到户：自己为自己干，跟别

---

① 井田制出现于商朝，到西周时已发展得很成熟，到春秋时期，由于铁制农具和牛耕的普及逐渐瓦解。井田制把耕地分成多块面积一定的方田，周围有经界，有水沟，像一个个"井"字。其中，一井为9个方块，周围的8块由8户耕种，即"私田"；中间是公田，由8户共耕，收入归封邑贵族所有。——编者注

人没关系，干的都是你自己的。而这又意味着什么呢？意味着在新东方，每个人对自己负责的业务肯定比对公共事业花的力气多。随着新东方规模的不断扩大，公共事务也越来越多，比如后勤行政、基础设施，还有其他一些年会、团建等事务，那进行这些事务的钱到底由谁来出呢？这些钱不够了，没人愿意出，"公地"反而变得不那么兴旺了。

除此之外，包产到户还会引发另一个问题。这个问题就是由于以个人利益为先导，所以企业的长远发展和管理就变得很难。比如大家都认为不需要构建更加完善的管理结构，因为一旦构建复杂、完善的管理结构，就要增加自己的成本。因此，包产到户的好处是每个人都在拼命地干，当时我们每人每天都工作18个小时甚至20个小时；但坏处是发展到一定程度以后，管理结构不健全，无法支撑公司下一步的发展。

大家都知道，在包产到户时，大家不是以未来把公司做成一家顶级企业或者好学校为核心来思考问题，而是以眼前利益为着眼点，想的是自己当年到底能拿多少，所有行为、市场布局、课程产品的研发都只着眼于当年，没有一个长远的发展计划。毫无疑问，这会使企业的后续发展乏力。

举个简单的例子。新东方有的教材一用用了两三年，而此时中国整个学习英语的风口都已经发生了变化，大家学习的方向已经改变了，而我们还在用比较老的或者说没有经过修订的教材，那么很明显就会落后。而研发新教材需要投入很多钱，由于实行包产到户，这笔钱到底由谁来出就变成了一个问题——现成的产品大家可以用，但产品研发费用却都不愿意掏，于是就干脆不研发新产品。所以在2010年之前，新东方都没有太多新产品。这也就逐渐形成了这样一种局面：不愿意在研发上投入，不愿意进行更长远的投入。后来，新东方痛定思痛发现，这是新东方后来发展遇到困难的一个重要原因！

而有些中国公司特别重视研发，比如华为，每年都要把收入的10%~15%投入到研发中去，这涉及几百亿元资金。华为也是民营企业，我觉得任正非非常有眼光。而中国另一家企业中兴，由于没有足够的产品研发投入，当中美贸易产生摩擦，美国限制芯片出口时，过于依赖美国芯片的中兴通讯就受到了很大的冲击。

新东方目前也遇到了一些困难，这些困难跟当初没有进行研发投入是直接相关的。而没有进行研发投入的主要原因就是当初新东方的组织结构是一种原始结构——包产到户。还有就是，由于几个合伙人之间是朋友关系，没有上下级这样明确的管理秩序，因此决策效率十分低下。比如我说的话，王强、徐小平可以不听，而王强、徐小平说的话我却不敢不听，明明有的时候我觉得他们说的话不是最佳方案，但也得听。为什么？因为我们是朋友、同学关系，要互相照顾面子。再加上新东方是家族企业，底下的员工也陷入了为难，不知该向谁汇报。这样一来，员工也分成了好几批，有的跟着王强干，有的跟着徐小平干，有的跟着俞敏洪干，公司处于决策效率低下、没有统一管理的状态。

这就是包产到户的特征，它既激发了我们这些人的无限潜力，但也带来了很多局限。

  毫无疑问,对于这些问题,我们要去解决,但这需要很长的时间。虽然最后我们都能意识到问题的存在,但意识到有问题和能解决问题是两个不同的概念,二者之间有很大差别,需要很长时间才能弄清楚。

如何从家族
企业中走出来

前面说到,我的大学同学和朋友来到新东方以后,跟我形成了一种新型的合伙人关系。但当时我的家族成员还在新东方工作,他们和我的家族成员之间又形成了另一层汇报关系。我的大学同学不会听从我家族成员的管理,而我的家族成员也没有能力去管理我的大学同学,但我的大学同学也不敢随便得罪我的家族成员,因为他们觉得得罪我的家族成员就等于得罪俞敏洪嘛。所以两边都憋着气,觉得不痛快。

但新东方在发展过程中,还面临一个问题,那就是包产到户是否可以使用家族成员的问题。既然是包产到户,用人方面由我决定,那为什么不能用我的家族成员呢?当然那时在这点上,我要特别感谢徐小平和王强,他们两个就没有任何家族观念,因为他们本身就是城市知识分子出身,他们的家族成员没有人愿意来新东方干,甚至没有这样的家族成员可以来。这样一来,他们两个人手下没有一个他们的家族成员。而其他人就不一样了,其他人负责的部门进了大量他们自己的家族成员。最后,新东方处于一种家族中间套家族的状态。

而这意味着什么呢？意味着新东方在某种意义上已经有点失控了，尽管大家都在一起快乐地干活，拼命地干活，但是实际上管理已经变得极其困难了。

这时，徐小平、王强他们提出来：不能这么继续下去了，否则，在新东方就特别没劲了，碰来碰去，不是这个的姐夫就是那个的妹妹，不是这个的弟弟就是那个的弟媳，我们怎么干啊？新东方必须实现正规化。

而要实现正规化，首先就要把各个负责人的家族成员给清理出去，我直接表示了同意。我同意之后，王强和徐小平他们说：老俞，你不一样，你毕竟是新东方的创始人，而且在我们回国之前，你母亲、姐夫都已经在新东方干了，他们也不惹事，所以你的家族成员留几个在这儿，我们没有意见，但是其他人的家族成员都要离开，一个都不能留。

但这件事情做起来很难。大家都不容易，这些老乡来新东方也都是为了生计，突然把他们弄走也不太好办，而且我妈也很强势。他们知道我特别孝顺，让俞敏洪把自己的母亲从新东方赶走，这件事情也不好说出口，就想让我留下几个家族成员。但我后来一想，要是这样的话，我怎么跟杜子华、胡敏他们说？让他们把自己的家族成员全部赶走，而我的家族成员必须留下，我是开不了口的。所以，唯一的解决方案就是：我把我的家族成员赶走，他们看到我的家族成员都离开新东方了，他们也得照做。这才是一个真正公平的解决方案。

这是一件听起来容易做起来难的事。我相信凡是做过企业的、清除过自己家族成员的人,都知道这有多难。那段时间,家里人天天跟我吵,有的尽管不说话,但是心里觉得自己帮我把新东方从零做起来,现在新东方规模大了,我的大学同学来了,就把他们给轰走了,他们觉得挺冤枉、挺委屈的。但最后,我还是坚持自己的决定。那段时间几乎是我人生中最灰暗的时期,我一方面要把家族成员赶走,另一方面还要安抚同学,因为我的同学也在看着我:你到底能不能说到做到啊?最后,我面临着这样的抉择:把所有人的家族成员清走,我的同学继续留在新东方干;或者我的同学离开新东方,我继续任用家族成员去干。

我想,我把徐小平、王强他们从国外请回来就是想把新东方做大,因为他们的能力比我强,而我的家族成员毫无疑问是没有这个能力的,这个抉择也是对新东方未来发展路径的选择。面对这个难题,毫无疑问我只能选择把徐小平、王强留下来,家族成员必须继续清理。所以说我用了大概半年时间去做这项艰难的工作,真是一点都不夸张。我妈因为这件事情半年不给我做饭,觉得我不是她儿子。但是通过逐步的努力,最后我让我的家族成员都离开了新东方!

我的家族成员全部离开新东方以后,其他人的家族成员毫无疑问也必须离开了,因为他们发现俞敏洪是动真格的,刚开始他们觉得俞敏洪根本就做不到。但我做到了,其他人也就开始清理自己的家族成员。就这样,新东方回到了一个比较正常的状态,一个没有家族成员的状态。

企业中没有了家族成员,我们这些朋友之间就可以开始制定明确的规矩了。当时，新东方定了比较明确的规矩：从此以后，凡是有血缘关系的家族成员一律不准进新东方，包括当时新东方已经建立起来的分支机构、分校，任何人都不许把家族成员带进新东方。这也奠定了新东方未来发展的基础。

当初如果没有王强、徐小平的坚持，凭我的个性和能力是绝对做不到这些的，因为我的个性相对比较柔弱，比较能忍气吞声。如果新东方还是一个家族成员充盈的培训机构，那它肯定是做不大的。

从这个角度来说，教育领域中的"夫妻店"通常是做不大的。到现在为止，我见过的教育领域中坚持夫妻一起干的机构，基本上即使中途干大了，最后也是越干越小，因为其他人没有发展空间。现在，新东方的人才已经更新到了第三代、第四代。尽管现在还有我的中学同学周成刚等在新东方担任着重要的管理职务，但实际上新东方的所有管理者跟我在某种意义上都是一种合作关系、职业经理人关系、老板和属下的关系，新东方再也没有由亲戚血缘关系引发的各种纠葛。这后来也推动了新东方的不断发展。

总结一下：第一，我要感谢王强、徐小平，他们在那时能够凭着个人的感觉和对西方管理知识的了解提出新东方未来要想有所发展的话，一定不能有太多人际关系、家族关系的纠葛；第二，我们的这一决策，奠定了新东方组织架构和未来发展的基础。所以，这是一次正确的选择，也解决了新东方存在的第一大问题。

发展的制约：
相关法规不明朗

当时，新东方面临的第二大问题就是，相关法规不明朗给新东方发展带来的一些障碍。当时，中国还没有出台《民办教育促进法》，连"民办教育"这个概念大家都觉得不太清晰。虽然《民办教育促进法》于2002年颁布，到现在已经十几年了，但大家还在讨论这部法律的实施细则，它并没有给民间教育力量一个特别清晰的界定和发展指导。20世纪90年代的时候，就更没有什么相关法规了。当时，创办公司做教育是不允许的，只能办学校。而注册学校还需要满足一些条件，比如创办人必须有大学副教授以上职称等。尽管这些机构的名字叫大学，但当时对其从事的业务并没有要求，它们可能从事的是培训，也没有校园。

当时，也有一批真正的民办大学脱颖而出，而且还包括一些非常好的大学，比如江西蓝天职业技术学院、黄河科技学院等都是那时出来的。但民办大学在北京几乎没有留存下来，当时出现的很多大学现在在北京都不见踪影了。也就是说，当时是有民办大学的，大家也是可以注册培训机构的，但并不是在工商局注册，而是要到教育局注册。教育局颁发办学许可证后才可以办培训学校。所以，新东方就是在当时的海淀区成人教育局注册的一所培训学校。

当时，国家有明确规定：办学校不是办公司，所以可以享受税收优惠政策。比如对于学校，不收企业所得税，不把学校当作企业看待，当然营业税还是要收的，还有印花税。

当时国家这样规定，是有其合理性的，但这在某种程度上也阻碍了企业的发展。国家不收企业所得税，就等于学校的资产是由于国家支持才得以积累的，有一部分是属于国家的。在办学期间，学校所有资产归办学者，办学者可以延续使用，可以将学校办得越来越大，但是如果有一天这所学校你不办了，这部分资产国家是可以回收的，就不属于办学者了。那几年，我记得特别清楚，有些办学者为此还打了几次官司。所以，税收优惠在给办学者带来好处的同时也催生了一些矛盾。

在这个过程中，还存在另外一个问题，那就是学校不能再办学校。比如，新东方当时的名称是北京市海淀区新东方进修学校，但当我们希望到外地，比如到上海、广州去办学校时，就不被批准了。因为学校是不能再办学校的，公司也不能办学校，只能是个人去申请办学。所以我们想到上海、广州办学校，很明显是申请不下来的，必须要当地人才能在当地办学校。而我的户口在北京，不能在上海办学校，学校也不能到外地去办学，因此，我们只能在一个地方办学，没有办法扩大办学规模。

最初，我们也曾试过用其他方法到外地去办学校，最后发现都行不通。在2002年《民办教育促进法》颁布之前，我们在广州、上海所办的学校都是找了当地人，让他们以个人名义去申办的。当然，这样做是存在很大风险的：第一，你和你的组织结构与这所新创办的学校是没有关系的，因为这所学校是以个人名义创办的；第二，创办人是否可靠是不确定的，万一学校做大了，他说学校就是他的，那也是没有办法的，因为他是学校的法人代表，我们在某种意义上只是他的出资者。

当时，国家在支持民办教育方面，尤其是对培训教育的管理方面基本上是一片空白，地方上在执行这个规定时又比较严格，所以新东方实际上面临一些发展上的障碍。值得庆幸的是，随着国家的发展和社会的进步，民办教育在2000年以后一直受到国家的关注，国家用了两年时间，出台了《民办教育促进法》。这项法规对民办教育存在的诸多问题都给予了清晰的界定，比如对到底是办营利性学校，还是办非营利性学校的界定：如果是营利性学校那是要缴税的，但到最后清算的时候资产可以归个人所有；如果是非营利性学校，那就不用缴税，但清算时依然有一部分资产属于国家。这就为创办人提供了一个选择，可以选择办营利性学校，也可以选择办非营利性学校。这么多年过去了，这项法规还在执行，这使得很多事情都顺畅了，像新东方后来的公司化运营、到美国上市，都是跟《民办教育促进法》的支持有重大关系的。

在大部分情况下，国家的法律和政策相对于社会发展都存在一定的滞后性：比如互联网领域，人人都用互联网，但互联网的相关法规有些还没有出台；比如金融领域，P2P（个人对个人）金融存在很多问题，但P2P金融的相关法律也没有出台。我们目前处于一个社会变革和社会发展的时期，新的情况层出不穷，这客观上也要求司法机关能够快速反应，制定相关法律规范，让老百姓在做事情时有法可依。当然，中国是一个不断发展的社会，要在所有领域都实现法律先行是不现实的，因为法律通常是对于一个已经稳定的状态的规范。以后再向政协提建议时，我要在这方面多努力，希望有关政府部门、民间部门和全社会一起努力，让国家的法律法规，包括教育领域在内的相关法律法规越来越健全，越来越完善。这是后话。

险些没命：
错误行为带来的后果

在新东方发展的过程中，有一个关于我的故事在坊间流传很广，这个故事既反映了当时金融体制的落后，也反映了我个人的收获。这个故事就是我被抢劫的故事，我差一点因为这件事情丢掉性命。

当时，新东方报名人数最多的时候是在周末。一般来说，一个周末我们能收 50 万~100 万元人民币。这个数字在当时已经非常大了！但当时一到周末，银行除了对个人的存储业务外，对公业务是不开放的。也就是说，我们周末收上来的学费是不能存到银行的，银行根本不收。这笔钱放在保险柜里也不让人放心，因为很多人都知道保险柜的位置，而且当时新东方租的还是一个漏风漏雨的破房子，那个门随便一撬就能进去。所以，在那么多人都知道的地方放这么多钱不合适。于是，就只剩下一个办法，拎回家。

当时，我自己开车，也没有什么保安和司机，拎了一段时间也没有发生什么事情，可后来就被人给盯上了。盯上我的人，原本就是一名犯罪分子，这个说来可就话长了。这个人原来坐过牢，出来以后想改邪归正，就在北京的郊区开了一个度假村。当时到了暑假，新东方因为要给学生找上课、住宿的场所，在租度假村的时候认识了这个人。在决定租用度假村后，他要求新东方先付一笔钱，新东方答应了，并把这笔钱付给了他。结果暑假班结束后一结算，他应退还新东方3万元。于是，新东方的财务人员就打电话要求他退还，可实际上他已经把这笔钱花完了。反复催要后，他就给我打电话说："俞老师，我把这笔钱用完了，没有办法还钱，要不到明年你们再用我的度假村时补回去，行吧？要不我们暂时先这样？"我说："没关系，也就3万元，好说，反正我们以后还要合作呢！"

也就是因为我这样一番话，让他觉得原来新东方很有钱。当时，他其实已经因为经营困难再次萌生了犯罪的想法。于是，他找了几个人跟踪我，结果发现，我每个周末会把学费拎回去。这时已经是1998年了，一个周日晚上，他们看到我一个人开车回家，就在我家门口把我给截住了，还给我打了一针麻醉大型动物用的麻醉针，就是给大象、老虎打的那种麻醉针。然后，我就晕过去了。我拎回去的钱也被他们全部抢走了，这笔钱是我们两天收的学费，大概有200万元。

然后，这个人带的几个跟班看我还有呼吸，就对他说："老大，我们把他干了吧！"他说："俞敏洪还是一个不错的人，我们已经拿了这么多钱，足够远走高飞了，就留他一条命吧！"后来，我才知道，他们从打劫我开始，到后来2005年北京市公安局破案，前前后后抢劫了7个人，其余6个人没有一个活下来的，就我活了下来。

后来，麻醉针的药劲儿过了以后，他们已经走了，我居然半蒙半醒地醒过来了，还报了警。后来，我就被送到了医院，被抢救了过来。但其他被他们抢劫的人一针麻醉针下去就醒不过来了。因为那个麻醉针的强度太大，打进去以后会让人的心脏停止跳动。后来，医生跟我说：真是奇怪了，麻醉剂量这么大你居然能活过来！后来我开玩笑说：可能是我酒量比较大的原因吧！几年前，我去做肠胃镜检查，要先进行全身麻醉，医生就给我打了一剂常规的麻醉针，还跟我说过两分钟就会起作用。结果，我跟他聊天就聊了十分钟。医生问："怎么回事？你一点感觉都没有？"我说："没有。"后来，医生就接着给我打，还加大了剂量，最后我才全身麻醉，进行了肠胃镜检查。我这才知道，我抗麻醉的能力真是挺强的，这也算救了我一命。可能老天不愿意让我马上离开，还希望我以后能多做点事情，跟我开个玩笑吧。当然，后来还有人说我脑袋变笨了，这个倒真的没有。新东方的老师开玩笑说：俞老师醒来的第一件事就是把 GRE 词汇书拿过来，看看到底还认识不认识这些词汇。

  这件事让我意识到，社会环境其实也是存在不安全因素的。后来，我就加强了自己的安保。这件事也给了我一个警告：我的行为是错误的，如果我当时不把钱拎回家，这些歹徒也就不会跟着我，也就不会发生后来的事情。而且在这件事情发生之前，王强和徐小平也曾多次提醒过我。每到周末，王强、徐小平看我把钱拎回家，就会提醒我说："老俞，这么多钱你拿个塑料袋就拎回家了，而且不只我们两个人知道，这是非常危险的。你不能这么做。"我说：那也没有办法呀，银行又不收。而他们说：总有办法的，比如先存在个人名下，或者想办法到银行租一个保险柜,都比把钱拎回家强。这件事发生后,我才意识到他们的忠告真的是非常到位,可我当时没听,还说拎了大半年也没有啥事,不会有事的。所以,朋友的忠告是非常重要的,这也是我思维的局限所产生的严重后果。

事后,王强、徐小平见到我的第一句话就是:"活该!"我说:"我都是从死亡线上回来的人,你们还这么说。"他们说:"早就跟你说过了,不应该这么做。"当然,只有好朋友之间才能用这种语气说话。

总之,这件事情必须要解决。于是,我就找到了北京银行。北京银行当时刚成立不久,正好要拉业务。尽管刚开始北京银行在周末也不工作,但它在中关村刚开设的一家支行接了这项业务。我当时提出的要求是周末他们必须上门来收钱,如果这项业务做好了,新东方所有的财务体系都转到北京银行去。当时,由于新东方规模还小,各项业务加起来总共也就一两亿元,大银行是看不上的。但北京银行那时刚刚成立,它看得上,就接下来了。从那以后,北京银行的工作人员每到周末就把武装押运车开到新东方的报名处前把钱拿走。现在,他们几乎不用来了,因为现在全都线上缴费了。但是在这个过程中,我们跟北京银行建立了非常好的关系。一直到现在,新东方和北京银行都有大量的业务往来。

后来,北京银行增发股票,北京银行行长曾建议我或新东方投资,持有北京银行的股份,但我放弃了。这也是我错过的一个好机会。当时,我对金融一点都不懂,觉得好不容易收上来的学费,投到银行,万一亏本了呢,所以就没投。如果当时我要买进北京银行几千万元的股票的话，现在的市值应该至少二三十亿元了。所以这也说明，那时的我是没有金融头脑的，也不懂投资。在某种意义上，我就是死命地干，最后一点点把新东方给干出来了。这就是我给大家讲的一个我犯的错误所带来的后果。

朋友同学
一起创业的利弊

朋友同学一起创业的利与弊，其实我刚才已经讲了一些了。但是把这作为一个主题来讲，依旧有意义，因为现在依然有很多创业公司是朋友或同学一起创业的。在这个过程中，我们要先搞清楚同学朋友一起创业的利弊，以及怎样处理其中的关系，才能够在创业路途中走得更加顺利。

第一，同学朋友一起创业的一大好处是，互相之间知根知底，不用担心对方的人品和道德。既然选择在一起创业，那就意味着互相之间是认可的，彼此之间是绝对信任的。当初，我跑到国外去邀请王强、徐小平、包凡一他们来新东方，以及后来邀请我的中学同学周成刚、李国富他们回来，一个很重要的原因就是我对他们的信任，这意味着我们之间的沟通不需要太多成本。当然，也不是所有同学都这样，有些同学的沟通成本就很高，所以也不需要邀请所有同学都回来。

第二，同学朋友一起创业，互相之间会有一个重要的预判，那就是你一定会找你认为能干的人。当时，我到国外去邀请王强、徐小平回来，看中的就是他们比我水平高。我当时就有这么一个简单的判断标准，比我水平高的我才邀请，比我水平低的我肯定不邀请！一起创业的同学朋友既知根知底，又比自己水平高，这也就意味着创业相对来说比较容易成功。同时，由于大家曾经在同一所大学或者中学待过几年，有的甚至时间更长，彼此之间可以有话直说，没有上下级关系。就像我们这几个人之间，什么都能够直说，彼此之间很通透，对事情的讨论也更充分，所以可以互相敦促、共同进步。

我现在在新东方讨论问题的时候，就不如当初跟王强、徐小平讨论问题时那么充分，因为现在新东方的重要管理者、核心人物都是差不多比我年轻了20岁的人，他们把我当作长辈来看，不管我怎么鼓励他们尽管批评、互相之间要坦诚，但他们还是会给我留面子。所以他们说话的时候会变得更加柔和、更加迂回，也就不能更直截了当地解决问题。反过来说，由于他们在某种意义上都是我的小辈，所以我也要更加注重对他们的关心和爱护，绝对不会跟他们以争吵的方式来说话。这在某种程度上就会产生一层隔膜，而同学朋友之间是不存在这些问题的。

与此同时，同学朋友一起创业也是存在很多问题的，比如到底谁听谁的问题。在同学朋友之间，必要的决策组织、上下级关系有时不太容易建立起来，这会使得上令下达面临障碍，会使组织结构的效率下降。

此外，同学朋友一起创业还存在一个问题，那就是非常容易陷入感情的旋涡。大家干着干着就讲到了感情问题：我们是老同学，这件事你怎么能对我这样？这个利益分配你怎么能少了我呢，对不对？所以到最后，大家很容易不就事论事。比如新东方在 2001 年到 2004 年的三年改革期，同学之间的纠葛、打架，各种情感纠缠，甚至号啕大哭都出现过，而这些只有在同学朋友之间才会发生，在上下级之间、正常的企业关系中通常是不会发生的。这从一方面来看是件好事，因为大家感情丰富，但从另外一方面看就是坏事了，因为在企业发展过程中如果夹杂太多的感情因素，那在一定程度上反而会成为企业发展的阻碍和障碍。

比如我们都知道，在《三国演义》中，刘备最后打了一个大败仗，被气死在白帝城，就是因为他被感情因素冲昏了头脑，张飞死了，关羽死了，他们都是和他同生死的兄弟。这个时候，他把国家安危都放到了脑后，要为关羽报仇，结果从四川沿着长江，一直要打到宜昌，结果七百里连营被东吴的军队全都给烧了，从而导致整个蜀国的国家和军事基础崩溃，最后自己还被气死在白帝城，托孤诸葛亮。这也给蜀国后来第一个被灭掉埋下了伏笔。所以在企业发展的过程中，感情用事一定会出问题。新东方也有很多年都是以情感用事来做事情，但后来这就变成了企业发展的障碍。一直到新东方上市，王强、徐小平、包凡一他们退出董事会，新东方才实现了组织结构和管理结构的正常化。这其中谁都没有错，但也不是都对，问题就出在大家情感太丰富，不能就事论事。

分析完这些，我可以给大家提出一些有关同学朋友一起创业的建议。第一，利益结构一定要清晰分明，明确每个人到底占多少股份。

第二，利益分配结构一定要是动态的，因为未来发展过程中谁的贡献大现在是不确定的。比如股权分配，三个同学每人拥有 30% 的股权，但三年以后还是不是每人拥有 30% 的股权，就不一定了。未来，可以根据每个人岗位的重要性和贡献的多少改变期权，对于由个人的贡献产生的股权差距，大家也不会有什么意见。第三，要有清晰的上下级结构。也就是说，最终谁听谁的这样的决策机制是一定要有的。大家平时可以是同学，但是遇到问题的时候，一定要有人能够说了算。比如：五个同学决策时，就以三票及以上为通过；三个同学决策时，由"老大"说了算，这个"老大"是大家公认的，比如公司的 CEO 或者董事长。总之，不能出现没有人说了算的局面。新东方后来出现的问题，都是因为到最后没人能说了算。把这几件事情做好了，我觉得朋友同学一起合伙创业基本上就能避开问题，产生好的结果。

新的力量
加入新东方

随着新东方的发展，到了 2002 年的时候，我觉得人已经不够用了。而且当时我们已经觉得，按照新东方的规模应该到外地去开设分校，比如上海和广州。开设分校的时候，我们这些人负责的业务都是在北京的，而且是包产到户，由谁去开设分校就变成了一个问题。于是，我们决定：第一，分校的收益是大家的；第二，必须由新人去开设分校。

当初，我还没有想到要让中学同学来新东方，因为我的大学同学已经一锅粥了，再来几个中学同学会更麻烦。但机缘巧合的是，就在 2000 年，我的两个中学同学都从国外回来了，听说我在北京干得不错，就跑到北京来看我，其中一个就是周成刚。

那时，周成刚在 BBC（英国广播公司）工作，而且已经拿到了可以定居伦敦的绿卡。其实，他回国之前不知道我在干什么，跑到北京是想向我炫耀一番：尽管你上的是北大，我上的苏州大学，但你看我现在在 BBC 工作，我比你厉害。而他来了以后，我告诉他我现在在做一个叫新东方的培训机构,也许他还没听说过。当时,他还真的没听说过新东方,因为他一直在国外,正好当天晚上我有堂课,就邀请他跟我一起,去听我讲课。于是,他就去了。当时,我教的是一个600人的GRE班,他就坐在后面听。听完之后,他很诧异。他的第一个感觉是,"居然有那么多学生对你这么疯狂,很厉害";第二个感觉是,"你的英语那么差,讲课也很一般,但学生居然如痴如醉地跟着你听……我要是回来上课的话,肯定比你厉害啊"。后来,我们一起吃夜宵的时候,我就顺势邀请他回来,还跟他保证他的收入不会低于BBC给的。我说:"你看,现在我们刚好要准备到上海去开分校,你回来以后是不是可以帮我开个这个分校?"他正好很喜欢上海,因为他就是南方人,于是说:"好,我考虑考虑。"结果,他又回到了英国,没消息了。

我一想,还得继续追问他这件事。于是,我给他发了邮件,并在邮件中问他:说好了回来,怎么没回来?他在回复里说:一是公司不让他辞职;二是老婆孩子都在英国,已经拿到绿卡了。我催促他道:"人生一辈子能够有多少机会创业,有多少机会赚大钱?赶快回来吧,上海分校等着你呢!"后来,他就真的回来了。

我的另一位中学同学李国富也加入了我们,后来成了新东方的行政管理部总监兼总裁办公室主任。他学的是德语,从南京大学毕业后到匈牙利做生意去了,开了一个很大的百货商店,雇用了几十个匈牙利人,成了一个千万富翁。但是后来,因为贸易变化,他的钱花没了,公司也不做了,他就想回国看看,于是到北京来找我。当时,周成刚还没回来，我就对他说：既然你国外的公司倒闭了，你干脆回国来帮我开上海分校吧，你先去把后勤行政给我弄好了，等周成刚回来再把教学区弄好。后来，李国富就真的跑到上海去了，在上海租了房子，还租了个自行车，叮叮当当用了半年时间以个人名义把上海分校的执照给拿下来了。

就在这个时候，周成刚也回到了北京。他先在北京跟了我一个月，熟悉了一下新东方各方面的情况。看完之后，他就觉得新东方管理真乱，没有财务体系，没有行政体系，也没有人力资源体系，他说从来没见过这样的公司。大学毕业后，他一直都在大公司工作，那些公司的管理和福利都是成熟的。一对比，他就发现新东方什么都没有，也没人跟他谈薪酬和社会福利保险。说实在话，这些东西当时没法谈，因为新东方根本就没这些。我就跟他说：你就到上海去办分校，干完再说！后来，周成刚和李国富两人联手，跑到上海开设了新东方的第一家分校，一个是校长，另一个是副校长。就这样，新东方的分校创办之路从这儿开启了。

新东方上海分校和广州分校其实是在完全没有组织架构的情况下——当时新东方总公司还没有成立——以个人名义注册开办的，它们的所有资金几乎都存在个人名下。由于当时新东方的名气很大，上海分校在招生的第一天，报名的队伍就排出1公里远，广州分校的报名队伍也排出去差不多半公里，可谓是一炮打响。当时，我把新东方最好的老师，包括现在上海分校的校长杨鹏派到了上海、广州，再加上那时新东方主要做的还是出国考试培训，大学生蜂拥而至。于是，上海、广州两个分校一开始就取得了成功。

这也为新东方下一步的发展带来了契机。我们突然发现，开分校是新东方未来的一个重要发展方向。迄今为止，新东方已经开设了六七十所分校，有了上千个教学点，而这一切就是从那个时候开始的。此外，我们突然发现，除了我们这几个人，人才队伍是可以进一步扩充的，像周成刚、李国富这样的人才进来，意味着新东方的人才队伍进一步扩充了，也意味着新东方可以进一步做大、做好、做久。

当然，在这个过程中，我们也发现新东方的组织结构已经完全无法适应未来的发展需求。比如，原来我们实行的是包产到户，可是现在，广州分校、上海分校到底归谁就变成了一个问题。于是，新东方开启了组织结构的变革之路。

第四章

风云变幻

这一章的标题之所以叫"风云变幻",是因为接下来这一段时期展现了新东方从朋友之间的合伙公司逐渐变成教育集团公司的历程。

没有良好的公司结构，
业务就没有了载体

前面我反复讲，王强、徐小平他们回来后，我们实际形成了一个松散的合伙人结构。后来的电影《中国合伙人》其实也是根据我们当时的情况所拍摄的：一个松散的结构下面，不同人做着不同的业务，互相间联合起来又形成一个整体。当然了，《中国合伙人》这部电影里演的和实际情况还是有着巨大的差距的，因为电影毕竟是电影，要具有故事性。我常说，新东方现实中所发生的事情比电影情节还要精彩。

最初，新东方除了营业执照，是没有公司结构的。我们也都知道，随着新东方的发展，学校已经没有办法支持新业务体系的发展了。举个简单的例子。新东方在后来的发展过程中出现了两个新生事物，一个是图书出版，另一个就是电脑培训。

因为新东方的学生越来越多，我们自己也在写书，如果交给别的出版社去出，发行也不一定好，回过头我们还要出好多钱买过来给我们的学生用，于是我们决定自己成立一家图书出版公司。由于当时新东方是包产到户，没有总公司来确定成立出版子公司的事，那就意味着投资板块只能由个人来做,因为学校是不能去做图书出版的。于是,我说:这个图书板块我来做,因为我对这个板块比较熟悉,我现在就去成立一个图书出版公司。王强、徐小平他们就说:"我们对新东方发展也做了贡献,如果图书出版由你一个人负责的话,我们觉得不太合适,万一将来做成了大公司没有我们的份儿啊!"我说没关系,那我们就把图书出版股份化。所以,图书出版最后就变成了我来主做,拥有60%的股份,他们几个人再分剩下的40%的股份。

过了一段时间,王强又说:"我在微软、在贝尔实验室工作过,我是搞电脑的。现在有那么多人要学电脑,我成立一家电脑培训公司不也挺好吗?"于是电脑培训公司就由王强来主做,他拥有60%的股份,其他人分剩下的40%的股份。大家不难发现,新东方所有公司的股权结构都是不一样的,每个人都在做自己那一块,这种结构虽然比原来的包产到户好像稍微进步了一点,但更加复杂了,而且上面又没有更大的结构来制约,所以最后你会发现,虽然包产到户走到了尽头,新的发展机遇又出现了,但是新的结构没有产生。而且当时,我们这些人都是书呆子,根本就不知道到底该怎么做公司、怎么注册成总公司、又怎么设立分公司,况且当时国家有规定,公司下面不能办学校,这也就意味着学校的业务和公司没有关系,那公司到底有没有价值,这些我们都搞不清楚。可是我们知道,新东方的发展已经面临着巨大的障碍了。

此时,每个人在往前走的时候,都在想除了自己负责的这一部分,其他的业务开拓难道跟自己没关系吗?上海、广州的分校也开起来了,收益是归俞敏洪一个人,还是归大家所有?财务怎么监督?如果我们聘请的各分校法人代表最后说学校跟我们没关系,怎么办?比如万一周成刚、李国富他们把分校做大了,发现原来办学校这么赚钱,自己在上海做独立王国……尽管他们不会这么想,但是从组织结构关系的角度来说,他们是可以这么做的。当时不像今天的新东方学校,从股权结构到管理逻辑都是属于新东方集团的。

那个时候,我们很苦恼,但想不出办法来,而且已经开始出现了部分利益冲突,比如新业务的归属问题。电脑培训给王强做,那徐小平或其他人就可以说"尽管我没学过电脑,其实我也可以做这种培训",或者"凭什么图书出版由你俞敏洪做,我对图书出版也不陌生啊",所以,这种利益结构不一致会导致利益冲突,甚至到最后还有可能互相打架。组织结构决定了一个公司的发展规模,所以毫无疑问,我们现在就需要有人来帮我们建立组织结构。

就在这个时候,我碰到了一位朋友,他给我介绍了中国人民大学的王明夫。直到现在,王明夫依然做得很好!他是和君商学院(原来的和君咨询公司)的创始人,带领着和君商学院为中国培养了大量的商学人才,并将其发展为一个新三板的上市公司。后来,我在友谊宾馆的咖啡厅见到了王明夫。见面一聊,我觉得这个人挺聪明,对公司结构比较了解,他当时跟人大一个叫彭剑锋的人在起草"华为基本法"。当时,华为在中国已经小有名气了。我问他"华为基本法"的主要内容,他说:"我们帮华为清理组织结构、人事关系、未来的价值观体系等。"我一想,这些内容刚好新东方也需要。于是,借着这样一个好的契机，我把王明夫请进了新东方，聘请他作为第三方为新东方设计未来的组织结构和发展路径。尽管后来事实证明，要理清新东方这么复杂的情感结构以及发展中的利益关系和冲突，光靠王明夫他们的力量是不够的，但是毕竟从他们开始，新东方开启了组织变革之路。

成立公司：
一场咨询引发的新东方变革

这场咨询就源自王明夫。当然，后来为新东方做咨询的还有普华永道、IBM咨询公司等，但是王明夫是为新东方做咨询的第一人。当时，我并没有上来就请国际公司，一是因为国际公司收费太高，我们当时根本就没那么多钱，二是因为我觉得中国公司对中国企业最了解，那么相应地对企业的发展和问题的判断也更精确。所以，我们就邀请了王明夫团队正式入驻新东方。

他的团队进入新东方以后，做的第一件事情就是了解我们的财务状况。当时他看了看，就问我新东方每年的收入是多少，当我告诉他新东方的年收入为两三亿元，利润大概1亿元后，他就告诉我说："你们的组织结构没法看，只是一个学校。但根据你们现在的情况，中国上市公司的平均市值是公司利润的50~100倍，所以你们实际上是守着一块宝"，"你们新东方只要能够上市，至少值50亿元人民币，高的话还有可能到100亿元人民币"。我们从来没有想过新东方会值这么多钱。当时，新东方就算再厉害，也就是每人每年分几百万元，最多接近千万元，那要是新东方能值50亿元的话，我们大家一算……就觉得厉害！比如，我拥有10%的股份，那就是5亿元，可按照现在的标准，我要50年才能分到这么多钱……所以大家无比地激动。后来证明，新东方的市值远远不止50亿元，这是后来的事情了。

我记得当时在咨询会上，大家欢呼说："我们赶快上市吧，如果上市的话，这件事情就会变得特别好。"可要怎么才能上市呢？因为我们是一所培训学校，只有一个办学许可证，不是公司，所以没办法上市。于是，他们就提出一个路径，说："这样吧，你们先成立一家公司，然后把学校装到公司中去。"当时我就说："这样不行，国家已经规定了，公司和学校是不能有直接关系的。"他们说："根据我们的了解，尽管现在国家政策还没放开，但是已经有公司办学校的先例了，这就表明这个政策是松动的。所以，你们先注册了公司再说，记得先要分股权。"于是，我们就成立了公司，并且讨论了分股权的事。

当时，所有人都表态："只要我们新东方最后真的能够值50亿元，我们哪怕分1%的股份，那也是5000万元。"我说："既然大家都愿意这样做，那我们就沿着这个方向走吧！"

要成立股份公司就得先注册公司，也只有注册了公司，讨论股份分配才有意义。于是，我们就开始了注册总公司的艰难历程。当时，大家对"新东方"这三个字很看好，舍不得放弃，因为这是我们十几年来好不容易建立的品牌，所以新东方总公司的名字中一定要带"新东方"三个字。结果到工商局一查，发现这个名字根本就注册不了，已经有好几家公司都叫东方了，所以叫"新东方"很明显带有品牌不清晰的行为。工商注册通不过，请人去说也没用，最后没有办法，我们只能叫别的名字。于是，我们就起了一个"东方人"的名字，注册了公司。

所以，新东方第一家公司成立的时候就叫东方人教育科技集团公司。虽然总觉得有点别扭，但也好不容易有了这么一家公司，事情总算可以往下推进了。其实，变革不只是一个结构的问题，更是一个心态的问题。只有当所有人都愿意去变革的时候，这个变革才能推动。至少在新东方这么多年的发展历程中，我发现，推动变革最重要的要素，既不是理想，也不是情感，甚至不是未来，而是利益的分配机制。也就是说，当所有人或绝大部分人都意识到变革能给自己带来巨大的利益和良好的未来预期的时候，这个变革就特别容易推进了。

那为什么在中国，很多变革推动起来比较难呢？原因很简单，因为很多变革的利益分配机制在大部分情况下跟老百姓没有关系。比如拆迁，拆迁有的时候很难，是因为虽然给了老百姓一笔钱，但是拆迁的这块地未来的发展跟他们就没有关系了，所以老百姓觉得自己的地被拿去挣大钱了，而自己就拿到这么一点拆迁款，那凭什么要让拆呢，所以最后就形成了这样一个局面。换个角度来说，如果拆迁土地未来的发展跟老百姓都密切相关的话，也就是老百姓对未来利益还享有一定权益的话，那么事情或许会顺利很多，因为他们觉得未来还能不断地有收益。对于一家公司来说也是一样的道理，如果一家公司的组织结构要变革，比如把新东方原来包产到户的结构变成一个现代化的组织结构，那给大家营造的预期就得是每个人的利益都不会受损，只会受益，即无人受损有人受益，那么变革推动起来就比较容易。所以，新东方注册总公司的过程其实并不是那么复杂，因为大家都知道新的公司结构的设立，最后一定会让大家都受益。

那么后来，公司名称又怎么换成了新东方呢？公司注册后，又过了差不多一年时间，我们去跟工商局反复地磋商："新东方"已经是一个很有名的教育品牌了，我们总公司的名称必须跟下面的学校名称一致；同时，教育局给我们"新东方"这个牌子也已经十年了，我们到全国各地去办学校只能叫"新东方"，所以用"新东方"对我们来说是一个正常的行为。最后，工商局考虑到新东方的品牌要素和当时我们的影响，终于同意把"东方人"三个字改成了"新东方"。于是，就有了新东方教育科技集团。

当然，对于这个名字，还有一点争议是关于"科技"二字的。当时注册时，有人争论说：我们就是干教育的，加"科技"两个字干什么？我觉得科技在未来一定会是跟教育结合的一个发展方向，所以最好把"科技"两个字也放进去，否则以后再想去加说不定就很难了。所以，新东方的全名最终就成了新东方教育科技集团。这就是新东方教育科技集团的由来。

合伙人之间，
股权如何进行分配

公司成立以后，紧接着就要分配股权了，这是最重要的一步。这对当时的新东方而言，是一个后置概念，不像现在的创业公司，一上来就把股权先分配了，等新的人进来，再分配新的期权，再有投资者进来，再稀释股权，再增发……这些现在听上去好像很简单，只是一个正常的商业流程，但是在2001年前后的时候，这件事情是非常复杂的，因为在当时的中国，大家几乎没有增资、股权分配、期权的概念。这样的话，分配股权对新东方而言就是一个后置概念。也就是说，我们成立了公司，但起初采取的是承包制，股权是不清晰的，现在要倒过来分配。比方说，当时我们认为对新东方有重大贡献的总共有11个人，我们就在这11个人中进行分配，把其他老师先放到一边。这样一来，我们就要对这11个人过去为新东方所做的贡献进行评价，因为只有这样才能确定未来的权益问题。于是，大家就展开了激烈的讨论。

刚开始，谁都不愿意说自己应该拿多少，当然我也不太好说。如果当时我强势一点，拿百分之六七十的股份，估计大家还是会同意的。

但我想，这帮哥们儿在一起干活六七年了，如果一上来我就要拿百分之六七十的股份，让他们拿小头，我拿大头，他们会很失望的。所以，当时我就第一个表态说：我可以放弃控股权，最多拿 49% 的股份，剩下的 51% 的股份大家可以分配！后来，咨询公司的人对我说："俞老师，这样不行，你不能放弃控股权。因为你们之间的关系现在比较复杂，万一你放弃控股权了，他们一投票，51% 的权益加起来，最后把你给轰走了，那新东方就不是你的了。所以你不能放弃控股权，无论如何你要拥有 51% 以上的股权。"

当时，我并没有采纳咨询公司的意见。第一，我不认为如果我放弃了控股权，他们就会把我给轰走，当然这句话后来成了现实，他们真的把我轰走了。第二，如果新东方要靠控股权才能管好的话，我觉得我就没必要在新东方干了。后来，我坚持这样，并做了两点考虑。一是未来新东方一定还不只有我们这些人，股份化以后一定会有新人进来，他们也是要拿股份的。于是，我们就做了一个方案：拿出 10% 的股份留给后来人，为未来的人留 10% 的股权，不能全分光了。二是像后来到上海去的周成刚、李国富等，他们不在这 11 个人之内，如果我们都分光了，谁拿新的股权出来呢？当时，新东方也没有期权增发计划，所以大家都同意了预留 10% 股份的方案。

大家都同意了以后，我就说："那这样吧，这 10% 的股份就算我拿出来的。"比如，我本来应该拿 55% 的股份，大家没有意见，我再从这 55% 的股份中拿出 10% 来，我个人持有 45% 的股份，剩下 10% 的股份留给后来人，其余 45% 的股份由剩下的 10 个人分配！对此，大家觉得挺好，至于这 45% 的股份要怎么分配，我说这就靠大家根据自己的能力和才华、自己过去为新东方做的贡献，讨论出一个数就行了。

大家讨论了差不多一夜，终于拿出了一个方案，这个方案虽不能让所有人都满意，但也基本上都满意了。也就是说，这 11 个人每人都拿到了一定的股权，王强、徐小平拿得多一点，当时他们每人拿到了差不多 10% 的股份，剩下的有拿 6% 的、4% 的、2% 的，也有拿 0.5% 的。最后，股份全都分配完了。当时，新东方总公司的注册资金是 1000 万元人民币。注册的时候，大家说自己没什么钱，就让我去注册了。所以，我就用 1000 万元人民币注册了公司。当时，大家开会讨论说：未来我们上市后就成了股份化公司，股份化公司按股权计算，不按持有的股权百分比计算，因为 90% 的股权中，你占 30%，我占 20%，不太好算，而按照股权计算的话就是每人持有多少股，这样以后再增发股票也好算。所以，我们就当场讨论，新东方股权为 1 亿股，那么 1000 万元的注册资金就相当于每股 0.1 元。

后来，新东方到美国去上市，还是按照原始股 1 亿股计算的，这也是从这个地方来的。当然了，新东方去上市的时候，按照原始股计算，已经从注册资本的 0.1 元一股，变成了上市时的接近 5 美元一股，这是后话了。就这样，新东方实际上就变成了一个股份制集团公司，并走上了股权激励发展的路径。这在教育领域中也是第一次，在此之前，中国教育是跟公司没有关系的，是新东方在教育和公司之间做了一个嫁接。

但是，这里面还有一个很重要的问题没有解决掉，那就是公司在一边，学校在另一边，学校和公司是没有关系的。这样的话，公司就是一个空壳，大家拿了公司的股权，但是公司没有任何营业收入，所有的营业收入都在学校，而学校不允许股份化，所以实际上，新东方学校100%的权益还在我这儿。因为那个时候，教育只允许一个人当法人代表，也只允许一个人当举办人。这样一来，也导致了后来新东方总公司和学校之间的矛盾。

从合伙人到股东，再到职业经理人，一场艰难的历程

刚才我提到的矛盾，后来得到解决主要是因为《民办教育促进法》的出现，这个我之前也讲到了。以前，新东方的所有人都是合伙人，就是个人干个人的，包产到户。成立公司后，合伙人就要变成股东，股东还要再变成职业经理人，而大家不能因为当了股东就不干活了——大家都是干活的，并不是出了钱让别人去干。大家甚至都没出钱，只是拿到了股份，拿到股份以后继续干活，那就是职业经理人了，这是一个非常艰难的历程。

原来是每人负责一个板块，到年终的时候，再把钱全都拿回去。这意味着什么呢？意味着当时，新东方下面是没有利润的。那么现在，我们要变成公司化运作，未来还想成为一个有价值的上市公司，而要成为上市公司就要有收入、有利润，如果光有收入没有利润，那在当时就等于垃圾公司。这跟现在还不一样，现在，公司只要蓬勃发展，哪怕没有利润，甚至是负利润都是可以上市的，因为大家看的是你未来的表现，但是当时完全不是这样的。当时，我们想的还是在国内上

市，还没有想到要到美国去上市。就算在当时的美国，也没有几家公司亏损了还能上市的。这样一来，大家就不能再把钱都领回家了，必须把钱留在公司。这也就意味着把利润留在公司，意味着个人收入的大量减少，比如原来每人每年可以拿200万元，而现在只能拿20万元，剩下的180万元必须留在公司作为利润。当大家发现收入突然减少了，当土豪的那种感觉没有了，就不免觉得不对劲儿了，而且收入还不归自己，归公司了。尽管大家的预期是公司能上市，但是谁知道哪天能上市呢。眼前的收入减少了，上市又变得遥遥无期，最后，个人的感觉就不好了！

而且在此之前，我们谁也没有当过真正的股东，也没有人当过职业经理人。所以从这个意义上来说，大家这些股东是假的，因为根本就没出钱，大家只是名义上的股东，还要拼命去干活，才能把钱赚来。所以大家就感觉，干活不比原来少，但是钱比原来拿的少多了，这个有点不对。再加上没有任何先例，所以从合伙人变成股东，再要变成职业经理人，到底该怎么变，大家没有感觉。

可是马上另外一个问题就出现了——我们大家组建了公司，那么职位问题又如何解决呢？比如集团总裁、副总裁，又由谁来担任呢？大家说总裁不用讨论，肯定是俞敏洪担任，那副总裁又由谁来担任呢？而副总裁还有第一副总裁、第二副总裁的区别……平时大家都是平起平坐的，凭什么现在你来做第一副总裁，我来做第二副总裁？当时，也没有分工合作这个明确的想法，所以光是为了第一副总裁和第二副总裁，王强、徐小平就开始产生矛盾，大家都互相说凭什么你来管。通过排位的矛盾，大家也都感到，这些完全没有做过公司的知识分子，在面对公司组织结构的改造和身份的变化时，完全处于一种迷茫的状态，一种不适应的状态。

定心丸：
给股权定价

在组织机构和个人身份发生变化的过程中，利益猜忌问题就出现了。当时的组织机构是归新东方总公司，北京新东方学校也是归我所有，总公司股份化了，但北京新东方学校的钱没有办法转到总公司账上去——转到总公司去就是转移资产，当时国家还没有明确的说法允许学校的资产可以通过关联交易转到公司。变革是大家一起讨论的，总公司的发展也是大家一起讨论的，未来要把总公司做成上市公司也是大家一起讨论的，但是这个时候大家突然发现：是不是俞敏洪用了一个办法把我们所有的钱都收回来，然后给我们一个虚拟的股份，而这个股份也不值钱？所以，大家开始觉得不适应，就把矛盾集中到了我身上，觉得俞敏洪在背后做了一件事情，把王明夫请过来下了一个套，然后其他人就突然失去了对业务的控制权，而且失去了对钱的掌控权，变成了一个空壳公司的股东，而真正赚钱的北京新东方学校还在俞敏洪一个人名下，万一俞敏洪哪天说"你们走吧，这个学校是我的"，那其他人等于 1 分钱也没有了。他们有这个心态是可以理解的，当然我也并没有这么想，但是这种矛盾纠葛直接导致大家对未来没感觉了，还说"要不我们再回到合伙时代算了，不要做总公司了"。

后来我想总公司都已经做了，如果不继续下去再倒退的话，我们到最后不还是乱七八糟吗？所以无论如何都要把它做出来，而这需要我们进一步地讨论了。那个时候，大家吵了很多架，后来我就给大家分析了一下，因为当时，我相对来说算是这群人中业务做得最好的，因为国外考试业务做得最好。所以我就告诉大家，让大家不要认为这个公司是个空壳公司，它是值钱的，是未来我们上市公司的载体，而且早晚有一天我们是能够把公司和学校连接起来的。我说：我们现在先做一件事情，就是把新东方学校的举办人先换成总公司。

这个时候，老天帮了一个忙，就是2002年《民办教育促进法》颁布了。《民办教育促进法》规定学校可以变为营利性机构或非营利机构，并且规定只要缴了税，以后资产就可以明确划归举办人所有。这样一来，我们就好办了。我们到工商局和海淀区教育局咨询，要求把学校和公司关联起来。也就是说，把我这个个人举办人换成新东方教育科技集团这个学校。教育局说：这个是可以的，但是你不能把北京新东方学校卖给集团公司，那就变成了你从学校得益，因为关于具体什么是盈利、国家没有收所得税的学校未来怎么处理，现在还没有方案，所以你要转的话，就要把办学校的钱给转过去。也就是说，原来办这所学校我用了20万元，那么公司就要给我20万元，然后就可以转了。当时，新东方学校下面1亿多元的净资产都是我留下来的，他们的钱都已经领回家了。这1亿多元就是我个人的资产——我那几年几乎没往自己账户上存任何钱，我要转给公司的话，根据公司的股份，他们都得给我钱才对吧！

后来，我就跟这些股东们讨论，他们说："老俞，你把这个学校的钱转到公司来，跟公司关联，我们没有意见，但是要让我们根据你的净资产比例掏钱向你买，我们是没这个钱的。所以，为了未来的发展前途，你把它转进来就完了，钱是没有的。"后来我一想，再去争的话，又是一场是是非非，所以就决定只用 20 万元人民币的代价，把原来我个人独立拥有的北京新东方学校的举办人变成新东方教育科技集团。这样一来，就相当于将公司的定价定为 1 亿元，但这 1 亿元不是现金，而是资产。可这个时候，大家还是觉得总公司是空的，后来我说："这样吧，我们吵也吵了，打也打了，大家对股权没有信心也表现出来了。我就做一件事情——我个人担保，我们新东方教育科技集团的股权每股值 1 元，总价值 1 亿元人民币，你们现在随时都可以退出来，只要你们退我就买。比如你拥有 1% 的股权，退出的话我就给你 100 万元；你拥有 10% 的股权，退出的话我给你 1000 万元。这样你们的股权就可以变成真钱了！"然后，我又说："我给你们一次机会，你们愿意退就退，天天在一起吵架也没劲。"结果，他们商量了一下说："我们还是不退了，觉得未来公司可能会更值钱。但是你要保证，如果新东方将来倒闭了，这 1 亿元的底价必须由你俞敏洪承担！"我说："好，这样的话我也愿意，我们就一起好好往前做。"就这样，新东方有了一个定价，大家觉得总公司现在已经至少值 1 亿元了，所以心态上就稍微平和一些了，愿意一同继续讨论往前做的问题。

引进外部投资人的
是是非非

但是在这个过程中,还是有各种各样的矛盾,比如岗位矛盾、大家做事情时的各种不痛快,还有总公司跟学校之间的关联交易,这些矛盾都要经过好长时间才能解决。其中,还有一些问题涉及国家政策,大家觉得这些问题真的很难解决,不像今天解决起来这么容易。后来大家就开始总结,认为这些问题的存在可能由于两个原因:一是我们内部人对一些问题搞不清楚,而且都没有商业头脑,对组织结构也没有认识。所以我们应该请一些外部人进来,确切地说,是请外部投资人进来;二是我们觉得俞敏洪可能是没有能力领导这个公司的,所以我们应该让俞敏洪先别管了,换人来当董事长领导新东方的变革。这就是大家得出的两个结论。

从开始为我们做咨询的时候,王明夫就告诉我们说:"如果你们需要的话,要引进外部投资人,来打破你们内部的这种感情纠葛。另外,你们内部人也面临着没有一个人懂商业逻辑的困境。"后来,王明夫他们做到一半就做不下去了,觉得我们这帮人完全是只有人文情怀,没有头脑，又互相纠缠不清的人！紧接着，我们就把普华永道请来了。当时，普华永道在中国的咨询者叫谢涛，也是北大毕业的，于是我们想着北大人给北大人做咨询应该是比较容易的。他们进来以后做的第一件事情，就是告诉我们必须引进外部投资人，因为只有引进外部投资，我们才能守规矩，否则彼此之间会不守规矩，而且即便今天讲好的规矩，明天某个人不高兴规矩就被破坏了，而其他人还没有任何办法。而引进外部投资人，成立董事会，我们就会知道什么叫规矩，什么叫守规矩。

既然要引进外部投资人，我们就开始着手引进的工作，然后就开始了引进外部投资人的是是非非。

新东方在2001年、2002年、2003年三次引进了外部投资人，但都没有成功，这里面的故事特别复杂。我们引进的第一个外部投资人是海南一个养猪的老板，他自己做了一家上市公司，对我们特别有好感。我们最初认识是因为他的孩子在新东方上学，他觉得我们这帮人特别厉害。所以，当我们告诉他，我们要引进外部投资人时，他就说："没有问题，我来！"当时，新东方按原价估值，1亿元一分钱不加，再出让10%，这就相当于增发了10%，变成1.1亿元。之后，他拎着现金就过来了。可参加完我们的董事会，他就说："不行，我不能加入你们。你们这帮人是绝对不可能做出公司来的。你们只有各种感情纠葛、吵架，而且吵架还是没有道理的，不讲任何商业逻辑，还互相不让步，我看你们是没有希望的。"他还说："尽管我是养猪的，但是我知道公司应该怎么做。"最后又过了一个月，他告诉了我他的决定，不再加入我们了。

第二年，又来了一个专门搞投资的人，他个人在股市上赚了不少钱，虽然不是北大毕业的，但有点北大背景。他觉得我们这个生意挺好，一年有超过1亿元的利润，就想要向我们投资。他问新东方的估值是多少，我们说："估值也不高，1.5亿元，我们就是想引进一个外部投资人。你只要出1500万元，就能够变成拥有我们10%股权的股东。"他当时觉得没有问题，也愿意出这个钱。结果，也是在参加了两次新东方的会议后，他说："这个钱不能给了你们了，我们不认可你们。我们认为你们再厉害，这个公司也做不起来。钱给你们肯定是有去无回的。因为你们不讲商业逻辑，没有任何道理。"

到了第三年的时候，我们就已经做得挺厉害的了。当时，有一家山东证券公司要进入教育领域，它的最终目的就是把一个教育概念装到一家上市公司去。当时，来跟我们谈的时候，他们用了他们的专业力量。我也想着证券公司绝对是专业力量了，就用他们的专业人员来帮助新东方在A股上市。我想这个好，我们本来就想上市，而且王明夫说了新东方值50亿元，如果上市的话真能值50亿元，他们也非常愿意进来。当时，我就问他们如果进来的话，对新东方估值多少呢？他说按10亿元估值，当时就把我吓了。10亿元，还没上市呢！这跟现在的公司动不动就估值10亿元完全不一样。他们说要投资1亿元，占10%的股份，我就答应了。结果，他们连公司组织结构都没调整，就立刻把钱转给我——1亿元就到了新东方的账上。这之后，我们就说把事情继续往前推进，去工商局修改注册信息，之后再一起讨论新东方怎么在 A 股上市。

讨论到最后，他们就提出了一个方案，那就是借壳上市。他们说：也不是不让新东方独立在 A 股上市，但是由于新东方公司刚成立，连三年的经营记录都没有，而且学校的资金也不能够全部转到公司去，所以就把新东方装到一个壳公司中去，这样新东方就占了壳公司一部分的股权，也就等于上市了。我倒是知道有人买壳上市，比如原来的科利华教育公司就进入了鄂城钢铁。但是我对这件事情还是没有把握的，因为我听说很多壳公司中间都有黑洞，比如财务黑洞什么的，而又没办法去调查壳公司。此外，我说我还是很希望新东方在 A 股直接上市，别弄一个壳公司，最后搞得很复杂，再把我们自己给搞垮了！

后来我发现，这家证券公司在看中了壳公司以后，就在二级市场上把壳公司的其他股票以非常低的价格买到手中，这样只要把新东方装到这个壳公司中，它就可以在二级市场把股价炒高好几倍，然后把股票卖出就能赚好几亿元，而新东方未来的发展如何他们是完全不关心的。我弄明白了这件事情以后，就决定坚决不进壳公司，而他们就非要我们进，双方就这样一直扛着。我对他们说：你只有 10% 的股权，而我是大股东，大股东不想进就是不能进。然而，扛到年底的时候，他们就不行了。他们说："俞老师，既然你实在不愿意转到壳公司，那就把钱退给我们，我们也不跟你合作了。"我二话没说，就把钱退给了他们。其实，按照当时的合同，我把这 1 亿元退给他们，要扣 15% 的违约金，相当于 1500 万元。后来我说：我也不扣你们的违约金了，就算朋友一场，你们让我弄懂了 A 股市场到底是怎么运营的，也算我学习了。结果，把钱打给他们以后，又过了一个星期，他们给我打电话说："1亿元存在你们账上，存了大半年，还是有点利息的吧，把利息也给我们吧！"这群人真是一点都不大气，我后来又把利息退给了他们。

结果过了大概两个月，这家证券公司就出事了，老板被抓起来了。原来，这是一家做了很多违规操作的公司。为什么他们着急要回去给新东方的这1亿元呢？就因为他们从银行借了为期一年的贷款，然后转到新东方，本来希望快速把新东方装到壳公司，他们迅速赚钱，再把1亿元还给银行，可没想到碰上了我这么一个犟头，就是坚决不愿意进壳公司，最后他们的贷款到期了，不得不拼命地把这个钱还给银行。后来，审计署跑到新东方来调查说：听说他们跟你们还有联系？我就把事情的来龙去脉原原本本地讲给了来调查的人。审计署的人说：原来跟你们没关系了，那就好了。当时，我惊了一身汗，原来，那么大的证券公司都会做出这种违法乱纪的行为。从此以后我意识到，外边的钱我们不能随便拿了！

到了2003年年底的时候，这件事情过去了，新东方下一步该怎么走也理清楚了。我觉得新东方如果要上市的话，可能要往美国去，因为在中国股市教育领域的企业是上不了市的，而壳公司我又不愿意进，但美国已经有教育公司上市的先例。而如果要到美国去上市的话，那就意味着新东方必须拿到美元投资，而不是人民币投资。

其实大家可以看到，今天的中国股市依然是以投机为主，这也就意味着在中国股市，很多好公司都会被炒成烂公司，而烂公司就会被炒得更烂。所以，今天中国股市不景气，其实根源还是这帮炒作的人，他们从来没有把股市当作一个真正的通过资本市场来为企业提供增值和有价值服务的体系，而是当作一个个人赚钱、机构赚钱，甚至坐庄赚钱的工具，来回折腾。所以，这里面违法乱纪的人不少。而现在回过头来看，我也非常庆幸新东方最终选择到美国去上市这条道路。

我是用什么心态来
对待变革中职位的起起伏伏的

从 2001 年新东方开始变革到 2004 年变革结束，这几年对我来说无疑是一个非常重大的考验。

为什么这么说呢？因为对于大部分创业者来说，如果自己被合伙人或下属欺负了，一般都做得比较决绝，要么就是把下属赶走，要么就是把合伙人给整了……这样的行为可以说是屡见不鲜。但是对于我来说，要在新东方的变革中确保两件事情：一是必须保证新东方的发展，不管我个人受多少委屈，保证新东方发展这件事情是不变的；二是这些朋友从国外回来跟我一起创业，不管有多少矛盾，我都觉得我们的朋友、同学关系还在，在感情上不能把大家伤得太厉害。这也就决定了我所有的决策、行为都是沿着这两条主线往前走的：一是新东方要持续发展，二是我们这些人能够且必须尽可能合到一起发展。在新东方发展这条主线上，我做了一件比较重要的事情，就是在公司结构上，无论是总公司的股权矛盾还是发展矛盾，和北京新东方学校是相对隔离的。所以从这个意义上来说，我做了一件正确的事情，那就是北京新东方学校的管理层和老师们，他们的利益和我们吵架是没有关系的，这也就确保了学校的正常发展，不受变革中任何纠纷的干扰。

所以，在整个变革过程中，新东方出现了一个很奇怪的现象：创始团队从2001年开始出现各种矛盾、争吵，直到2006年公司上市这种局面才真正结束，而在这五六年中，新东方的业务依然每年保持着百分之三四十的高速增长。而另外一批人，后来在新东方重要岗位任职的沙云龙、陈向东，在上海做的周成刚、李国富等，并没有受到我们这些人吵架的影响，之前做的事情相当于起到一定程度的屏蔽作用。

接下来要做的另一件事情就是解决矛盾。解决朋友之间的矛盾无非是让利和让位两种方式，因为矛盾都集中在这个地方。我做的第一件事情就是让利。我曾经跟他们开了一个会说："既然大家对我这么不看好，而且矛盾这么突出，反正现在已经股份化了，我个人持有45%的股份，那我就把这45%的股份一分钱不要地全部让给你们，然后从新东方离开。你们去分这45%的股份，分完了你们去做新东方，但是不要让新东方散架，行不行？"他们讨论了一下，最后说："老俞，这不行。因为你分给我们股份，我们谁都不知道没有了你我们去做新东方由谁当领导。如果你走后新东方没了，你还落个好名声，好像是我们把新东方做没了。而且你从新东方离开，要是跑到上海、广州，说不定又能做出一个大学校，那我们守着北京也没什么意义。所以你不能走，股份我们也不要。"接着，我就说："那这样吧，我让位。我现在当董事长，你们觉得我干得不合格，那就由你们来做吧！我愿意让位，就当一个纯粹的股东，这样总可以吧！"这一点他们同意了，他们说：既然有那么多矛盾，我们也觉得你干得很吃力，那就由我们来试试看。所以后来，王强就成了董事长，徐小平成了副董事长，胡敏当总裁。结果，我在新东方就什么职位都没有了。

在这个过程中，他们经历了很多，首先经历了跟我的交接，紧接着经历了王强当董事长以后，矛盾就开始转移到王强身上，胡敏当总裁以后，矛盾又集中到胡敏身上。这样到最后，大家就发现：俞敏洪退到一边以后，彼此之间还是要打架的，也就是说利益问题其实还没有解决。所以大家后来开始意识到，要把新东方的事情理清楚，带着新东方往前走，其实是一件不容易的事情。

在轮流做主、争吵了两三年后，大家终于意识到，新东方的变革是一个循序渐进的过程，任何人上来领导都不可能把问题一次性解决，而大家也终于开始学会了有点耐心。在这个过程中，新东方也有进步，比如董事会开始有规矩了。新东方董事会很有意思，11个人全是董事会成员，谁都不愿意离开董事会。最后我们决定，至少要有一个规矩，那就是如果决定某件事情是否推进的时候，11个人中有6个人通过，就应该能往前推进，既然个人说话都不算数，那就集体说了算。所以在这个过程中，慢慢形成了董事会投票决议的规矩。

这中间还出现了另外一件事情，那就是徐小平在某件事情上没守规矩，我提出必须让徐小平离开董事会，结果大家投票通过了。当然，这件事情对徐小平的进步和新东方的进步也产生了比较大的影响。后来，徐小平一直说，当时被投票离开董事会的那一刻，他终于意识到了一个企业有规矩其实是很重要的。我在这个过程中，也取得了比较大的进步，因为后来我知道，新东方走向资本市场这条路已经变得必不可少，尽管我对资本一窍不通，但是我已经充分意识到，新东方要走向资本市场，就意味着我本人必须懂资本，那也就意味着我必须去学习。所以在吵架的这几年中，我看的书大部分都是关于公司治理结构、上市公司股权管理、美国"萨班斯法案"具体条款内容等的。同时，我也跟业界一些上市公司的老板、朋友进行了接触。所以在2003年年底，新东方内部矛盾斗争差不多也快接近尾声的时候，在资本市场方面我已经做到比新东方其他人更懂，知识更加丰富。

到了2004年年初，所有人回过头来说：新东方到了一个发展新阶段，要引领未来、走向美国资本市场的话，那毫无疑问俞敏洪作为大股东和创始人，还得重新回到新东方的管理岗位上来。所以2004年，我重新回到了新东方，继续做董事长，继续做总裁，最后把新东方带进美国股市，成功上市。这是新东方股权结构改造中我个人的起起伏伏和新东方的内部斗争，所以我说这是风云突变，但是在这个过程，大家可以看到，新东方其实是在一路不断向前发展的。

卢跃刚对新东方
稳定起到的作用

在前面所讲的新东方的整个发展过程中,我没有讲到卢跃刚,他是我的一个好朋友,也是新东方的好朋友。卢跃刚于2001年进入新东方,蹲了两年点儿,在2003年新东方内部结构改造接近尾声的时候离开了新东方。他在新东方的时间不长,那他来新东方做什么呢?其实,他的情况比较特殊,他是以一个编外大员的身份进入新东方的。也就是说,他不是新东方的员工,也不是新东方的管理者。当时,他是《中国青年报》一个很重要的主编记者,已经写过很多有名的报告文学,像《大国寡民》什么的,都有很大的影响。可以说,他是一个社会问题的批判者,也是一个非常具有独立思考能力的人。

大概在2000年的时候,《中国青年报》发了一篇关于新东方的报道,这篇报道还被《读者文摘》转载,讲的是在中国教育界,一批创业者励志精神激励年轻人成长的故事,这篇报道就成了媒体对新东方的第一次品牌宣传。当时,徐小平就有一个想法——他比较喜欢搞宣传,后来的《中国合伙人》这部电影也是他推动的——他觉得应该让

《中国青年报》对新东方进行一系列深度报道,这样能够给新东方带来全国性的宣传效应。

后来,另一个跟新东方有密切关系的记者冈栋俊——后来成了新东方公关部的负责人——他跟卢跃刚有联系,所以就把卢跃刚带过来了。当时,中国企业流行写赞美型的传记,所以我们那时也只是希望卢跃刚来考察新东方这些人,写一篇赞美新东方的传记,讲讲新东方从创立到这帮人回国,再到在中国的快速发展……但是卢跃刚这个人的天性使得他肯定不会写赞美型传记,因为当时他写传记、纪事文学是很厉害的。曾经有另外两家企业也邀请他写企业传记,但给他提出的要求是必须要赞扬企业,不能诋毁企业,写的稿子必须要企业审过了才能发表,而且他自己不能独立发表,结果卢跃刚拒绝了。因为他是喜欢独立思考的人,他要先跟我们打交道以后再进一步判断到底怎么样写。

到了之后,卢跃刚就提出两个要求:第一,我可以考察你们,也可能会写你们,但写不写由我自己决定,你们不能干预我的独立判断和思考;第二,我的稿子写完了可以直接发表,不一定非要你们审核通过。当时,我们这些人都信心满满,觉得凭着我们这些人的光辉形象,怎么也得写个好的吧!没想到机缘巧合,他来的同时,刚好王明夫的咨询团队过来,说新东方值50亿元,这既开启了新东方的资本财富梦想之路,也打开了新东方的潘多拉盒子——接着的两年时间,卢跃刚完整地记录了新东方管理团队争吵的过程,也就是说,什么光辉形象都没了。

但是卢跃刚在这中间起到了一个作用，因为要写书——虽然当时我们都不太主张——他就要去跟每一个人交流，所以就变成了我们新东方每一个人的朋友。当时的情况就成了，徐小平、王强跟我没法说对抗的话，就跟卢跃刚说，而我对王强、徐小平的观点和意见也可以跟卢跃刚说。所以，卢跃刚本来是一个第三方，而现在要担起两个角色：一是充分了解我们每个人心里在想什么；二是变成了我们这些人的缓冲，这也意味着我们可以找第三方去倾诉，不至于互相之间直接硬碰硬地打架。这样的话，我们之间就有了一个缓冲地带。比方说，卢跃刚能够明确地告诉徐小平："小平，你太情绪化了，情绪化的东西是完全不算数的，所以只要你情绪化就是错的。"然后，他可以对我说："俞敏洪，这件事情你应该理性地对待，以这样的方式来对待。"

由于他是第三方，在新东方也没有个人利益，大家会认为他说的话是公正的，没有偏向任何一方，所以也都愿意跟他去聊。另外，我们坐在一起开会的时候，有卢跃刚坐在边上就会好很多，因为大家知道他在写书，而且到最后我们发现他这部书已经非写不可了——因为他对这些超级感兴趣，他不在乎企业本身做得好不好，但在乎企业内部的斗争和矛盾，以及斗争、矛盾的解决方式。所以大家很默契地有了一个共同认知：只要卢跃刚在场，开会时自己一定要理性，因为自己的任何爆发或者不讲道理，到最后一定会被卢跃刚写到书里去。这样一来，也缓解了我们硬碰硬地对着干的情况。就这样，卢跃刚在这两年多组织结构改造的过程中，成了新东方人重要的倾诉对象和心理安慰，很好地缓冲了新东方的利益纠葛。所以，我对卢跃刚特别感激，因为我想如果没有他的话,新东方很有可能就散架了。后来,我常说,卢跃刚是老天派来的,使新东方当时的问题得到了和平的解决。尽管他在商业逻辑、上市公司规范和规则方面也不是专家,但是毕竟做了很多关于企业、商业的报道,也看过很多企业的发展,所以对我们来说,他还起到了另外一方的咨询作用。

2003年,卢跃刚用了差不多四个月的时间,把书给写出来了,这本书的名字就叫《东方马车》。这本书现在在市场上已经买不到了,当时开印印了10万册,但很快就卖完了。因为我们之前说好了,这本书在出版之前是不给任何人看的,结果等到这本书出版以后大家去看时,每个人都有不同的观点,都觉得没有把自己的正面形象充分表达出来。我其实无所谓,因为我是主角,但是徐小平、王强、胡敏等看了以后都觉得这本书把他们的形象描写得不行,加上大家跟卢跃刚关系都还不错,所以这本书后来也就没有再版。

这件事情后来还引发了电影《中国合伙人》的创作,因为这部电影最初的剧本是徐小平写的,他写这个剧本,就是觉得《东方马车》中没有把他们的形象充分地体现出来。所以他们就希望写一个剧本,把每个人的形象能够充分地体现出来。所以,在这部电影中,大家会发现一点,那就是把以我为原型的成东青的弱点比优点突出得更加明显,把其他几个角色的优点突出得更加明显,这在某种意义上其实也是对《东方马车》的一个补充和反叛。

后来,新东方越来越有名以后,出版社不断要求重印《东方马车》。但到今天这本书还没有重印,就是因为卢跃刚比较讲义气,觉得既然其他人对他们的形象不是很满意,那这件事情也就到此为止。所以,这就是卢跃刚对新东方的发展起到的重大作用。他起到了稳定新东方人的情绪、分析新东方人的行为、参与新东方的活动并缓解新东方的极端化的作用,使新东方得以在两年多接近三年的改革过程中能够平稳度过。所以在这儿,我要向卢跃刚表示感谢。

第五章

雾里看花

在前一章，我讲到了很多新东方内部的是是非非，在这一章，我想用"雾里看花"这个主题，来讲一些新东方外部和内部共同的问题，尤其是新东方是如何跟外部打交道的，以及如何引入外部资源的。

和 ETS 的是是非非

ETS（美国教育考试中心）在国际上是非常著名的。大家知道的托福、GRE、GMAT考试都由ETS执管，直到现在，美国乃至全世界的大学研究生院、博士生入学考试，都有ETS的考试。ETS跟新东方的是是非非在中国很出名，电影《中国合伙人》中也用很大篇幅描述了新东方跟ETS打官司的过程。当然，电影进行了一些戏剧化的处理，比如电影中的主角成东青，也就是黄晓明扮演的现实中的我，在美国ETS面前侃侃而谈，大段地背诵美国各种法律章程。后来，有很多人问我："俞老师，你真的背过那些章程吗？"我说："其实没有，当时只是读过一些有关美国知识产权的法律条款。"

新东方和ETS的故事，要从新东方起家说起。新东方之所以能够发展起来，就在于我们针对托福、GRE、GMAT等考试的培训，使中国学生得到了相对不错的分数，最后能够申请到美国名牌大学的奖学金。也就是说，ETS的这些考试实际上帮助了中国学生，让美国的大学认识到了中国学生的厉害，并为中国学生进入世界名牌大学读书打开了一条通路。

大家都知道，西方人对知识产权的保护极其严格，不像我们，是在发展过程中才逐渐意识到知识产权保护的重要性，比如大量使用微软正版软件是近些年的事情，但在十几年前，很多电脑用的软件都是盗版的，微软也跟我国政府和企业打过官司。当时 ETS 对考试资料是严格控制的，这主要有两方面的原因：一是它认为考试资料的版权是它的，所以任何个人、机构不经它的允许是绝对不能散发的；二是惰性的存在，因为过一段时间，它就可以把一些考过的题目重新组合再次进行考试。当时，这种做法在美国没有出过问题，因为在美国学生考试完了以后就把卷子全部交上去了，ETS 回收后就可以销毁，而题目在题库中重新组合以后，就变成了一套新的题目，可以再让学生们考。

但是当时，对中国的考试资料进行回收，ETS 显然是做不到的。所以刚开始的时候，这些考试资料是允许学生带回去的。接着，这些资料就会流传到新考生手里，或者培训机构手里。所以最初做新东方的时候，我们用的 ETS 资料，全是在市场上买来的。甚至当时，还有很多出版社出版了大量有关 ETS 资料的书籍。由于当时中国英语培训还是个小市场，所以 ETS 并没有意识到这个问题。

其实，我在 1995 年的时候就意识到了一些问题，那就是 ETS 对资料的控制实际上涉及权利归属的问题，是一个法律问题。所以在 1995 年第一次去美国的时候，我就到了 ETS 总部，希望找到它版权部的人一起探讨 ETS 资料是否可以在中国授权合法使用的问题。但是

ETS当时比较傲慢，当听说我只是一个培训机构的负责人后，完全不给见面的机会。我在ETS门外等了整整5个小时，刚开始他们说见，后来又说老板不见，换个办公室主任见，后来连办公室主任也不见了。5个小时过后，它的工作人员告诉我：坚决不见。就这样，我争取ETS资料合法使用的过程被迫终止了。

1998年和1999年，我又去了ETS两趟，但依然是无功而返。大家可能在《中国合伙人》这部电影中也看到了这个场景，只不过出现的是邓超演的这个角色——人到了ETS门口，但ETS的人不见——在现实中，这是我的经历。

当时国内的情况是，每考完一套考题，不管是托福、GRE，还是GMAT，第二天市场上就会迅速出现高价销售题目的行为。于是，很多培训机构就会把这些题目收回来翻印，然后再以高价卖给学生。我记得当时一套GRE题目能卖到500~1000元。而学生为了拿到最新的考题，依然会出钱去买，这实际上就演变成了一个盗版链条。

当然，把试题以高价卖给学生这类活动，新东方虽没有参与过，但是也会把最新的考题收集起来。当时，在新东方学习托福、GRE的学生是非常多的，所以我们的做法也很简单，把托福和GRE的题目翻印出来以后免费发给学生，这样就中断了其他培训机构将试题高价销售给学生的链条。当然，在这个过程中，新东方跟其他培训机构形成了非常激烈的竞争关系，也有很多培训机构开始写信给ETS，说新东方卖盗版试题之类的话。

当时，我们给学生发考试题目的时候，由于考试试题册有几十页，还挺厚的，如果原样印刷的话成本很高，于是我们就把这些题目剪贴后再缩印，这样成本可以降低很多，然后再发给学生。而当时新东方免费给学生发题目这种做法，客观上也吸引了不少学生来新东方学习。

所以回过头再说，把盗版 ETS 的资料给学生使用，也是有客观原因的，那就是如果不印资料给学生用的话，那在公开的正规渠道上，学生是没有办法获得资料的，ETS 不提供题目给学生使用，不管你怎么努力都不行。

到了 2001 年的时候，ETS 觉得这个问题比较严重了，因为当时新东方的规模已经比较大了，到新东方学习托福、GRE、GMAT 等课程的学生，加起来估计有十几万。所以，ETS 就通过中国的工商部门对新东方进行查处。我记得很清楚，有一天早上，北京工商局的人过来把新东方库房里的资料都给拉走了。这件事情也开启了新东方跟 ETS 交涉的过程。当时，我们希望 ETS 能够把资料的版权通过付费的方式提供给我们，以确保它在中国的权益。

就在跟 ETS 发生纠葛的这个当口，王强、徐小平我们这些人搁置了矛盾，又重新团结起来，开始跟 ETS 进行接触。但是，我们直接去联系 ETS 的时候，他们还是不愿意接触。后来，也是机缘巧合，我们委托一个人脉关系比较强大的中国咨询公司作为代理，让它帮我们在美国华盛顿找了一家当地比较有名的法律咨询事务所。这个事务所的负责人是一个中年美女，直到今天我跟她还有一定的联系。当时，我们跟他们进行了沟通，他们也觉得这件事情他们出面可能能够说服 ETS 把资料合法地给新东方使用。

当然，他们当时也不知道 ETS 是坚决不同意的，原因就是我刚才讲到的第二点，ETS 的资料在未来的考试中还要用，如果放开使用以后，ETS 就不得不增加很多新的研发人员和编题人员，成本就会急剧上升，所以 ETS 希望通过在中国打击新东方，让市场上不再出现 ETS 的资料。毫无疑问，这是 ETS 完全不了解中国市场的情况所产生的错觉，因为真正的资料来源不是新东方，而是考完以后卖资料的人。

后来跟 ETS 交涉了以后，我们就问：在中国卖 ETS 资料的机构有上百家，甚至有的出版社还在出版 ETS 的资料，为什么就盯上了新东方呢？他们给我们的回答是：因为新东方在中国是最大的培训机构，跟新东方打官司可以起到示范作用，而且新东方是最有钱的，跟新东方打官司才能得到赔款。

当时，ETS 给我们开出的赔偿价格是 1.2 亿美元。说句实话，新东方一年的收入都达不到这个数字，所以赔钱是不现实的。后来，在美国律师事务所的帮助下，我们有了正式的谈判。我们在美国华盛顿与 ETS 进行了正式会谈。

这次会谈跟电影中描述的一样，现场是比较激烈的。我们从早上一直谈到了晚上，谈了有七八个小时，但是 ETS 始终没有松口，认为要谈的话也是我们先把 1.2 亿美元赔给他们，再坐下来谈，这当然是不现实的。而且他们的谈判预期并不是开放资料权限，而是以后我们不再用，他们不再追究，毫无疑问，这点也是有难度的。于是，新东方花了不少钱去跟 ETS 进行谈判的这条路径，由于 ETS 完全不松口，最后就中断了。

回到国内，有几万名学生在新东方学习，没办法，我们还是要继续通过各种途径来使用 ETS 的资料上课，因为 ETS 的资料是当时唯一的资料。很多别的机构听说新东方在跟 ETS 打官司以后，就采取了另一种方式：由单独的机构或者个人去销售资料，让学生在马路边买资料，这样的话就跟机构没关系了，机构只负责讲课！而讲课本身是我们自己的知识产权，资料又不是我们在卖，所以也就跟我们没关系了。最后，新东方也跟其他培训机构采取了一样的策略。这件事情直接导致 ETS 陷入了另外一个困境。

这个困境是什么呢？就是整个中国培训市场，个人卖资料的满天飞，还不如新东方一家好控制。后来，ETS 觉得这件事情越来越严重，已经不是跟新东方打官司能够解决的问题——现在几百个人、几百个培训机构都在卖盗版资料，打击新东方一家是没有用的。所以最后，他们就开始找中国政府，找北京市政府。政府在了解情况以后，就跟 ETS 说："那你们能不能这样？至少把一部分资料正常授权，经出版社出版以后，中国学生可以正常使用。"当时，ETS 的回答也是"NO"（不），他们觉得找中国政府就是要做两件事：第一，必须让 ETS 资料在中国市场绝迹，否则就取消所有的托福、GRE 考试；第二，必须让新东方关门。最后，政府也觉得 ETS 提的这些要求特别过分，所以就明确地告诉他们：第一，你们这是损害了千百万中国学生的利益，以损害中国学生利益为前提来跟我们谈判，我们是不接受的；第二，如果新东方有问题的话，你们可以通过正常渠道跟新东方打官司，但是我们政府是不会仅仅因为你们要起诉新东方就把新东方给关掉。就这样，政府的态度其实也表达了对中国市场的支持。ETS 在政府那边吃了闭门羹以后，就开始寻找中国的法院。

法院受理了这个案子，于是开始了对双方的调解。当时，ETS 始终坚持要新东方赔 1 亿美元以上——这个数额新东方就是倒闭了也赔不起。最后，法院也考虑到中国市场的状况——当时各种盗版产品满天飞，就是到今天，盗版产品也没有绝迹，又加上新东方也确实不占理，确实使用了 ETS 的资料，存在侵权，所以判决新东方赔偿 ETS 600 万元人民币。当时，新东方是很愿意赔这个钱的，因为 600 万元新东方还是出得起的。但是我们赔钱的前提是希望 ETS 坐下来跟我们好好谈判。但是，那一任的 ETS 负责人确实比较顽固，不管你赔不赔钱，他们都不跟你谈。

从这以后，新东方给学生不发也不卖资料了，老师讲课的时候只讲题目，资料就由学生自己去找——我们就负责讲课。就这样，我们就等于跟 ETS 进入了冷战状态。而且这个时候，新东方已经开始筹划融资上市，国际形象很重要，不能在国际版权方面有所侵犯。但是新东方不发、不卖资料，别的培训机构却都在卖，最后 ETS 发现，把新东方控制住以后，中国的托福、GRE、GMAT 资料依然满天飞，也就是说，这实际上不是新东方一家的问题。

作为一个面向国际的考试机构，ETS 确实也没法儿随便改，但对资料的封锁是他们顽固地想偷懒，明明已经知道大量资料在中国流传了，却依然把这些题目重复来考，甚至在 GRE 考试中还出现了把两年前的考题原封不动地让中国学生考试的情况。结果，大量中国学生得了满分，而这时他们又觉得中国学生预先做了题，分数不算，这就严重地影响了中国学生的考试入学。

这时，中国的相关机构也向 ETS 提出抗议：你在中国举办考试，要是认真的话，那就不要再把考过的题目重新考了。ETS 也逐渐意识到了这样的问题，再加上当时的盗版已经不是中国的问题，而是很多国家都存在的问题，他们就开始改变考试形式——采用机考。他们觉得电脑上的题目是没有办法拿出来印的，就不会在市面上流传，也就不会有盗版了。所以，这实际上是中国市场倒逼着 ETS 进行了改革。到了今天，ETS 已经全面启用网上考试了。

虽然改成了机考，但 ETS 突然发现，即使这样，考题依然会重复，因为它线上的题库并不是很大，而且还会有题目流出。原因很简单，中国学生的记忆能力是非常强的，有些学生在考试的时候就把题目记了下来，于是机考"机经"[①]就在很多网站上流传开来。尽管新东方一道题都不能播，但是外面有太多的机构把"机经"传到网上，结果后面的学生读了"机经"再去考试，就发现依然有大量重复的题目。这个问题一直到三五年前才真正得以解决，ETS 最后终于认识到了这些考试是世界性的，又不能丢了中国这个大市场，那么每道考试题目原则上都不应该重复使用。

---

① "机经"这个词最早出现在 GRE 考试的机考中，原意为机考的经验，会涉及考试内容。——编者注

后来，SAT[①]考试也遇到过同样的问题，因为 SAT 在中国内地是不让考的，担心跟中国的高考发生政策上的冲突，所以 SAT 当初只能在中国香港地区、新加坡、韩国这些地区和国家考，于是大量的中国学生就跑到这些地方去考试。可美国大学委员会也犯了同样的错误，把考过的题目拿出来重新考，结果发现有大量的中国学生得高分。即便到了今天，如何让这些考试题目不泄漏，做得还不是很理想。因为有的人会打时间差，很明显，同一套题在美国和在中国考的时间是不一样的，然后就有了打时间差的机会。那这些问题怎么解决？当然现在 ETS 和美国大学委员会都学会了，知道任何一套考题考完以后就不能再考了，这是其一。其二，考虑到一套考题在不同地点考存在时间差，那就出两套试卷，即 A、B 卷，这样学生考的题目就不一样了，也保证了考试的客观性和公正性。

[①] SAT 是由美国大学委员会主办的一场考试，其成绩是世界各国高中生申请美国大学资格及奖学金的重要参考。——编者注

新东方和ETS的战略合作是如何达成的

大家现在可以看到，ETS在中国已经与新东方合作，也与出版社合作，开放了大量的题目让学生做练习，它的TPO（Toefl Practice Online），也就是托福的练习到现在也有了几十套，学生一共可以接触上百套的题目。那这些是怎么实现的呢？其实，新东方在这方面起到了比较大的作用，但不仅仅是新东方。当时，雅思在中国已经逐渐兴起，我们直接跟ETS说，如果你们再不开放资料市场的话，那么雅思考试在中国的市场一定会超过托福，从而成为一门大的考试。因为雅思的主考方态度是非常开放的，凡是考过的资料都会让出版社出版，而且他们自己也编写、出版大量的学生复习书籍。这样的话，学生就能拿到大量的雅思考试相关资料，而且雅思考试属于一种商业行为，在英联邦都可以用，比如澳大利亚、加拿大等，而且美国的不少大学也开始接受雅思考试。

但是当时，ETS还是比较傲慢的，跟我们说雅思就是一个小考试，而且没那么规范，而托福已经有了六七十年的历史，所以他们不认为雅思能在中国取代托福，托福的地位是不可动摇的！这种傲慢直接导致大量的培训机构，包括新东方在内，把所有的宣传力量都倾斜到了雅思上。因为对我们来说，做雅思既不用担心盗版，而且还跟官方形成了非常好的合作。这样一来，雅思在中国就开始蓬勃发展。几年以后，中国考雅思的人数已经远远超过了考托福的人数，甚至到了今天还是这样。

这个时候，ETS才意识到了他们正在丢掉中国市场，如果再这样下去，他们在中国几乎就不会再有市场了。所以ETS开始放下身段，主动跟新东方接触，听取我们对于中国市场雅思和托福考试的建议。当时有一个现实情况是，中国高中生的留美风潮刚刚兴起，而在此之前，大量的中学生都走向了英国、澳大利亚这些国家，到美国留学的中学生非常少。当时，美国大学还没有意识到中国的中学生有那么好的留学实力，还没有真正对中国的中学生开放。在这种情况下，我们就跟ETS分析，尽管现在雅思占了先机，但是在中国老百姓的心目中，只要美国大学对中国中学生开放，那么中国中学生的首选一定还是美国。所以，实际上，我们等于跟ETS达成了合作。这个合作是什么呢？就是在中国市场宣传托福，告诉学生考完托福以后申请美国大学，美国大学一定会愿意要你，只要你自己有足够的经济能力。

与此同时，新东方在咨询领域开展了高中生到美国大学学习的咨询活动，并邀请美国大学的本科招生办公室主任到中国进行宣讲活动。这两者刚好能很好地结合起来。美国大学也发现大量的中国留学费用流入了英国和加拿大，而美国由于经济危机，大学的经费不够用，如果中国学生能够进入美国大学学习的话,实际上可以补充美国大学的经费,因为除了极个别的学生之外,到美国学习的中国学生在本科阶段都是自己掏学费的。这样我们就基本形成了一个共识,如果ETS要在中国发展的话,那它的资料和题库都要开放,最后ETS也答应了。

当时,ETS为了占领面向更加年轻的学生的市场,研究了一个叫小托福的项目,英文名叫"TOEFL JUNIOR",这个项目当时在中国还没有任何市场。我们认为,小托福的学习内容对中国的初中生,甚至小学五六年级的学生还是有比较大的好处的,所以就跟ETS形成了战略合作伙伴关系,我们独家帮助ETS在中国进行小托福的推广工作,并借此把托福和ETS的名声在中国进行扩大,这样就使他们在中国的业务重新开始,从小托福到托福都开始发展中国市场。

紧接着,ETS就跟新东方达成了它的在线模考在中国独家销售的合作。ETS出的价格其实非常高,而且独家销售就意味着新东方要交保底款,这一交就是上百万美元。即使这样,我们也比较愿意,因为这样就可以跟ETS达成比较好的战略合作,同时能够使ETS愿意对中国学生公开它的题目。

多年来,在跟ETS托福在线模考的合作中,新东方帮助ETS销售了大量托福模考题目,尽管市场上依然有大量盗版材料出现,但是很多学生还是愿意付费购买正版材料,而且新东方很多时候是自己付钱让学生免费进行模考。这既使学生能够接触到真正的考试环境和考试题目,也帮助托福在中国重整江湖。

所以直到今天,ETS和新东方依然是非常好的战略合作伙伴,在多个领域进行合作，包括对 ETS 老师的培训、对题目的共同研究和研发，以及对产品的销售和推广。

毫无疑问，这个过程也是 ETS 从一个非常封闭的考试机构走向开放的过程，表明了它其实在与时俱进，也深刻意识到了中国市场的重要性。另外，新东方也在与时俱进，从原来印 ETS 的各种资料，到现在所有产品的合作和研发，我们之间形成了一个新的合作格局。未来，我们也希望能和像 ETS、美国大学委员会这样的机构，还有国际其他一些内容机构、考试机构进行进一步的合作，实现共赢。

新东方的发展，
为什么没有太受内部争执的影响

从2000年一直到2006年，在内外交困的时候，新东方依然保持着比较好的发展势头，每年的增长率为30%~50%。当时，新东方内部在斗争，股东们争吵得日日不休！另一方面，新东方在跟ETS打官司，还面临着巨额赔偿的压力。在这种内外交困的情况下，新东方何以能够快速发展呢？毫无疑问，这首先是跟中国的大形势有关。当时，有大量的大学生以及中学生想要出国读书，而要出国读书就要考一个好分数，他们自然就会到新东方来。这是当时的大形势。

从内部来分析的话，新东方当时的内部纷争不是业务上的纷争，也不是业务上的分离，而是超越业务之上的利益纷争和权限纷争，所以新东方的业务其实是在不断发展的。当时，我们争论的焦点其实是在新东方的总公司层面，谁应该拥有多少利益，谁应该在什么职位上的问题，这些争论跟新东方学校其实是隔开的。

前边我讲过，北京新东方学校是另外一个实体。当时，新东方总公司刚刚成立，下面的新东方学校总共有三所，一所在北京，一所在上海，一所在广州。上海、广州的新东方学校刚刚成立，所以规模还很小，最大的就是北京新东方学校。而北京新东方学校当时作为最大的业务体，实际上跟总公司是隔离、相对独立发展的。当时，国家还没有法律规定说总公司下面可以办学校，而且新东方学校是在总公司成立之前就已经办了的，它的整个管理群体、业务管理队伍和老师，都在北京新东方学校这个层面上。所以，上面的各种争执其实没有对下面产生太大的影响，下面还是该干业务就干业务。

现在看来，当时我做得比较正确的一件事情是保障老师的利益，也就是在新东方的发展过程中，老师的收益是有保证的，并且是上升的。对于一个培训学校来说，最核心的人物就是老师，只要老师愿意在这里上课，并且能够发挥自己的才华，就是业务发展的核心力量。学生是冲着老师来的，即使到今天，新东方发展得这么大，依然会出现一个知名老师离开，一批学生跟着老师走的情况。很多小的培训机构也是一个好老师一走，就基本把所有学生都带走了，这个培训机构也就倒闭了。

当时，我跟合伙人说，我们在上面闹归闹、打归打，但是绝对不能影响新东方的教学，更不能影响新东方的老师，这样才能确保新东方业务的正常发展。只有业务正常发展，才能支付我们这样吵架的成本。事实上也确实如此，新东方业务线的迅速发展，使我们在新东方整体改革的时候，高昂的成本有了来源，从而使新东方不至于崩盘。当然，这在当时给新东方带来安全的同时，也带来了矛盾。当时，新东方的主业务依然是各种出国考试培训，而这个板块是属于我的，也就是说，这个板块从主管到老师，还是牢牢地把握在我手里的。当时，财务是一切发展的生命线，我深刻地意识到了这一点。而新东方的生命线，我当时是比较强势地要求抓在自己手里的。这样大家就会觉得，这些业务都是你把控着，如果你什么时候要把队伍带走的话，我们就什么也得不到了。大家就认为什么都在我手里比较危险。

在争吵的过程中，大家的矛盾也都是要解决的，而要解决就要有规范，因为"没有规矩不成方圆"，这是我们中国的一句古话。在新东方几年的改革过程中，在大家的努力下，逐渐建立起了规范的财务管理制度和决策机制。比如，原来新东方董事会成员都是老朋友，当时有11个成员，一个巨大的董事会——每个元老都要进入董事会。按照董事会的规则，原则上是不管董事会有多少人，如果一个问题需要表决的话，即使6票通过5票不通过，那这件事情也得去做。

但在最初的时候，新东方并不是这样的——一件事情只要有一个人不同意，就没有人敢把这件事往前推进，因为董事会成员都是元老，是平起平坐的老同学，如果某个人提出反对意见的话，你往前推进就意味着得罪他，所以当时的决策效率非常低。这跟一个人做事是有很大差别的。一个人做的时候，钱都到个人兜里，签个字钱就出去了。但是当这些老朋友从国外回来以后，每分钱都要算清楚，要不然最后没有办法结账，也说不清楚，于是大家慢慢地建立起了财务规范，董事会也是一样。最后，董事会排除了个人感情，任何事情表决，11票里只要有6票通过就往前推进，这样大家就可以把很多问题放到桌面上来谈，而不是背后去拉帮结派，这也使得背后的矛盾得到了缓解。

新的决策机制也对新东方的业务发展产生了比较大的影响。

当然，还有一个非常重要的事情，那就是我们现在常说的：一个人做事情是要有底线的。所谓的底线实际上是人品底线和道德底线，也就是说，无论任何时候都不能为了自己的利益，去破了人品底线，哪怕再受欺负。毫无疑问，我们这几个从北大出来的人——我倒不是要表扬北大的人，北大也有不好的人——确实因为在北大的十年受到了自由、民主、平等思想的熏陶，培养了独立的个性，所以做事情的时候都最终守住了底线。这样的话，合作的底线就建立了，甚至后来这些老朋友还能全部回来，一起把新东方做到去美国上市，共同享受上市所带来的收益。今天再回头看，在那一段艰难的岁月里，我们所有人都没有做任何没有底线的事情，这无疑是新东方发展的基础，也是新东方精神文化的一部分。

回到新东方
领导岗位

新东方上市增值之后,我回到了新东方的领导岗位。我记得大概是2002年的时候,由于这些朋友的要求,我从董事长和总裁的位置上退了下来。当时他们说:俞敏洪,你一个农民出身,现在新东方要进行现代化发展了,改革过程中最大的障碍就是你,所以,如果你不当董事长和总裁的话,也许我们就能把新东方带上正轨。我当时就想:如果他们这么认为的话,我是可以把位子让出来的,我来抓新东方的业务,保证业务正常发展,让他们去改革。所以,我就把董事长和总裁的位子让出来了。

大概从2002年开始一直到2004年,差不多有两年多的时间,我只是新东方的一个股东,甚至有的时候连股东大会都不能参加,因为他们说我一参加股东大会,就会影响大家表决,会给大家压力。他们说会保证我作为股东的利益,但是股东会、董事会和总裁办公会我就不要参加了。所以有很长一段时间,我是不参加这些会的。

后来,他们在一起磨合了两年多,也遇到了很多困境,很多事情推动不下去，互相之间也产生了各种各样的矛盾和斗争，因为谁都不服谁。

所以两年多之后，他们觉得要想把事情做下去，可能还得俞敏洪回来，后来，他们就把我邀请回去，继续当董事长和总裁。那个时候是2004年，新东方最激烈的内部斗争已经过去了，大家也开始能够理性地思考一些问题了，觉得其实大家最终的目标就是把新东方做好。按照他们的说法就是：如果新东方能够上市，大家都能够得益，至于谁来当领导，谁来指挥谁，其实无所谓；要是在新东方论资格的话，当然还是俞敏洪，尽管俞敏洪比较土，但毕竟他是新东方的创始人，咱们回来的时候，俞敏洪都已经干了三五年了；从这个意义上来说，我们还是回过头来继续帮着俞敏洪往前走吧，只不过需要不断地鞭策他，要他不断地进步，因为他太土了，新东方就会跟着很土，这样新东方就没有发展前景，我们这些人也就没有发展前景。

他们用两年多意识到了这个问题，而在这两年多的时间里，我其实也一直在进步。虽然在那两年多的时间里，我的心情非常郁闷，觉得这件事情弄到最后竟然是这样的，但是我还在给自己找事情做。可以说，这是我人生的一个准则，那就是无论人在什么岗位上，在任何困境中，都要让自己保持进步。就像当初得肺结核住院养病期间，虽然苦闷，我也依然坚持读了二三百本书，背了接近1万个英文单词，读了几十本英文原著。其实，这些也奠定了我今天做事业的基础。

不当董事长和总裁的时候，我做了很多事情，第一件就是从来没有放弃过对新东方发展的努力。当时尽管我没有职位，但还是把新东方的健康发展放在第一位，也就是说，不能因为这些朋友把我给轰走了，就闹情绪拼个鱼死网破、跟他们对着干。我也在安慰自己，说到底大家都是为了新东方好。

在这个过程中，除了帮助新东方的业务发展，我还在接触朋友，帮忙联系新东方的投资人，引入咨询机构以使新东方能够正常发展。所以后来就有了普华永道来给新东方做咨询，也引入了不少投资人，从国内的个人投资人到机构投资人都有。当时我的目标很简单，就是要新东方发展。因为新东方从零做起，做到2004年的时候，我已经把十几年的青春时光都给了新东方，如果新东方最后被关掉，或者"新东方"这个品牌被毁掉，对我来说，从心理上是不能接受的。因为我从精神上已经归属于新东方，对我来说，它不仅是一个业务实体，还是一个精神实体。我如果放弃的话，就等于把自己的精神也放弃了。

所以不管我是不是新东方的核心，新东方奋斗的精神是不能放弃的。而且当时有外部合作者找来的时候，他们要找的是我——不管王强是董事长，还是胡敏是总裁，但在外部人看来，俞敏洪始终是新东方的创始人，因为我的个人名声比其他人的都大。所以，如果我在精神上不能跟新东方统一归属的话，那么就会有两张皮，新东方一张皮，俞敏洪一张皮，最后的结果一定就是分离！所以从这个意义上来说，我有足够的耐心来等待大家一起把新东方干好。

同时在整个过程中，我从不懂企业管理开始变得懂系统的企业管理了。因为新东方从没有结构到有结构，从一个学校变成一个公司，再从一个公司变成一个集团公司，未来还想要上市，毫无疑问我作为一个老师,能力是远远不够的,那我要怎么做呢?答案就是去学习,从《公司法》到企业管理的内容都要学。当时,我读了大量企业管理的书籍,还差一点到哈佛去读 MBA,但是没时间。当时我读了德鲁克的书、稻盛和夫的书,又读了大量和上市公司法律法规相关的书。所以实际上在那两年,我等于自学了半个 MBA。等到再回去做董事长和总裁时,我心里已经大概明白董事长和总裁该怎么做,公司组织架构应该怎么搭建,董事会和股东会的权力分界到底是什么,以及董事会和下面的总裁办公会的权力分界又是什么。这样一来,我已经从原来那个盲目地跟大家一起纠葛在感情中,完全不知道组织结构怎么去搭建、人员怎么去布局的人,变成一个对这些比较熟悉的人了。

最后,大家也意识到了,俞敏洪确实在进步,也只有俞敏洪是最无私地对新东方好,想要把新东方干好。另外他们发现,无论他们谁当总裁,都是摆不平这些问题的,最后还是让俞敏洪回来当董事长和总裁,或许是对新东方最好的选择。所以在 2004 年的时候,我又重新回到了董事长和总裁的位子上。

新东方分校发展：
个人发展与组织规范

综合前期的机制、政策环境、经济基础、中间存在的问题，我们基本上可以看到新东方总部发展的艰难历程，也知道新东方是怎么走过来的了。那么在这里，我们还要谈一谈新东方分校的发展，也就是个人发展和组织规范的问题。

新东方之所以要在全国各地开分校，是因为要对未来发展方向进行选择和战略布局。其实，我当时完全可以选择在北京做，把北京新东方学校做到极致，大家如果想到新东方来学习，那就从全国各地来北京，就像1995年时的新东方那样。

但是实际上，新东方的战略发展方向已经变了，不再是我一个个体户想要把一个学校做好的问题，而是这么多有才华的人来到新东方——从我的大学同学到中学同学，再到来自五湖四海的各种有才华的人——我们都希望把新东方做大做好，甚至希望把新东方做成上市公司。这样的话，仅局限在一个地方是不行的，所以就有了在上海和广州的布局。紧接着，我们又开始了到全国各地布局的过程。

这个布局是因为有了《民办教育促进法》以后，公司可以作为出资人和举办人去办学校，不同以往，这在政策和组织结构上已经行得通了。但是，新东方在办分校的时候也出现了很多其他情况，比如我们到了一些城市，这个城市的教育局就是不让新东方办分校。后来我们才知道，当地最好的外语培训机构是教育局领导的夫人或亲戚在办，新东方一去的话就会把他们的生意给抢了。当然，也有很多地方热烈欢迎新东方去办分校，因为新东方一去，当地孩子的英语水平就能提高。总而言之，在办分校的过程中，我们遇到了在中国你能遇到的各种各样的问题。

总之，有了政策，结构理顺了，到各地去办分校就变成了新东方的一个战略发展选择。现在想来，如果新东方不办分校，只是留在北京的话，到今天最多也就是一个规模几十亿元的公司。

办分校还有一个原因，就是新东方总部的力量开始加强了，也就是说，我们已经有非常好的人力资源部可以招聘人才了，还有了非常好的财务系统。尤其是到了2004年年底的时候，我把老虎基金的3000万美元引入新东方以后，新东方总部一下就变得有钱了。3000万美元，相当于2亿元人民币，这么多钱在当时，多少分校都办得起来了。总部既有人，又有钱，还有了更好的管理系统，就开始支持更多分校的发展，这是一个循序渐进的过程。

这样我们就有了一个战略，这个战略就是发展分校，能够使新东方占领更多的市场，能让学生更加方便地就地学习，能给学生省更多的钱。比如，原来一个外地学生跑到北京来学一个月的话，他的花费大概是几千元，甚至上万元，但是如果我们把学校开到当地，他最多只要交 1000 元的学费就能把一门课学完了。

同时我们也发现，随着分校的拓展，新东方的人才也需要更多的发展空间和机会。比如一个分校有一个校长，这个分校发展壮大了，校长手下的主管的能力就变得特别强，而这时如果你不给他发展平台的话，他就有可能跑到别的培训机构去干了，或者说自己去办学校了。所以从人才布局的角度来看，我们也需要多开分校，让这样的人才也能够去当校长。所以我常说，一个机构要给新人"三个台"：一个是舞台，一个是平台，一个是后台。

那舞台是什么概念呢？就是能够给他一片发挥自己才华的天地。舞台是有局限的，比如你是老师，那教室就是舞台，更多的教室就是你更大的舞台。那平台又是什么呢？平台就是舞台的叠加，也就是说它已经不再是一个舞台了，而是一个更加广阔的概念，在平台上，你可以从老师变成管理者，再从管理者变成股东……而这些人才的发展是需要支持的，我必须变成他们的后台。因为我是从零做起的，深知创业的艰难。如果别人来加入你，还得体验你所体验过的所有艰难，那他为什么不去独立创业，要来跟你做呢？他之所以选择跟你做，是因为这样事情可以变得更加简单，这就是后台。比如有人到一座新的城市里，办学的营业执照拿不到，我们作为后台就得出面帮他们拿执照；跟当地政府关系做不通，我们就得出面帮忙理通；市场宣传不到位，我们就要帮着宣传到位。这样的话，你就变成了那些管理者的后台。有了这三个台以后，有才能的人通常就愿意跟你合作、跟你配合、跟你长期干。所以舞台、平台和后台就是一个机构能够留住人才、实现发展的有利条件。

随着分校的增加，我们的管理也需要更加规范，所以新东方开始动用世界级别的咨询机构。前面我说过，我们邀请了普华永道，紧接着又邀请了德勤做新东方的财务审计，后来我们还请了国内和海外最好的律师事务所来保证新东方每一个步骤走得都是对的。当时在国内合作的律师事务所，到今天还是新东方的合作伙伴，从新东方打官司的时候就跟新东方在一起，一直走到今天。在海外，我们雇用的是全世界最著名的国际上市公司律师事务所。虽然这花费很高，但是如果没有这样的规范，你就永远是一个落后的公司，永远是一个"土霸王"公司，不知道什么时候就会出大问题。所以这是一个企业发展的必经之路。

比如新东方对于分校的财务管理。当初，新东方分校都是收现金的。对于这些现金，用什么样的信息系统能够确保学生交的每分钱都是可控的，确保后勤采购的每分钱都是可控的……毫无疑问，这是一个非常复杂的系统。当然，这个系统直到今天也没有百分之百地做到位，但是这对总部信息化提出了极高的要求。所以，新东方在信息化方面一直都在坚持雇用世界顶级的信息化专家。现在又出现了人工智能，新东方还要雇用顶级的人工智能专家。这就变成了一个不断投入的累加过程。

所以，从最初一年只支出一两千万元，到现在一年要支出十几亿元，你可以看出新东方总部的力量在不断加强。但是总部力量的加强也会出现一个问题,那就是它容易引发官僚机制。所以,如何让总部的每一个人、每一件事都针对业务的发展,而不是自身体制的膨胀,就变成了一个重要的问题。

随着总部的扩大,企业机体也变得更大,必然会慢慢地官僚化,这会促使决策机制下降、互相推诿的情况会不断发生。企业应该创造事情来做,而不是为了解决问题来做事情,离业务越来越远,这是包括新东方在内的很多企业都存在的问题。但是不管怎样,在企业管理的规范方面,总部一定会起到重大作用,而且这是一个企业的必经之路,企业只能在这个规范的过程中,完成迭代创新的问题。而迭代创新所带来的问题就是如何解放机制的问题,这又是另一个重要的问题了。也就是说,从大机制分解为小机制,就是稻盛和夫所说的阿米巴机制的问题。

所以未来新东方要做的依然是认真地保持自下而上和自上而下的创新机制的融合,从而形成新东方的发展活力。

老虎基金
进入新东方

2004年，在重新回到新东方董事长和总裁的位子上之后，我已经意识到了一个问题，那就是新东方在国内上市基本上不太可能。原因有两方面：一是国内的资本市场非常不规范，而且当时到A股上市极其困难，排队都要两三年，甚至四五年；二是中国没有教育公司上市的先例，所以最后可能会出现一个问题，那就是证券委审批的时候，能不能通过是未知的。如果排了两三年的队，最后上不了市，那这些时间就浪费了。此外，还有民间资本不规范的问题。当时，有一些人在国内股市坐庄，来回炒股票。也就是说，一个公司的市值不是由业绩决定的，而是由这个坐庄的人决定的。所以我觉得，如果把新东方抛进中国股市的话，它的股价一定会出现来回波动的情况，说不定还会断送了新东方。

这也是之前那个证券公司给新东方1亿元人民币，希望新东方借壳上市，而我死死地顶住、坚决不让的一个重要原因。因为我对当时国内的资本市场是不太有信心的。我认为现在中国资本市场比原来要好很多，但依然还要经历一个规范和发展的漫长历程。任何一件事情的成熟都是需要经历很多的，新东方发展到现在也是这样。

在和国内资本接触、重新回到管理岗位以后，我决定新东方要到美国去上市。

而要到美国去上市，我第一个想到的是，如果有一只美元基金进入新东方的话，是不是就能奠定上市的基础呢？因为到美国去上市就是让国外的人买新东方的股票，也就是说，用美元买新东方的股票，如果国外的人对新东方完全不了解，那不是一件很麻烦的事情吗？而如果有一只很有名的美元基金，在新东方上市之前就持有新东方的股份，那毫无疑问就能为新东方上市打开一条通道。如果国外的人看到有美元基金买了这家公司的股票，应该就能相信这家公司是个好公司。正在我想这件事情的时候，机缘巧合，老虎基金居然找上门来了。老虎基金的英文名叫作 Tiger Global，是美国著名投资人所办的一只基金，规模非常大，当时就有几百亿美元的规模，现在已经有上千亿美元的规模了。

那这个老虎基金怎么会找上门来呢？原来老虎基金在中国的总代理叫陈小红，她是我在北大的学生，是历史系的。当时，我教历史系的公共英语，所以她就变成了我的学生。当然大学毕业以后，她跟我也就没什么联系了。所以，当她来找我说她在做老虎基金时，我还很吃惊。我问：你学历史的做老虎基金？后来大家就都知道了，中国学生不管学什么，跑到国外以后很多都会进入金融或者投资行业，因为那才是真正赚钱的行业。当时，她听说新东方正在寻求到美国上市，就来问我看看能不能进入新东方。我说当然可以，我们欢迎，也向她介绍了新东方当时的发展情况。我跟她说：我们现在的估值还挺高的，在2004年年初中国一家证券公司进新东方的时候，我们的估值就差不多到10亿元人民币了，我们现在的估值是2亿美元左右。她说：没事，只要你们发展好。

后来老虎基金进入的时候，新东方的估值确实达到了3亿美元，他们投资了3000万美元，拥有新东方10%的股份。她对我非常信任，说在大学的时候就受我很大的影响，而且我们这个事业很有意义，千百万中国学生都是由于参加了我们的培训而考出高分，最后能够到国外去读书。确切来说，我在她上大学的时候就开始教托福考试培训了，所以他们对我们都不做调查，充分相信我们，开多少价就是多少价。

新东方当时的利润是七八千万元，按照当时通常的市场行为价，即10倍市盈率计算的话，新东方最多也就值七八亿元人民币，所以3亿美元的估值相当于是翻了三倍，但是老虎基金依然进来了，就是因为他们觉得新东方会有很好的发展前景。

老虎基金很厉害，后来还投资了好未来等很多中国教育公司，也许就是因为从投资新东方尝到了甜头——他们后来得到了好几倍，甚至十几倍的回报。

由于老虎基金在新东方3亿美元估值的情况下进入了新东方，新东方一下就变得很值钱了，所有股东也觉得我们原来答应的股权特别值钱，所以内部斗争马上就停止了。因为大家都知道，有了经济回报以后就不一样了，一估算都有了富豪的感觉，也都觉得新东方很值钱。

同时由于老虎基金的进入，大家对到美国去上市这件事也有了更多的信心，因为有美元进来了，让大家感觉未来我们就可以到美国去上市了。于是，董事会开会非常顺利地通过了新东方未来到美国去上市的决策。这个决策促使新东方最后变成了一个国际上市公司，同时也为后来中国大量的教育公司到美国上市铺平了道路。因为新东方到美国去上市的时候，美国投资人及世界其他国家和地区的投资人对中国的教育领域是没有概念的，他们当时只是觉得新东方做得比较成功，中国教育原来是一个值得关注的领域，这个也直接促使后来世界上的大量资本涌入中国，进入中国教育行业，既推动了中国教育行业的发展，又为中国教育行业带来了很多乱象。这就是另外一个话题了。

胡敏、江博的退出和
新东方 VIE 的设立

新东方要上市的话,首先要设立一个新的管理机构——中国公司不能直接到美国去上市,因为中国公司的管理架构是无法变成国外上市公司的架构的。当时有一个通行的做法是把管理架构改成 VIE。VIE 的意思就是在海外成立一个影子公司,然后通过协议把国内公司的权益全部委托给影子公司,所以实际上市的是这个影子公司。而这个影子公司一般设立在中国香港,或者开曼群岛、英属维尔京群岛之类的地区,这样的话公司就有了一个 VIE 结构,就可以直接与美国的上市结构对接了。

于是,新东方就开始设立这样的 VIE 结构。在这个过程中,胡敏和江博提出了退出。他们两个人也是新东方的创业元老,也为新东方做出过比较大的贡献。胡敏是新东方雅思项目的创始人、国内四六级考试和考研项目的创始人,江博是新东方新概念项目的创始人。当时,他们俩手里也持有新东方的股票,因为他们在管理岗上。后来,我回到董事长和总裁的位子上以后,他们俩就从管理岗上退出了。退出以后，他们觉得在新东方待着可能没有什么太多的发展前景，所以就提出要退出新东方。

他们来跟我谈的时候，我就跟他们说："你们可以不在新东方干，但是最好把股份留着。"因为如果新东方成功上市了，这些股份就很值钱了。或许是担心新东方不能上市成功，或许是觉得与其等着股票还不如拿了现金更加保险，他们就拒绝了。其实，当时胡敏老师他们已经决定自己出去重新办一家培训机构了。所以，胡敏就跟我说："如果我出去再办一家培训机构，还拿着新东方的股票，感觉不太对。这就等于一方面赚着新东方的钱，一方面还跟新东方对着干，那还不如把股份让出去，这样我们出去办新的培训机构，心理上就没有负担。"所以你看，他们的人品都还挺好的。最后，他们决定把自己持有的股份卖给其他股东。由于当时价格已经比较高了，又考虑到没那么多现金，加上当初的股份都是我送的，所以最后就打了个折，以每股1.5美元左右的价格把他们手里的股份给收回来了。

这些股份，其实每个人都想要，但是又都没有钱，而他们又在等着现金，那怎么办呢？后来，我就开始以个人的名义向我周围有钱的朋友借钱，完成了股票的回购。他们也很开心地离开了。

后来新东方成功上市以后，他们可能也会有点后悔吧。因为上市当天，新东方的股价就变成了每股5美元。而今天，新东方的股价已经差不多每股100美元了。不过就算当时打折后每股变成1.5美元，对于他们来说依然是一个很好的收益，因为一下就能拿回去一大笔钱。而股份收回来以后，老虎基金的人就说：既然你们没钱，那我们就按照 3 美元一股的价格收购你们的股份。

后来，新东方请国际顶级的律师事务所，把 VIE 结构给搭建好了。直到现在，国家还是允许到海外上市的公司搭建 VIE 结构的。政府也一直想要把 VIE 结构和国内的结构融合、打通，但是直到现在，这点也没实现。所以不管是阿里巴巴、百度，还是新东方、好未来等，都是以 VIE 结构作为在美国上市的主体。当然，这并不影响公司在中国的发展，也不影响政府和相关部门收税和管理。

总而言之，新东方搭建了这样一个 VIE 结构，于是就有了去美国上市的基础。在这个前提之下，新东方就开始全面启动海外上市的人员配置和结构。而这里面最重要的人员配置，其实就是真正能够帮助新东方上市的财务团队，以及其最高负责人 CFO，也就是 chief finance officer（首席财务官），这就是我们下一章要谈到的。

第六章
走向国际

本章我要讲的是新东方去美国上市的过程，主要分八个部分：第一，我对新东方去美国上市其实是存在矛盾心理的；第二，我是如何找到优秀的CFO的；第三，新东方何时正式启动了到美国上市的历程；第四，新东方最珍贵的不做假账的传统，给新东方带来了多大的好处；第五，国家部委当时发布的一个文件，直接促成了新东方上市提速；第六，新东方是如何通过10天路演成为"抢手货"的；第七，上市敲钟那天，我都做了些什么；第八，中关村管委会作为中关村地区的一家机构，凭什么愿意出资为新东方庆祝上市成功。

我对新东方去
美国上市的矛盾心理

大家会问：到美国上市不是一件很好的事吗，为什么会有矛盾心理呢？因为在2006年新东方到美国上市之前，也就是2005年，百度在美国上市了。我听到的消息是李彦宏因为百度在美国成功上市而号啕大哭，激动得不得了。因为百度跟新东方不一样：首先，百度特别缺少资金，因为最初的发展都是靠大量的资金投入，一轮轮融资下来，最后没钱了，所以如果上市不成功的话，百度就有可能因为缺少资金而倒闭；其次，作为高科技公司，它融到资金以后就能有更大的布局和更好的发展前景。然而，和百度不同，新东方从本质上讲做的是小本生意，也是稳健生意——新东方收的学费都是学生预付的，所以新东方的账上没有怎么缺过钱。因此，我也没有非要融资来发展新东方的打算。新东方开一家分校也不需要花太多钱，何况开分校对城市也是有选择的，在小城市是开不了的。所以，我对新东方去美国上市融资以实现更大的发展这件事情是不抱希望的。因为我知道，从某种意义上来说，教育领域不是你有钱就能够做好的。

此外，我犹豫还有另一点原因：当时，中国的教育机构中还没有到美国上市的先例。在没有先例的情况下，到美国上市是否能够成功，美国人是否愿意买我们的股票，这些都是未知的。

当时，我们还面临着一个难题：去美国上市与国内的教育政策是否相一致。2006年前后，国内有很多部门都强调要反对教育产业化。所谓的"教育产业化"，当时主要是针对中小学或民办大学的，中小学产业化本质上就是多收学生的钱，很多公立学校甚至连续开设多家分校。所以教育部觉得，这会导致教育不公平。但教育产业已经被细化，比如培训领域在《民办教育促进法》实施之后就已经被界定为营利性的了，是要向国家缴纳税金的。在这个前提之下，再提出教育不能产业化，就与之相矛盾了。此外，国家在教育领域的税收制度也已经完善了，再说教育机构不能产业化，也是存在问题的。

在这种情况下，我担心如果新东方到美国上市的话，就变成了教育产业化的典型代表，这样一来就极有可能会受到相关部门的制约，甚至有可能会被处罚。我很担心遇到这样的情况，比如新东方到美国上市了，但是随后相关部门说教育领域的企业不能在美国上市，必须退市。假如融资成功，美国那边按照10亿美元的估值来买新东方的股票，那要退市的话，就得按照十几亿美元的估值把钱退给人家，那我是无论如何也拿不出这笔钱的。所以，我非常担心新东方上市是否符合相关政策。

所以，为了确保新东方上市符合政策规定，我去北京市教委等教育部门，请示相关领导。可是，在当时的情况下，他们也不知道该怎么办。他们说:"我们从来没碰到过这样的事情,所以也不知道你去美国上市到底是不是符合相关政策,你只能自己判断。我们既不能鼓励,也不能反对。所以,你只能自己去想。"

当时还有另外一个特殊情况,就是培训学校是由教委负责管理的,不是工商部门,不同于现在是要向工商部门申请营业执照,由教委发办学许可证。当时新东方教育集团归工商管,但是新东方学校又是归教委管的,所以这在管理上也不一致。我那时真是非常矛盾。

此外,我还担心上市以后我们会失去对公司发展的控制权。因为无论有经验还是没经验的人都跑来跟我说:俞老师,到美国上市,你要小心点,上市以后资本就能控制你的发展了。这表现为两个方面。第一,如果股东觉得我管理得不好,或者他们认为我不合格的话,就有可能把我推翻,就像乔布斯被赶出苹果董事会一样,那我以后就失去对新东方的控制了,就像王志东被赶出了新浪,虽然他是新浪的创始人,但新浪已经不是他的了。本来我在新东方干得好好的,自己是个大股东,可一旦上市我拥有的股权就会被稀释,就有可能失去对公司的控股权,甚至有可能被赶出新东方。第二,资本是逐利的,它希望进行的都是短期投资,恨不得我们马上把招生人数扩大一两倍。如果我想谋取长远发展,我的教育理想就很可能会受到伤害。

想到这些,我心里总是七上八下的,拿不定主意到底要不要去美国上市。但是实际上,当时的形势已经不能回头了,这主要有两方面的原因:一是新东方已经为上市准备了好几年,不管是一时冲动也好,深思熟虑也罢,上市已经是新东方的必经之路了;二是除了我以外,新东方的其他股东都是毫不犹豫地要走上市这条路，因为大家都知道，在美国上市，原始股东的锁定期最多是 3~6 个月，锁定期一过，原始股东就可以随便买卖自己的股票了。不像在中国，这个锁定期是 3 年，3 年时间内不确定性很高，而 3~6 个月内企业的发展是可以预期的。一旦过了锁定期，所有原始股东就可以把股票套现，之后就可以安心地生活，或者说干脆套现走人。所以，除我之外的所有股东都希望新东方去美国上市。众意不可违，不管心里有多犹豫，我的发展方向必须是把新东方带到美国去上市。

下定了决心，我就去跟相关部门的人沟通，尤其是一些关键部门——我们要获得他们的支持。最后，这些部门的相关人员对我说："你可以到美国去尝试一下，这对中国教育领域来说也算是一个新鲜事物，只要不惹出大事来就行！同时，我们也不能给你做出任何承诺，因为教育和商业毕竟是两个领域。"

总而言之，根据种种迹象和形势，我下定决心做第一个吃螃蟹的人，决定把新东方带到美国去上市。

我是如何寻找到
优秀 CFO 的

决定了去美国上市，我就要组建队伍，调整组织结构，还要寻找最优秀的人才。当时，在新东方 11 个人组成的庞大的董事会，我是 CEO。那时，外部资本已经入驻新东方，陈小红等人也进入了新东方董事会，而这个时候，新东方要找的最重要的人就是 CFO。

当时新东方的财务人员大多是本土培养起来的，完全没有国际资本运作方面的经验。尽管在找优秀的 CFO 之前，我已经把我的朋友魏萍从加拿大挖了回来帮我整顿财务——她后来也做过好几个上市公司的 CFO，但新东方还需要新的有经验的力量。魏萍虽然曾经在国际会计师事务所和一家加拿大公司工作了很长时间，具有一定的国际资本运作经验，但是从来没做过上市公司的案子，也不太知道怎样跟投资人和投资银行打交道，怎样才能帮新东方融到资金。

在这种情况下，我们觉得无论如何要找一个真正有经验的 CFO 来担负起新东方财务管理的大任。在我心目中，这个 CFO 要符合三个标准：第一，要了解中国国情，因为如果他不了解中国国情的话，就不能理解我们在做的事情，还可能会理解有误，甚至可能会向投资人传达错误信息，这就很麻烦，所以他要了解中国；第二，他的英语水平必须达到母语的水平，因为到美国上市，CFO必须向全世界讲述企业的故事，所以要是英语不流畅的话，也会很麻烦；第三，最好有在亚洲工作的经验。

按照这个标准，猎头公司帮我们在全世界范围内找了三个人，这三个人都是在美国出生的华裔，这样能保证他们对中国有一定的了解，从文化层面也相对比较好沟通。于是，我飞到加拿大温哥华，让这三个分布在美国不同地方的人——一个在旧金山，一个在洛杉矶，一个在纽约——飞到温哥华去见我，每人面试一天。我对他们的要求很简单，就是跟我吃三顿饭，其间跟我聊，甚至晚上要住在我住的酒店。我之所以这样做是为了对他们有充分的了解，包括专业知识、性格特点、说话态度、反应速度，甚至饮食习惯等方面都能有所了解。大家觉得我的要求还是挺严格的。

面试完前面两个人，我觉得他们的专业知识还可以，但总觉得他们有一点端着，觉得自己是一个顶级财务人员，到新东方还挺委屈自己。总之，我觉得他们不合适。

最后一个来的是路易斯，中文名字叫谢东萤。看到他第一眼，我就觉得他不行。因为他长得不太好看。可现在，他在中国，乃至在全球CFO界都很有名。他有一只眼睛有点斜，那是天生的，而且他高度近视。这样的形象，投资人见了可能都会在心里打鼓。但是我在跟他交流的过程中发现，他极其聪明，极其有智慧！他在斯坦福大学读的本科，又在哈佛大学读了 MBA，还读了伯克利大学的法学博士。他曾在香港金融投资证券界工作了七八年，因此对中国，尤其是香港地区很了解，再加上他本来就是华裔，所以跟我特别聊得来。

此外，我还发现，他直人快语，说话完全不顾及别人的面子，但是又说得非常到位，看问题能一针见血。所以我觉得，他就是我想要的人。可这三个人中，他的要价是最高的。一般情况下，我们会在基本合格的人选中，选要价最低的，而后来从他身上我得出了一个结论：用人就用最贵、最厉害的。他上来就向我要新东方至少 1.5% 的股份，这是什么概念？当时，新东方 1.5% 的股份可以说是非常大的一笔钱了！

后来，他来到国内，在向新东方董事会做陈述时，我说我选定了，就是谢东萤。当时陈小红也在董事会上，她不同意我的意见。我问为什么，她说他长得太难看了。我解释说我们用人的标准是看他的能力，是看他未来的发展，而不是看他的长相，实际上看顺了以后，谢东萤一点都不难看。

但她坚持不同意。后来我说：这由不得你了，我是新东方的 CEO，你是新东方的投资人，这件事情我有权做决定。我认为我能跟他配合好，而且我们都已经无话不谈了。就这样，董事会最后决定正式聘请谢东萤担任新东方的 CFO。

新东方
启动上市进程

最初,谢东萤跟我说的是帮助新东方上市,上市完成后在新东方最多干一年,拿到股份以后他就要离开。但是后来,随着我们俩交往的深入,他觉得我是一个难得的好老板,我也觉得他是一个难得的对这个世界和新东方这么了解,还能给新东方提出建设性意见的CFO。所以,他在新东方待了整整10年。当然,这10年他在新东方挣了不少钱,但也为新东方做了不少贡献。后来,他去了中国著名的电动汽车制造厂商蔚来汽车,也是做CFO,帮着蔚来汽车上市。

有了CFO以后,新东方的上市进程就正式启动了。谢东萤的加入让新东方上市的路径变得非常清晰,因为他在上市公司做过,怎么跟投资人打交道,怎么跟律师事务所打交道,甚至怎么跟美国证券交易委员会打交道,他全清楚。所以在这点上,谢东萤算是新东方引入的真正意义上的第一个专业人才。从这件事情上,我深刻感受了一点:要用就用顶级的、最厉害的人。当时,我们面临要确定投资银行和专业机构的问题,在谢东萤的帮助下,我们迅速确定了美林、瑞银集团和瑞信作为新东方的投资银行和承销人，确定了美国最著名的法律机构 Skadden 和中国的法律机构天元作为新东方上市的法律顾问，还确定了德勤作为审计新东方财务的会计师事务所。就这样，我们迅速搭建了一个世界级的团队。

紧接着，谢东萤跟我说：我们需要重组董事会。作为上市公司，我们 11 个人组成的董事会太庞大了，而且几乎都是内部董事，需要引入更多的外部董事，但这样做的成本会极高。可我想，这可能刚好是一个契机。为什么这么说呢？因为新东方的董事会本来就很臃肿，决策效率低下，改革势在必行。但这牵涉新东方的元老级人物王强、徐小平等要不要离开董事会的问题。最后，他们自己决定离开董事会。这主要出于两方面的原因：一是为了新东方能够更加顺利地推进上市进程；二是由于董事会成员买卖股票需要经过美国证券交易委员会批准，会比较麻烦，而他们希望新东方上市以后能够更加自由地买卖股票，所以也愿意离开董事会。最后，新东方内部留下的董事会成员就是我和谢东萤，因为 CEO 和 CFO 必须是董事会成员。

我们又另外找了三个外部董事：百度创始人李彦宏、北大国际经济管理学院创始人之一杨壮，以及谢东萤邀请来的网易原 CFO 李廷斌（Denny Lee）。因为从财务角度来说，需要有一个财务专家担任新东方的独立董事。后来，我们又增加了一个内部董事，就是今天新东方的 CEO 周成刚。

截至目前，新东方董事会依然非常稳定，在各种重大决策上推动着新东方的发展。在那个改革的关头，原来的各种纠结被一刀斩断，新东方董事会由此变成了一个精明强干、决策效率极高的董事会，直到今天还是这样。

除了董事会成员，优秀的财务管理者也开始陆续进入新东方，因为作为CFO，谢东萤不能自己去做具体的财务工作，而原来的财务人员大部分都不符合上市的要求。这样一来，我们就启动了财务人才的招聘工作，来寻找更多国际级的财务人才。直到现在，我们那时招进来的人才在新东方财务系统中依然发挥着重要作用。新东方现任CFO，也是新东方著名管理人之一杨志辉，就是当初作为谢东萤的助理招进来的。新东方现任内部财务总监、新东方教育在线的现任CFO尹强也是那时招进来的。这些人后来在新东方的上市、财务规范、财务数据等方面的决策上都发挥了重大作用。这也再次印证了优秀的人才才能帮助你做出优秀的事情的道理。

既然已经决定到美国上市，人才配备也到位了，我下一步要做的事情就是研究美国上市公司的路径，向美国上市公司讨教。比如我跟李彦宏探讨他是怎么把公司带到美国去上市，怎么进行路演的，美国的404法案是怎样征询的，整体流程是什么样的。通过研究美国证券交易委员会的规定以及美国有关上市公司的各种法规，我明白了什么事情可以做，什么事情不可以做。比如个人关联交易信息透露，通过个人行为去套利，随便买卖股票等行为都是不被允许的。与此同时，我深刻意识到：必须把个人利益和公司利益分开，一切以公司利益为重，以公司合法性为重，这样才能把事情做成！也是由于这样的认真研究，新东方在上市以后，甚至在2012年被美国浑水公司攻击时，并没有出什么问题，这就是一切按规范行事所带来的好处。

　　我知道所有路演都要讲述新东方的故事，而且要充满激情和热情地讲，有条不紊地讲，充满辩论性地讲，像与人对话般地讲。这个时候我知道，我的英语水平已经不够了，尽管谢东萤也可以讲很多有关新东方的内容，但说到业务、组织结构等方面时，他毕竟不如我知道得更清楚。所以从北大毕业20年后，我又开始训练自己的英语口语了。

　　我记得我当时听了很多录音带，看了很多美国影视剧，希望自己的口语表达变得更加流畅。好在努力没有白费，在后来新东方上市的整个过程中，我的英文表达还是不错的。上市那天，我在美国纽交所正式晚宴上发表的英文演讲还受到了美国证券交易委员会、纳斯达克、纽交所管理者的热烈欢迎。总而言之，我发现：人要活到老学到老，人生任何阶段都是有进步空间的，你不努力，就没有未来。

不做假账：
新东方最珍贵的传统

在这一节，我要讲一下新东方最珍贵的传统：不做假账。在新东方上市的过程中，财务人员是最重要的，一切都要往规范化的方向发展。2012年，浑水公司攻击新东方，说新东方做假账、数据造假，但是最后也不了了之。后来经过两年的独立审计，新东方被美国证券交易委员会确认为没有财务问题。这样的好结果源自新东方最珍贵的传统——不做假账。德勤在对新东方的财务状况进行审计时也非常惊讶地发现，新东方的所有记账方式都是相对国际化的，而且所有数据都在一个账本上。德勤的工作人员说：以前做中国民营企业上市的案子时，都要不断地帮它们调账，有时它们的账甚至烂得没法看，要等三年才能上市，否则财务数据是不完整的。

德勤对于新东方财务的规范化管理非常赞赏，说："我们基本上不用花太多力气，只要稍微做一下账目的调整，你们就符合美国上市公司的规范了，因为你们的数据一直是非常完整的。"为什么会出现这样的情况呢？这其实主要源于新东方的发展历史。

我是从个体户起步的,做个体户的时候,其实不存在财务是否规范的问题,每天把钱放进口袋里就行了。后来,新东方变成了家族企业,而家族企业也是不太需要财务规范的,反正大家都是一家人,由我来管钱,我愿意给大家分多少就分多少。所以那个时候,新东方的财务制度是不规范的。

1996年前后,我的朋友们都回国了,大家合伙发展新东方,每人主管一项业务,但财务收账是在一起的,最后再进行财务分配。这个时候,我就提出了规范性要求:每一分花费都要记下来,这样才知道每个人花了多少钱,最后每个人应该分多少钱。财务制度就这样规范了下来。

在这个过程中,我一直觉得要对得起这些朋友,不能让这些朋友心里打鼓说:俞敏洪,你没记账就把钱给花掉了,什么意思啊?钱是大家赚的,不能供你自己花。所以,即使我个人不花公司的钱,也要把财务规范化。从那个时候起,新东方就开始聘请外部的财务人员记账了。当然,那个时候的财务制度还不符合国际规范,但是已经可以随时查账了。当时,我对新东方财务人员提出了一个要求,就是朱镕基总理说过的:不做假账!我要求他们不要有任何心理负担,每一笔账都按照规范去记,要随时经得起内部审计、外部审计的考验。就这样,新东方的财务制度逐渐规范起来。

所以当2006年新东方去美国上市的时候,其实已经有了整整10年的符合国家规范的完整财务记录,等德勤进行审行的时候,我们只要按照会计准则调一下账目就行了。很多创业公司,甚至有些上市公司最后出问题，都是因为第一负责人或创始人先想的是自己的利益，从而导致公司的名声不好、品牌不好、队伍崩溃。

截至目前，我敢说自己没有做过一起为了一己私利去伤害新东方整体利益，或者伤害新东方股东利益的事情。这一点是我值得骄傲的。我对自己的要求就是八个字：只求发展，不求私利。只有不求私利才能得到私利，作为最大的股东之一，新东方每发展一步，我就多一点收益。所以，如果太过计较私利，到最后把公司做垮了，吃亏的其实还是自己。很多人之所以做出一些小肚鸡肠的事情，就是因为对大局、自己的大利以及共同利益没有想清楚。

国家部委文件的出台，新东方上市提速

新东方原定的上市日期是 2006 年 10 月前后，因为我们估计，从 2006 年年初启动开始，到当年的 10 月前后，刚好所有的准备工作全部做完。但很有意思的是，那一年 7 月，国家六部委联合出台了一个文件，文件规定：2006 年 9 月 8 日之后，所有要到美国上市的中国公司必须经过六部委的联合签批。我觉得这个文件的出台是因为当时去美国上市的中国公司越来越多，国家应该是想通过这个文件控制一下当时的情况。可以想象一下，如果一家公司上市需要六个部委盖章，那上市这件事情就会变得很难，光走流程恐怕就会很久，更何况新东方属于较为敏感的教育行业。所以我觉得，如果新东方在 2006 年 9 月 8 日之前上不了市，那之后就更难了。

从 7 月文件发布到 9 月只有两个月的时间，而如果想不违反这个文件，新东方必须在 9 月 8 日之前在美国上市成功。但无论怎么算，我们都觉得时间来不及。我们当时甚至感觉，这个文件就是针对新东方的。但后来，这个文件实际上并未真正实行，依然有大量的中国公司去美国上市。但是那个时候,我心里很紧张,因为我不想违反国家规定,所以连夜召开董事会和管理人员会议,最后决定提前上市。我跟谢东萤反复商量沟通,问他提前上市是否可行,他说有点悬,但是愿意尽力争取。

于是,我们开始准备招股说明书。招股说明书有上百页,是全英文的。那段时间,我平均每天只睡两三个小时,因为我要反复去读招股说明书,读完要提出问题,再修改。所有新东方的服务机构、律师事务所都被我们动员了起来。

7月底前后,我们向美国证券交易委员会递交了招股说明书的第一稿。我们跟美国证券交易委员会的人说,这件事情不要耽误,并把我们的具体情况告诉了他们,希望他们配合一下,尽快反馈意见,然后,我们再根据意见改第二稿、第三稿。大约过了一个星期,美国证券交易委员会给出了反馈意见,提出了38个问题。我们连夜把这38个问题解决并反馈了回去。又过了一个星期,他们针对第二稿提出了8个问题,我们又抓紧解决。又一个星期过后,美国证券交易委员会说:招股说明书已经合格了,你们可以启动上市进程了。这期间,我们解决问题的速度非常快。

像美国证券交易委员会这样的机构,如果真想办事,是能把事快速办好的。因为它的整个系统和流程都是完整的,不受太多的个人情绪、个人感觉以及个人关系的影响,只要流程开启,它就能够按照流程推进。

8月15日前后,这时候离9月8日就只有20多天的时间了。我们迅速把投行的相关人员召集起来，飞到香港开定价会议，研究我们的股票应以什么样的价格销售。这时投行的人跟我们说：现在上市是一个特别不利的时机。因为全世界的投资人每年8月下旬到9月上旬都在全世界各个地方度假，所以在美国上市公司的历史上，在这期间上市的公司就没几家，而且仅有的那几家上市结果也都不好。所以，要想在这个时间段上市成功的话，就只能放低价格。

当时，他们给了我一个价格，这个价格居然比老虎基金进入新东方时的价格还要低。老虎基金进入新东方时给的价格是每股3美元，而他们认为大概每股两美元多，四股合一股。

我说："这样的话，我们就不上市了，因为我们私募的价钱都已经超过3美元一股了，如果现在在海外上市比这个价还低，那我们就不上市了。"投行方面的人说："你要提高股价的话，我们不一定能把股票卖出去，卖不出去的话，你也亏，我们也亏，为什么不先低价上市呢？"我说："新东方不只值这个价钱。其实，我对你们的要求特别简单，我的定价就是每股15美元。我的要求不高，就是在每股股价上加1美元。这样的话，我感觉至少比老虎基金进入时的股价要更高，而且也能给我们的股东更好的期待。如果你们不愿意，我们可以不做。"

后来投行的人想了想说："那我们还是做吧，就看你们新东方这些人在上市时的口才和说服投资者掏钱的能力了。"最后，我们决定以15美元一股来宣传新东方的股票发行。这就是新东方提速上市的简要过程。

10天路演，
新东方成为"抢手货"

紧接着，新东方的路演开始了。经过10天路演，新东方成了"抢手货"。2006年8月22日前后，我们团队正式到了香港，主讲人就是我和谢东萤。我讲新东方的业务和发展，谢东萤讲财务数据。在香港进行第一场路演时，组织方准备了一个20人左右的午餐会，他们觉得此时投资人都在度假，能有20个人来听已经很不错了。结果一到现场，我们发现来了约100人，来的这100来人大部分都是黑头发。谢东萤上去讲了财务，接着我就上去讲业务。只讲到一半，下面有些人就听得不耐烦了。下面有人说："俞老师，你就别讲了，新东方我们都知道，我们都是从新东方上学出来的。你就告诉我们你的定价是多少，愿意给我们多少股票就行了。"

我把我想的告诉了他们，下面的人就说"行了"，然后就开始认购。当时只是意向认购，最终认购要到上市那一天才可以。当时，新东方希望募集到的资金是1.2亿美元左右，我们预估的认购金额为三四亿美元，觉得能翻个两三倍就差不多了！然而，没想到的是，我们在第一站香港就完成了 1 亿美元的认购，这就等于说，我们第一站就差不多把认购额用完了。这样一来，我们就吃了颗定心丸，觉得这一次上市肯定能成功。

第二站是新加坡。此时，我们的心情比在香港放松多了。到了新加坡，我们开了一个晚餐会。结果，我们发现了几乎一模一样的情况：原本预定了二三十人的场地，结果来了七八十人，也都是黑头发。新加坡也是世界投资人的一个重要聚集地，那些本来在新加坡度假的人都不度假了，都跑到会场来了。后来发生的事情和香港一样，所有人都说"你们不用讲了，告诉我们能认购多少"。新加坡一站结束后，我们已经有 5 亿美金的认购额了。

这样一来，我们都觉得不用去美国了。因为我们总共就要融 1 亿多美元，现在已经有 5 亿美元认购额了，如果按照 15 美元一股认购的话，大家都已经愿意买了，美国就可以不去了。我还跟团队说："去美国还需要 10 天，坐飞机又那么累，我们是不是可以不用路演了？"他们说："不行，路演不光是一个融资的过程，还是宣传企业、让更多投资人知道我们、未来让他们买我们股票的过程，所以必须得去。"

到了美国以后，我们从西海岸走到东海岸，走了差不多 10 个城市，从洛杉矶、旧金山到丹佛、波士顿，再到芝加哥、纽约、华盛顿等。在美国路演的时候，外国投资人增多了，但中国投资人依然不少，因为当时很多中国学生毕业以后就留在美国的基金公司工作了，他们的任务之一就是寻找中国的优秀企业进行投资，当时中国的优秀企业也不少，百度等公司都在美国上市了。所以，他们觉得有一个中国团队是很重要的，而中国团队的成员大部分都知道新东方，知道我。

就这样，我们从美国西海岸到东海岸，总共拿到60多亿美元的认购额，而新东方当初只想融资1亿多美元。这意味着什么？60倍的认购率。毫无疑问，新东方这次上市取得了成功。而且，在美国路演的时候，我还第一次体会到了"被招待"的感觉，全程乘坐顶级商务飞机和超长的凯迪拉克商务车。这种待遇让我体会到了当超级贵宾的感觉。

为什么要花这么多钱去路演呢？这一方面是为了提高上市的效率，另一方面是由于这些钱是投资银行出的。那投资银行为什么愿意出这些钱呢？因为它希望我们能融到更多的钱。投资银行最后要拿走我们融资总金额的7%左右，所以它有足够的钱来租用这样的飞机。在美国，租一架商用飞机一天也就一两万美元，所以对投资银行来说，也是非常划算的。把你招待好，让你讲好，最后它能赚取更多的利润。

最后一天晚上定价的时候，好多朋友给我打电话，要我给他们留出一定的份额。我说：我个人定份额肯定不行，因为朋友太多了。大家提议：能不能加钱？要加到多少为止呢？我说：冲着新东方现在融资的状况，我们是可以加钱的，可以每股加到17美元。最后，谢东萤说：我们可以加到每股20美元。因为根据当时60倍的认购率，每股加到20美元也可以轻轻松松地把股票卖光了。但我说不行，因为我不希望新东方的股票一上市就跌破发行价，如果我们涨到每股20美元，万一上市以后每股跌到18美元，那就有了一个很糟糕的记录，让第一天买新东方股票的人赔钱了，这样不好。所以，我们最后决定每股价格最高定到17美元,这样上市以后新东方股价大约会在每股20美元。所有买新东方股票的人,每股都能赚到至少3美元,我觉得这样才对得起大家对新东方的信任。

最终,新东方股票以每股17美元的价格销售,开盘时冲到了每股22美元,当天晚上每股又跌回20美元。就这样,第一天买新东方股票的人每股都赚了3美元。直到今天,新东方的股票还从未跌破当初的发行价。而且从上市到现在,新东方股价翻了10倍。就连在浑水公司攻击新东方的时候,新东方的股价也没有跌破发行价。所以,我最大的骄傲之一就是:让信任新东方的股东在这10年中,收到了很好的回报。这也是我觉得良心上特别过得去的一件事情。

敲钟的那天，
我做了些什么

新东方最终确定的上市日期是2006年9月7日。9月7日早上9点，我登上了纽交所的敲钟台。当时，新东方元老都跟我一起到了纽约，徐小平、王强、我的同宿舍同学包凡一，还有谢东萤，再加上新东方当时的两位副总陈向东、沙云龙，我们一起登上了敲钟台。对新东方来说，这毫无疑问是辉煌的一天，也是最值得新东方人骄傲的一天。就这样，新东方成了在美国上市的第一家中国教育公司。

敲完钟以后，就等着开盘了，结果系统出故障了。等了半天，接近中午11点的时候，新东方的股票代号"EDU"才在交易屏幕上显示出来。

这里面还有一个小插曲，就是当初新东方决定上市的时候，在选择纽交所还是纳斯达克时有点小分歧。当时我想选择纳斯达克，因为在大家心目中纳斯达克是一个更加先进的平台，一个跟高科技相结合的平台，而纽交所好像是一个比较陈旧落后的平台。当时好多人都是这么想的。但后来谢东萤告诉我，这两个平台其实没有多大区别，只是纽交所的历史更加深厚,而且纽交所对中国更加了解,所以最好到纽交所去上市。

要定上市代号时,我们就跟纽交所说,如果让我们到纽交所来上市,我们的代号得是"EDU",就是"education"的缩写。大家都知道,在互联网领域中,"EDU"就是教育的总代号。纽交所说我们去争取。后来,他们真的就把"EDU"这个代号争取来了。所以现在,全世界能够以"教育"作为代号的唯一一家上市公司就是新东方。于是,我们最终决定到纽交所去上市。新东方股票开盘以后,大家都很高兴,因为上市成功意味着新东方过去一个阶段的结束,以及新一阶段的开始。

在整个上市过程中,我几乎一整天都在接受各种媒体的采访,讲述新东方的故事。晚上,纽交所出面举办欢庆和招待晚宴,差不多所有人都喝醉了。我在晚宴上还做了一场有关新东方未来的演讲。

晚宴结束后,我自己一个人走到了哈德逊河边。我在河边大概坐了1个小时,就想新东方上市以后怎么办,心中充满的不是喜悦,而是某种意义上的迷茫,甚至还有失落感,当然,也充满了对未来的期待。

我为什么会感到迷茫和失落呢?因为我觉得我们这么多朋友在一起打拼出了一份事业,大家都做了很大的贡献,现在新东方上市了,对朋友也算是一个交代。但是我当时也深刻地意识到,过去的一段友情结束了。因为公司上市了,大家可以把股票换成现金了,他们也从董事会离开了,所以最后的结果肯定是大家要各自去做各自的事情了。

这也就是说新东方的一段经历结束了，面对未来的新东方，我必须要有新的团队合作成员，要有新的发展，因为我们还承担了无数投资人的期望。

对于我自己来说，身上的压力和负担其实一点都没有减轻。我的股票不能随便买卖，其他人都可以在非常短的时间后随便卖股票走人，但我不行，只有我一个人是被锁定的，这种感觉其实非常矛盾——我不能因为新东方成功上市就放松，觉得可以过另外一种人生了，反而觉得被套牢了，要去过一种被锁定的人生，而且被人期待，那种感觉并不好受。

所以我说，新东方上市对于资本来说是一场盛宴，对于老股东来说也是一场盛宴，因为他们从此以后可以去选择自己的人生。但是对于我来说，对于新东方来说，却是新长征的开始。

毫无疑问，从新东方上市到现在的十几年间，我的个人历程充满了艰苦、艰辛、曲折、失败，当然其间也有成功的喜悦。但是对我来说，这绝对不是一个轻松的历程，绝对可以用"长征"来形容。向未来看十年八年，我依然是这种心态。没有办法，说难听点，这叫被赶鸭子上架，下不来了；说到好听点，那就是你肩负着大多数人的期望，必须完成这些期望，给投资人一个交代。也是在这个过程中，新东方从上市时只有不到10亿元的收入，到今天有了160亿元的收入，并且在一路成长。

中关村管委会出资
为新东方庆功

从美国成功上市回到国内以后，国内的管理机构会有什么反应呢？我一直担心新东方的上市会引起相关管理机构的不满，怕他们觉得教育产业为什么非要到美国去上市？如果这种不满存在的话，会对新东方未来的经营发展有比较大的影响。所以我希望我们能得到相关部门的承认。

大家知道，当时中关村成立了中关村管委会，它的一项重要任务就是促进中关村企业的发展。现在，中关村科技园区就归中关村管委会管。管委会的宗旨是，希望中关村多一些国际上市公司，这样才能使中关村国际化，才能创造"中国的硅谷"！所以，当知道新东方在美国成功上市以后，中关村管委会非常开心，觉得中关村又多了一家上市公司。而且我们既然能到美国上市，就说明我们的财务等各方面都是正规的，不存在太大的法律问题和风险。至于教育产业能不能到美国上市，这不是中关村管委会要考虑的问题。

于是，中关村管委会主动接触新东方，说：你们在美国上市是一件特别好的事情,你们在中关村核心区还有自己的大楼,这毫无疑问是我们中关村的骄傲,所以我们中关村管委会非常愿意出面为新东方上市庆功。

我听后还是很开心的,因为这意味着官方的承认。后来,中关村管委会在北京王府饭店为新东方举办了上市庆功活动。这件事情实际上是为新东方在美国上市一锤定音,因为中关村管委会是可以代表政府的,这代表政府对新东方去美国上市是认可的,也是给我吃了一颗定心丸。当然,我后来还跟很多政府部门进行了进一步的沟通,跟它们讲培训机构上市不影响中国教育的去产业化,而且我们上市以后发展好了,能对中国的教育均衡、教育发展起到更大的作用。

由新东方起头,教育领域企业上市这件事情逐渐变成了国家认可的行为。一两年以后,中国很多以教育为主的企业都陆续上市了,比如环球雅思、安博、学大,再到后来的好未来等。当然,这些企业中有做得好的,也有做得不好的。但是毫无疑问,这些企业和新东方一样,促进了中国教育领域的发展,为帮助中国孩子在出国时取得好的分数、进入世界名牌大学读书、毕业以后回到中国做出更大贡献方面,起到了比较大的作用。

新东方在美国上市毕竟是一件引人注目的事情,所以很多媒体的报道都起了亮眼的标题,当时还出现了一些很吓人的标题,出现频率最高的就是"俞敏洪,中国最有钱的老师"。这样的标题很容易误导别人,就好像我自己赚了多少钱似的。其实,我当时在新东方是最没钱的,尽管从股份上来说,我已经变成了亿万富翁,但我个人不能卖任何股份，我的钱只是理论上的。所以直到今天，从变现的角度来说，我不一定比新东方原来的老股东拿得多，但从理论上来说，从股票价值上来说，我当时确实是"最有钱的老师"。现在，好未来的张邦鑫变成了"最有钱的老师"。我后来放弃了很多新东方的股权，但媒体现在也不怎么报道了。

我觉得这不是谁最有钱的问题，新东方上市给中国教育带来什么影响才是媒体应该研究的主题。而媒体报道往往喜欢吸引人们的眼球，不抓住事情的本质来研究它的现象和发生的原因。

为了使新东方去美国上市这件事情变得更加合理，我定了一个标题，那就是：新东方到美国上市就是拿美国人的钱办中国人的教育！这其实也是事实，因为从美国上市融资回来以后，我们就可以做更多的产品研发、扩建更多的教学点、招聘更好的老师，从本质上讲，这就是为中国学生提供更好的服务。而我们的学生，大部分甚至百分之百都来自中国，所以，这个说法毫无疑问是成立的。

直到今天，我觉得新东方上市起到了一个作用，那就是开启了资本与教育结合的新时期。这个新时期直到今天还没有结束。从新东方上市到今天，进入中国教育和教育相关领域的资本大概已经有上百亿美元，这在很大程度上推动了中国教育事业的发展，包括培训教育、职业教育、大学教育、中小学教育、幼儿园教育、科技教育，以及教育与人工智能、大数据的结合。毫无疑问，新东方是这个领域的领头羊。后来，也有大量的优秀人才和队伍进入教育领域，为开启中国教育的新时代做了很大的贡献。

教育和资本的结合有利也有弊。利在什么地方？首先，教育本来是"穷"的，由于资本的介入，教育变"富"了，然后就可以进行很多研究投入。所以，未来我敢预料的事就是：民间力量一定能在教育跟科技的结合，最优秀的教育产品的开发等方面大有作为。包括罗辑思维做的"得到"，它普及化的教育课程也是因为教育和资本结合才能做出来的。从某种意义上来说，北大提供的教学内容肯定是比罗辑思维要更为丰富，但北大没办法去换钱，而得到现在却已经有了100多亿元的估值，这就是资本跟教育结合所产生的力量。

教育和资本结合还有一个好处就是能把教育带向全世界。资本是世界性的，教育企业一旦成功，肯定会到世界各地去上市，这样教育就变成了可以融入的世界性资源。除此之外，中国的教育产业上市以后，可以整合世界教育资源，比如可以购买世界其他地方的教育内容公司、教育技术公司、教育产品公司，可以把世界上的优质教育资源集中到中国来，这也是教育和资本结合的好处。

但是教育和资本结合也有坏处，第一点就是急功近利。教育本来是慢工出细活的行业，其最核心的主题就是抓教学质量和教学产品，循序渐进地为孩子们提供服务，教育方法和教育目标大于一切。但是现在，很多人办教育却是为资本在办，为赢利在办。如果纯粹是为了赢利去办教育的话，那么教育一定会被扭曲，于是就出现了大量收了学生和家长的钱，却不提供负责任的教育，甚至跑路的情况，这就是教育和资本结合的坏处。资本让教育变得急功近利，变得盲目，变得不再以学生的发展为核心，而是以能否赚钱为核心来办事情。这也让中国的教育受到了很多诟病,让政府和老百姓对民办教育不满。这也引发了政府部门对民间教育的整顿。

  这种整顿是有道理的,因为无证、冒充的教育机构太多,低质量的教育机构太多,骗老百姓钱的教育机构太多,不断地给学生带来负担的超纲和超能的教育机构太多。所以,这样的整顿毫无疑问是必要的。从这个角度来说,能否让教育和资本有一定的区隔,就变成了中国教育未来是否能做好的一个重要因素。我们未来要做到的,就是在尽可能屏蔽资本带来的坏处的前提下,尽可能利用资本的力量,为中国教育的发展做出贡献!

第七章
承前启后

从第一章到第六章，我把新东方的发展历程已经讲了一大半了。这一章，我要讲的是从新东方上市到今天所发生的一些事情，从老股东的退出讲到新生代的崛起，再讲到新东方新业务线的产生和发展。这一章所说的"承前启后"，指的是新东方上市前和上市后。

老股东退出，
新生代崛起

　　我在前文讲过新东方在上市的过程中对董事会进行了改组，当时很多担任重要管理岗位的老股东离开了董事会。大家都知道，新东方的发展跟很多现代企业不太一样，后者对股东、管理层和创始人有着相对比较明确的区分。比如一般将股东分为创始人股东和投资股东，投资股东只担当股东的角色，很少去干预公司的管理经营，而我们那时的创业公司是很少有外人来投资的。所以一般来说，我们的管理层都是由联合创始人聚集起来组成的一个团体，几乎所有股东都同时在企业中担任着管理者的角色。

　　这样一来，就出现了两个问题：一是管理和股权分割不清晰，二是股东所做贡献的变化容易导致股权结构发生变化。由于股东参与了企业的管理经营，所以随着股东所做贡献的变化，股权结构也容易发生变化。现在很多创业型公司也存在这个问题。合伙人各自贡献不同，如果不能设置一个股权变化的规则，按照贡献大小的不同变化股权结构，合伙人之间就容易发生分歧，最后甚至把公司给解散了。同样,我投资的一些公司也出现了这样的情况。为什么会这样呢?因为这里面涉及了太多的纠葛。前面我说了,我和几个老股东都是大学好友,创业时能够做到精诚合作、齐心协力地推动新东方快速发展,但是到了一定阶段以后,老股东之间的情感纠葛就变成了公司发展的障碍。随着新东方的上市,公司变成了国际化企业,在国际化企业中如果继续保留老股东之间的这种感情纠葛,毫无疑问会使公司发展受到这样或那样的阻碍。所以老股东的退出,对于新东方的长远发展来说是特别重要的一步。

当然让老股东退出,首先要保证他们的利益。当时新东方已经上市了,老股东们的利益已经得到了基本的保证。其次,要让他们在感情上理解和接受。大家都知道,一个人掌握局面和不掌握局面的感觉是完全不一样的。就像有些政府官员退休以后,往往会患上"退休综合征"。因为原来他是有权力的,可退休以后发现,没有司机和秘书了,没有人帮着买菜了,也没有人帮着倒茶了,而且还可能要去求别人办事情——原来可能都是别人来求他。所以,一些政府官员就有了"退休综合征"。

其实不光政府官员,企业管理人员也是这样。他在企业做习惯了呼风唤雨的事情以后,一旦不在这家企业干了,没人听他说话了,感情上就很难接受。其实包括徐小平、王强在内的新东方的老股东们,在离开了新东方管理层,纯粹变成新东方的股东以后也有过这样的感受,也有过一个心理上的调整过程。

同时,这些老朋友的心理调整也是一个不断交流的过程,当时一个有利条件就是新东方上市打开了利益通道。我们曾经就为了保证新东方的稳定发展，原来的股东持有的股票是否需要有一年以上的锁定期进行过讨论。后来我说没有必要，因为公司已经上市了，可以不靠锁定原来的股东们的股票来发展。后来，我们又讨论是否设定半年锁定期，我说半年也没有必要，就按照规定，锁定三个月。新东方上市三个月以后，所有股东都可以随时卖出自己的股票，但是有一个前提条件，那就是你必须不在管理层。如果你在管理层的话，买卖股票要受美国证券交易委员会监督，还要被通告。所以，这也是这些老股东退出新东方管理层的契机，因为大部分人还是非常希望能够根据股价的高低，随时来买卖股票，使自己能够更好地获利。而且随着新东方的发展，我们这老一代人，除了我自己，可能在新东方待着作为一面旗帜以外，其他人原则上应该把岗位让给年轻人。

新东方年轻一代的成长已经非常明显了。新东方上市时，除了王强、徐小平等在新东方持有比较高的股份的老股东去参加庆典以外，一批新生代也已经跟在后面了。这批新生代的主要代表就是新东方的现任 CEO 周成刚，还有沙云龙和陈向东，这些后来的加入者被称为新东方的第二代管理者，因为他们最初在新东方时，并没有得到太多的股权。所以，他们要依赖新东方上市以后的发展来赢得自己的利益。所以这些人如猛虎下山，都希望在新东方做出更大的贡献。于是，新老交替就产生了。

这个交替是在非常平和的前提下进行的，同时也是老一代的利益得到了实现，新一代要谋求新的利益的过程。如果没有这样的利益空间，这种交替会变得很难，而现在就水到渠成了。

我最后的总结是：让没有历史包袱的人走向战场，这样有利于新东方的发展。因为新东方原来的管理层成员都是朋友，所以谁都不好去否决另外一个人的提议。在这种没有明确上下级关系的情况下，管理效率是会大大降低的。因为商场和战场实际上是一样的。商场中要确立大老板、二老板、三老板，就像战场上要确立元帅和将军一样。令出必行，即使这个命令不一定百分之百正确，但是商场的特点就是要抓住转瞬即逝的商业机会。所以一件事情如果反复讨论，那么这个公司到最后就会完蛋。我跟徐小平、王强当初就是这样互相讨论的，但是当沙云龙、周成刚这一代人进入新东方管理层的时候，我跟他们就变成了明确的上下级关系。因为在某种意义上，除了周成刚是我的中学同学，沙云龙、陈向东都是比我年轻了十几岁的新一代，所以新东方的管理结构就变得非常企业化了。

这样的交替使新东方脱离了靠朋友交情来推动业务发展的阶段，进入了真正的靠企业发展规律、靠管理团队推动企业发展的阶段。新的管理层中，上下级关系明确，同时又加入了新东方原有文化中的对问题的平等讨论的文化。就这样，新的局面形成了。

生源的改变，
促使新东方业务模式发生变革

在管理层新老交替的同时，新东方的业务模式也在发生重大的变化。其中，最重大的变化就是生源的改变。可以说，生源的改变促使新东方的业务模式发生了革命性的变革。

我前面说过，新东方原来的客户群体几乎全都是大学生。大学生有两个特点：一是有学习的自觉性，当时新东方开设的课程主要是出国考试培训课程，虽然课程比较难，但是参加培训的人员都有高度的自觉性，不需要别人去敦促；二是有高度的学习热情，所以他们可以搭班学习。当初新东方最大的班有两千人，其余大部分班也都是五六百人的，学生挤在一起学习，依然能够高效地接收老师讲课的信息，因为他们有发自内心的学习热情。

但在2000年前后，我们发现，中国的中学生也开始出国了。毫无疑问，除了大学生市场以外，中学生的出国市场，新东方也是不能放弃的。

大约从2002年开始，我意识到中学业务是新东方的一个重大市场。我率先要求新东方成立中学业务部，结果没有一个人愿意干，因为大家觉得中学业务没有什么利益可言。那我就说，我自己来干好了。我当时意识到，除了针对出国读书的中学生以外，其实国内的高考市场，也就是中学生的英语学习市场也是一个大市场。国内想要把英语学好参加高考，通过英语分数的提高考上名牌大学的学生也不在少数。不要忘了，英语150分，在高考中占有绝对的分量。

但是我也发现，这件事情要从头做起的话，必须要有一个团队。在没人愿意做的情况下，我只能亲自带队做。我甚至把我的秘书派过去当了中学部的管理者。结果就是这样一个想法，后来发展成了新东方的一项重大业务。先不说中学生的出国考试业务，光新东方后来成立的优能中学部，迄今为止已经承担了新东方至少三分之一的业务量。这也反映出一个新模式刚刚发展起来的时候，往往是看不到其结果的。

但经过观察，我们发现了一个特点：只有极少一部分中学生是高度自觉的。那大部分情况是什么样的呢？是家长觉得孩子必须出国读书，于是告诉孩子要出国读书。所以在这些出国读书的中学生群体中，有一半学生对英语学习根本就不感兴趣。

最初，我们照搬了对大学生授课的模式，面对中学生也是大班招生、大班上课，甚至把中学生和大学生放在一起上课。结果我们发现，授课效果非常差。在同一期的班级中，大学生学完以后都能考很高的分数，而中学生的分数基本上没有上涨。后来我们就发现，中学生的学习自觉性是比较差的。

从某种意义上来说，即使是在顶级的中学中，拥有高度学习自觉性的人群也不超过25%。也就是说，即使是顶级的学生人群，也是强迫着自己学习，不学的话就考不上好大学。这意味着，面对中小学生群体，只有一个办法，那就是你必须强迫他学习，也就是说，我们必须建成一整套强迫学生学习的体系。

在这种情况下，新东方以前的大部分模式其实对中学生是没有太大作用的。不管老师讲得多好，学生可以哈哈一笑，也可以觉得老师讲话讲得很有趣，自己很开心。但是你要想把他强行摁回去学很枯燥的课程以提高分数的话，还是需要监控。所以从这个时候开始，新东方针对国内中学生，做了几项大的调整的，比如，把大班模式调整为小班模式，以便老师能够关注到每一个学生的学习态度和专注力；把从来不给学生批改家庭作业调整为批改学生的家庭作业；把从来不跟学生家长沟通调整为跟家长和学生同时沟通。我们的目的只有一个，就是把他"摁住了"，让他即使没有学习自觉性，也可以去学习；并且在规定的时间之内，让他完成必须完成的任务，以培养他的学习专注力。对于孩子来说，他就是中学生，要面对中考、高考或出国考试。对他们来说，分数的提高实在是太重要，无论他们有多少雄心壮志，有多少理想，只要分数不高，他们的雄心壮志和理想都是很难实现的。这就是当下中国教育的现实情况。

从2006年开始，中学生不断地进入新东方学习。在开始面向同时要参加国内和国外考试的中学生推行中学教育的时候，新东方的业务模式有了一项实质性的变革。这项变革后来被商学院归纳为一整套理论，叫非连续性业务发展，又叫第一线和第二线。什么是非连续性业务发展呢？就是任何一个行业、任何一家公司想要有大发展的话，不能只做主营业务，因为这样的话它的市场容量是有限的。比如，出国考试培训是新东方最重要的一项业务。在这个领域，新东方已经占了中国市场 60%~70% 的份额。在这种前提下，就算我们把剩余的市场也占了，那也增加不了多少市场份额。更何况无论哪一项业务模式，还没有出现过一家企业占领全部市场的情况。

所以，如果想要增加新的业务模式，要么需要改变目标客户、扩大业务模式，要么需要对业务内容做出改变，而这与前面的业务就是不连续的。新东方后来又推出了新的业务，例如优能和泡泡等多学科业务，这些和新东方原来的英语以及出国考试培训业务就是完全没有关系的，实际上等于重建了一条线。这就是业务的非连续性发展模式——只有不断地飞跃，才能使一家公司发展壮大。所以，如果当初新东方坚持只做出国考试培训，做到今天，最多也就是几十亿元的规模，而新东方现在的规模接近 200 亿元，就是因为后来业务发展模式的改变和新业务体系的出现。

泡泡少儿：
新东方有了全新的年龄层次

泡泡少儿原来完全不在我的考虑范围，因为我觉得新东方的业务线从大学生延续到中学生就差不多了，我们的强项是考试培训。为什么这么说呢？因为新东方就是做考试培训出身的。对于考前辅导，新东方有着一种传统基因，任何一门涉及考前辅导的考试，它的最高分一般都出在新东方。所以当时开展中学业务的时候，我们针对的其实也是高考和中考——这两门考试对于中国学生来说是至关重要的。

那为什么我们后来又做新东方泡泡少儿了呢？因为我们认为这是对一个学生从小的能力训练。之前，新东方对于少儿教育没有任何研究，所以我们从没有产生过要做少儿教育的想法。而陈向东被我派到武汉去当武汉分校的"开拓校长"成了做少儿教育的想法的起源。

陈向东是一个非常有开拓精神的人，也是一个很有勇气的人。他在武汉布局完所有面对大学生和中学生的教学体系、进行教学楼装修的时候，在大教室之外，紧接着装修了一些小教室。我看到后问他：你装修这些小教室干什么？他说要做少儿英语培训。我说少儿英语培训,一个班最多才能招到十几到二十个学生,小孩不能太多,又不能向家长收太多钱,这样收上来的钱就不多,再刨去老师的工资和房租,是没有多少盈利的。这项业务貌似有点吃力不讨好。

但是很明显,少儿英语培训是有市场的。陈向东说:俞老师,别的机构都在做少儿英语,这些孩子长大了以后,就会认别的品牌,不认新东方的品牌,那我们上游的品牌也会受到伤害,所以业务线的下游就变成了一个必然要做的事情。他接着说,要在总部做的话,全国一铺开,做不好就收不拢了,你就让我在武汉做,即使失败了,对学校也没有任何伤害。就这样,武汉新东方分校首先进行了少儿英语试点。

当时,我们既没有教材、教学队伍、教研体系,也不知道这个少儿英语到底该如何推进。而陈向东的想法很简单——挖人,把别的机构有经验的人挖过来,让他们来做,我们只要把他们培养成新东方的人,让他们有新东方的精神和思想就行了。所以后来新东方少儿英语在武汉铺开的时候,真的为新东方吸引了一批人才。比如新东方独立体系中的迈格森英语的创始人谢琴,后来成了新东方全国泡泡少儿的负责人,就是陈向东在武汉挖到的。谢琴走进新东方的时候,新东方少儿英语连一个学生都没有。但是由于陈向东和谢琴的运营能力,再加上武汉人民对少儿英语的热情,武汉新东方少儿英语试点旗开得胜。在前后不到两年的时间里,新东方少儿英语培训在武汉独树一帜,几乎占据了当地少儿英语培训市场的半壁江山。

有了这次尝试,我突然意识到了一件事情,那就是:一些新项目的管理者和开拓者,其实并不一定非要从新东方内部一点一点地培养,而是可以引入外面的成熟型人才,这样这项业务能够得到更加迅速的发展。所以后来,新东方在另外一些业务上也引进了不少外部人才,使新东方整个业务得到了长足的发展。

新东方的国际游学业务现在也做得风生水起,这一业务的创始人、现任负责人刘婷就是新东方引进的外部人才。刘婷原来也是在别的地方做,被新东方引进来以后,把新东方的国际游学业务给做起来了。所以后来,引进外部人才,包括职业人才和业务人才就变成了新东方的一项人才引进惯例,这也使新东方的人才队伍变得越来越丰富。

就这样,少儿英语在新东方的总部体制外成立,在2006年前后,又回到了集团。集团决定把武汉的经验吸收过来,并且决定创立一个少儿英语子品牌——泡泡少儿英语。为什么叫"泡泡"呢?因为当时针对少儿英语,新东方提出了一个口号——"Play our Play",这句口号里有两个单词以"P"开头,"泡泡"这样一个名称就出现了。

这里有一点是需要反思的,那就是新东方做事情有一个比较粗糙的地方:在不成熟的情况下,就会在全国推广各种业务体系。这样虽然有好处,促进了新东方业务体系的全国性发展,但坏处也很明显。由于没有标准化、系统化、流程化的管理,这些业务体系最后难免做得五花八门。泡泡少儿英语是这样,后来的中学优能等,基本上也是这样的情况。

但是不管怎么样,泡泡少儿英语从此成了新东方一个重大业务体系。从武汉起步,逐渐向全国推广,同时进行教学研究,在几代泡泡管理者的努力下，今天新东方的泡泡少儿英语在全国已经占据了几十亿元的市场容量，学科也从英语学习铺向了英语、数学和语文三大学科，并且都取得了非常重大的成就。这相当于新东方又创造了一个非连续性发展的业务。

所以，一家公司就是要随着业务的成熟和扩大，不断地去寻找新的项目和领域。这个新的项目和领域必须有足够大的市场。如果你寻到了一个全国市场只有十亿元规模的新项目，那你是做不大的。除非你愿意做一个特别小而美的项目，就像巴黎街头的某家咖啡店一样，你在那儿一开就是600年，有无数的名人都在这个咖啡店里喝过咖啡。你永远不想把它做大，做的就是情怀，但这个只是小生意。

总体来说，随着企业的发展，新东方的业务也在不断扩展。新东方上市以后，按照上市公司的发展规律，我们必须不断扩展业务范围，就是不断地去寻找业务拓展和发展的机会，不但要在目标人群上进行延伸，在产品上也要进行不断的更新和迭代。

毫无疑问，少儿英语在中国有巨大的市场。在这个市场上，新东方目前也才占了1%~2%的市场份额，未来还有巨大的发展空间。而这个发展空间的大小又跟你的创新能力有很大的关系，比如你的创新是否能够跟高科技结合起来，这又是另一个重要的话题了。

教学管理部成立，新东方有了产品和教研的全国指导

在泡泡少儿之后，我们突然发现，新东方在全国的布局已经形成了。当时上市的时候，新东方的分校已经开了二三十家，现在新东方的四大项目产品也已经有了：一是新东方的龙头产品——出国考试培训，包括面对大学生和中学生的培训；二是面对大学生的四六级考试和考研培训，新东方把这两项业务叫作国内考试；三是中学项目，即优能中学；四是泡泡少儿英语项目。

在这种情况下，我们发现了一个问题：这些项目在集团都是没有人负责的。前面说了，新东方是先有"儿子"，后有"老子"。"儿子"是什么呢？就是新东方在全国各地的分校，设立分校的时候，新东方还没有总公司呢。开了几家分校以后，新东方总公司才成立。我进入了总公司，但是那时候总公司什么都没有。一直以来，总公司都处于积贫积弱的状态，既没有产品研发和产品管理，也没有渠道拓展和运营队伍，有的就是俞敏洪这个牌子，以及总公司成立的财务部，把全国各地分校的财务给管起来了。

可以想象一下，我们在全国各地开了分校，分校要做业务，集团却没有标准化的指导，大家只能照猫画虎，哪个分校做得好就去学一学，然后就向全国推广。所以，尽管所有的分校都有新东方国外考试部、新东方国内考试部、新东方泡泡少儿部、新东方优能中学部，但实际上它的产品五花八门：产品定价不一样，课时长度不一样，整体招生步骤不一样，老师培训也不一样。这些分校各自为政，四面开花，而且开得还不是一样的花。大家认为，作为一家学校，自己创业怎么尝试都行，就像武汉分校尝试泡泡少儿一样。但是如果在全国遍地开花的话，马上就会出现由不统一带来的效率损耗、资源损耗和品牌损耗。

其实随着分校不断的建立，我们突然意识到，对集团而言，最重要的不是对分校的财务进行管控，或者树立集团的牌子、注册的时候给他们一笔钱，而是要对分校的业务进行管理和指导。

要对分校的业务进行管理和指导，就必须成立业务管理和指导部门。但是当时我们还没有意识到要把每个部门独立开来成立管理部门，因为太费钱了。我们当时觉得总部本身就不赚钱，还要花那么多钱，会对不起各个分校，所以总部越小越好。但是后来我们意识到，这实际上是不可能的事情。因为让各个分校自由发展的结果可能是：分校出现问题，总部收不住，严重到一定程度，可能会出现滑坡、断崖似的问题。所以，我们最后决定：该花的钱必须花，在总部成立教学管理部。

所谓的教学管理部，其实就是把我刚才所说的四大项目的人都集中在一起。当时很滑稽,教学管理部每个部门只有一两个人在管理,他们既不可能做产品研发,也不可能做产品和技术的结合,更不可能做产品营运,他们的工作实际上就是给分校打打电话,安排一下工作,再出差去看一看。所以,教学管理部是成立了,名义上也有了对于新东方各个产品线的教学管理,但实际上是形式大于内容。可是,有了这个教学管理部,我觉得事情就相对好办一些了。因为毕竟有了一个小的抓手。教学管理部成立以后,我就有了第一个要求,那就是对新东方在全国的产品和课程进行初步的规范。

我记得特别清楚,教学管理部刚成立的时候,在新东方的报名系统中一搜,居然有接近1万门课,而这1万门课中有8000门课可能都是英语课。这些课之所以加起来有1万门,只是因为课程设置的时间长度不一样、收费不一样、名称不一样。也就是说,你可以看到新东方的"创意"也真是五花八门。

我想,虽然产品形式和教研工作的统一是一个漫长的过程,但至少在产品名称、课时长度、课程价格上面做到统一还是可行的。所以教学管理部成立以后做的第一件事情,就是对产品价格的监控和对产品名称的统一。到此,至少从形式上,新东方停止了各地打游击、无序发展的局面,开始进入了有有序指导、正规的阶段。

当然,想要做到尽善尽美,在产品、教研、课程体系方面对分校进行全方位的辅导,并且实现标准化、系统化的管理,是一个漫长的过程,甚至直到今天,新东方还在探索。但是总而言之,我们有了这样一个大方向,而且这个大方向是对的。

教学管理部拆分为五大项目中心

随着新东方营收的增加,我们也感觉到了分校在全国各地发展的乱象。这个时候我们就意识到,仅一个教学管理部这样的综合部门是不够的。把四个项目放在一起,管理部加起来总共也就十几个人,而这十几个人要去管全国范围内越来越多的业务。当时,上市后的新东方为了快速发展,一年就能成立七八个分校,校长大都是新东方最好的老师,他们既没有校长手册,也没有产品指导手册。当时我们觉得,再这样下去的话,信任新东方品牌的老百姓很快就会对新东方感到失望——那时一些分校常常会出现这样的情况。

开学第一年,往往有不少人来报名,学费能收到500万甚至1000万元,但是第二年往往就开始下降。因为老百姓觉得当地分校的教学水平和教学管理好像不如北京、上海,那还不如到北京、上海去学习。当时,这样的下降趋势还较为明显,我们为此及时分析了原因。

经过分析我们发现,关于开办分校,我们忽视了两点:一是对分校校长的培养,二是对项目的分类管理。

先说第一点。我们是如何培养各地分校校长的呢？就是举办校长交流会。我们把新东方所在的地区分成了几大区域，如长江以南区域、长江以北区域等，并派各个有经验的、当过校长的副总裁，像当时已经调回北京总部任职的陈向东，去指导各分校校长。通过这样的形式，使各地分校校长的水平得到了一定程度的提高。当时，新东方的陈向东、沙云龙等全部变成了区域总裁，也就是说变成了管分校校长的"校长"。后来，现任上海分校校长杨鹏被我们叫作"08号校长体系"，因为凡是2008年以后成立的新东方分校都归他管，他主要负责培养这些新校长。这是第一步。

第二点就是加强项目管理。当时，无论是课程体系的设置，还是业务的发展，都陷入了比较混乱的状态。我们当时意识到，必须加强总部的力量，把原来的教学管理部拆分为四大项目中心——实际上是五大项目中心，因为那时新东方总部还有一个英语学习部。我说这五大项目中心必须拆开，每个项目中心必须独立，加强人手，形成两大能力：一是产品研发能力，二是项目运营能力。所以，新东方的整个队伍就分成了两批：运营队伍和研发队伍。

当然，新东方后来一直是以运营为主。可以说，直到今天，这四大项目中心的产品研发依然落后于运营。这几年，新东方在项目产品研发方面得到了很大的加强。因为我们后来也意识到了，对于新东方这样的教育公司来说，真正优质的教学产品，才是公司最大的核心竞争力。虽然运营也很重要，但是如果没有真正优质的产品，光做运营，那就相当于你把伟大的战士派到了战场上去，但是没有为他们配备最精良的武器。不管怎么样，在当时，我们觉得项目中心成立最重要的作用就是对学校进行项目的规范化管理。就这样，我们把教学管理部拆成了五大项目中心。

项目中心的成立，使新东方总部的人员数量扩大了一倍，但是我们充分意识到了这种招兵买马的必要性。五大项目中心的成立，使新东方在全国各地各个项目的运营水平得到了大幅提升。而这种提升也使得新东方的学校运营和发展变得稳定，校长们也节省了在提升产品水平上所花的力气和时间，从而可以专注于开拓当地市场以及学校的发展。

从教学管理部拆分为五大项目中心到今天，一步一步的发展过程就是新东方规范化运营、规范化产品布局、科技与产品的结合，整个集团实力和对分校的指导都在加强的正向发展过程。由此大家也可以看到，我的管理思维不是那么超前的，都是新东方出现了问题，我再想解决方法。

当然，我觉得自己也不算太落后，因为我没有惊慌失措或者走错路，如果那样是非常危险的。虽然我们现在走得慢一些，但到最后还是成长起来了。慢慢地，我们的分校系统、集团的项目系统，都形成了比较完美的配合，才有了今天的成就。在这个发展过程中，你也能看到新东方的发展路径，比如英语学习部后来被拆散并入了其他四大项目中心。这么做的原因就是，我们已经有了少儿段、中学段、大学段、出国段的区分，而这四大中心最主要的项目就是英语学习，那再专门成立一个英语学习部，毫无疑问就会发生招生冲突、项目冲突。

不过现在新东方还有英语学习部，只不过是归到了大学考试部。因为少儿部、中学部和国外部把各个年龄段的英语学习的工作已经做完了，剩下的大学生非考试类的英语学习也是一项比较大的需求，所以将其归到大学部刚好可以紧密结合。这就是随着企业需求的改变，不断调整的过程。

前途出国咨询
是如何起来的

讲完了新东方的项目中心，我们再来讲讲新东方的其他业务。

新东方的出国咨询业务还真是源远流长。1996年，徐小平回国以后，主要做了两件事情，第一件事就是负责新东方曾经的移民部。这个我前面也讲过，移民部后来之所以被取消，就是因为不符合新东方的理念。在新东方的理念中，年轻人出去学成以后，必须回国，为祖国发展做贡献。所以当时我们的口号是：出国留学的桥梁，归国创业的彩虹。但是移民是把人移出去后就不回来了。所以我觉得，这个业务虽然能赚钱，但是不应该是新东方的核心业务。

徐小平当时做的第二件事就是负责出国咨询，这也是一件大好事。学生出国的时候遇到困难，签证拿不到，出不了国，就会来找徐小平咨询。当时徐小平提供的出国咨询大部分是免费的。在提供咨询的过程中，徐小平还出了对学生有指导作用的书籍。可以说，徐小平迄今为止写书最密集的时期，就是那个时候。

当时新东方的出国咨询一直是免费做，学生有需求就帮一把。新东方一直没有把它当成重点,当时我们认为,出国咨询这项业务好像也不需要变成重点。因为当时新东方的出国考试培训做得很兴旺,其他英语培训业务也不错。

但是,在这个过程中,市场上已经悄然兴起了出国咨询的大业务。当时,英国和澳大利亚这两个国家积极吸引留学生去读书,甚至还把这变成了一个产业,即凡是能帮它们招留学生的人,都给予佣金的回报,比如说学费的15%~20%。当时中国出了一批这样的留学公司,比如今天还存在的金吉利之类,就是那时出现的留学公司。这些留学公司是在新东方完全没有觉察的情况下发展起来的。当时,新东方专注于帮助学生考过托福以后到美国去留学,英国、澳大利亚都不在新东方的视野范围内。尽管当时新东方已经在做雅思培训,但也只是把它当作一项培训业务来做。

这也是我在商业上的不敏锐导致的。等这些留学公司把英国、澳大利亚各个大学的独家代理权都签完了,新东方才意识到这个问题。等我们再去跟英国、澳大利亚的大学去谈的时候,人家说我们在中国已经有代理了,而且都是独家代理,不可能再跟你们合作了。当时,到美国自费留学的业务还没有起来,所以这就等于新东方丢掉了那个市场。而且当时,业务是大家分头负责的,徐小平负责出国留学咨询这项业务,他当时也没有想到要去做这个市场。

直到快要上市的时候,新东方还在做一些出国咨询的边边角角的业务。当时徐小平已经不做了,他说:既然我们已经快要上市了,而且现在已经是集团化运营了,那就由你们来做吧。可是那时负责出国留学咨询这项业务的人,没有太多的闯劲儿和冲劲儿,做了两三年,才做到两千万元人民币的规模,而同期的金吉利和启德留学都已经做到了几亿元的规模。所以后来新东方董事会就开会决定,把这项业务关掉算了——既然新东方做不起来,那为什么不把它关掉?而且,这项业务每年还亏损三四百万元。但是我觉得,这是一个新东方产业链的问题,也就是一旦把这项业务关掉,新东方就永远跟出国留学咨询无缘了。而且我当时深刻地意识到,中国的家长们对于孩子出国留学,并不知道应该怎么做,既没有给孩子写英语申请的能力,也没有指导孩子去联系国外大学的能力。我当时还在想,随着中国经济的崛起,尽管我们丢掉了英国、澳大利亚的市场,但美国的大学我是深刻了解的,它们是不可能跟中国任何机构签独家代理的,因为美国大学绝对不会说你帮我招生,我给你一笔钱,这不符合美国的价值体系。所以我预料到,中国学生到美国去读本科这个市场必然会兴起,而这个市场的兴起必然会促使中国大量本来想把学生送到英国、澳大利亚的家长,把学生转送到美国。但是由于美国大学不可能给我们返佣金,所以我觉得我们迎合家长的需求来向中国家长收取咨询费这件事情是能够成立的。

这个预想后来被证明是对的。当时新东方董事会要把出国咨询这项业务关掉的时候,我说:不要关,这个业务我们要继续做下去,如果最后还亏损,亏损的钱由我个人来承担,如果业务做好了,归新东方所有。当时,我下定决心要把这块业务给做起来。

但是要想把这项业务做起来,必须符合两条商业逻辑。第一条就是，你进入的市场一定是有前景、有发展的市场，得有商业模式。不管现在有没有，但至少你能发掘出来，而且一旦发掘出来人们就离不开它的这样一项业务，你才能去做。

第二条商业逻辑就是，有市场前景的商业必须要靠真正的人才才能做起来。如果你不是人才，进入了这个领域也是没用的。大家都知道培训领域，不管是面对中小学的K12①培训、出国考试培训，还是其他职业培训，都有现成的市场，但是有的人能把它做出来，有的人就做不出来。全国有几十万人在各种培训市场进行试水，但是也有几十万人已经离开了培训市场，没有把它做出来。这就是因为，尽管市场在，但是人才不对。

在做新东方出国考试培训业务的时候，我就在思考两个要素。第一，市场是没有问题的。这些年来，中国的留学生人数从几万变成十几万，现在已经快变成几十万了。从留学方式上看，从大学生留学拿奖学金变成自费留学，后来又扩展成中学生自费留学；留学的国家从自费留学的中学生只能到英国、澳大利亚去，到后来美国大学也对中国学生开放——我觉得留学这个市场是必然存在的，老百姓有这个需求。

第二，谁能把它做起来？我觉得，原有的管理队伍是绝对不可能把出国咨询做起来的，只有顶配人才才能把它做起来。找遍新东方的顶配人才我发现，能把它做起来的，是既能够调动资源，又对国外情

---

① K12（Kindergarten through twelfth grade）是教育类专用名词，是学前教育至高中教育的缩写，现在普遍指基础教育。——编者注

况非常熟悉的人,而这种人才在新东方屈指可数。我觉得我自己只能算是半个。后来,我的眼光瞄向了新东方当时的财务副总周成刚。周成刚老师在国外待过,自己也留过学,在新东方既管过学校,又管过国外考试的业务,现在作为新东方常务副总,调动资源是毫无问题的。所以我就跟周成刚说,你能不能作为集团的常务副总,去兼任集团的总裁,去把前途做起来?

当时,还有一个小插曲。就在我们谈论新东方要不要做这项业务的时候,启德找到了新东方。启德到今天在中国还拥有规模比较大的出国咨询业务。启德找到新东方说:我们不太想做了,你们把我们买走吧。当时我想的是可以把它买进来,因为新东方本来就没有这项业务。尽管当时启德有三分之一的业务其实已经进入了培训领域,我们可以把它并到新东方培训机构来。而启德的出国业务还包括帮英国、澳大利亚等地的很多大学独家招生,是有价值的。但是由于对方开价20亿元人民币,我们就犹豫了。

我跟周成刚商量了一下,问他:如果我给你一笔钱,你能不能把前途的业务做起来?周成刚说:能做起来,给我点时间。所以最终,我们决定自己做,周成刚当了前途公司的负责人。

一上来,我们就确定了一个方针,就是先从美国业务做起。当时,中国的中学生到美国去读本科的市场才刚刚兴起,其他人还没有看到苗头。我说我们就做美国业务,而且是收费做。我们要告诉中国的家长:你愿意把孩子送到美国的好大学去读书吗?我们可以帮你做,但是要收费。就这样,我们以美国业务为切入口,打开了新东方出国咨询业务的市场。

除了周成刚以外，我还必须引入更多的人才。周成刚是吸引人才的一把好手，而且他本人的气质又特别高大上，所以他用自己的智慧和魅力吸引了一大批在国外留过学、经验很丰富的名牌大学毕业生。新东方的出国留学咨询部门一下子聚集了哈佛、耶鲁、牛津、剑桥等世界名牌大学的毕业生，为中国学生提供相对高质量的出国咨询和辅导服务。

新东方的前途出国业务从2000万元的规模起步，用了差不多10年的时间，发展到了十几亿元的规模，覆盖了全领域的出国咨询市场，包括欧洲、亚洲的市场，英国、澳大利亚的很多大学后来也转头和新东方签订独家代理协议。在这个过程中，我们一直把出国咨询业务当作推动学生向更高的人生境界发展的业务，我们也对自己进行了严格的规范，就是一定要帮助学生发挥自己的优势，而不是去帮助学生编造自己的优势——努力使学生的出国之路走得踏踏实实。

在把大量学生送到世界的各个优秀大学去读书之后，我们依然进行后续的指导。新东方今天的业务已经延伸到了对学生在大学留学期间的学习、考试、作业、论文的辅导，以及同学之间的教学奖励和课堂笔记的分享，以使学生们在国外的留学之旅更加顺利。

新东方在线，
发展过程中的是是非非

新东方的在线业务，应该算是全国最早的在线业务之一。新东方在线成立的时候，全国最普遍的在线辅导依然是电视辅导，也就是电视大学。当时中国的网络其实还不是那么发达，通过电脑来上课，尤其是上视频课，会出现各种不通畅的情况。但是当时我们意识到，未来在线教育是会给人们带来方便的教育形式。2000年，互联网在全球发展迅速。但是到了2001年，世界互联网领域爆发了断崖似的危机。当时新浪等已经在美国上市的公司的股票价格从几十美元一下子跌到了一两美元。互联网世界在那时就是这么忽冷忽热，谁也不敢冒进。

2000年新东方在线成立的时候，我觉得这是未来发展的一个方向，而且当时我意识到仅靠新东方自己来做这件事情还不够。当时，联想成立了很多在线公司，也投资了很多在线公司，其中最厉害的一家叫作FM365，它一度有望能跟新浪、网易、搜狐相抗衡。当时杨元庆坚持走在线战略，而新东方也想进入在线领域，所以和联想一拍即合，在之后不到一个月的时间，联想就把5000万元人民币打到了新东方的账上，跟新东方联合成立了新东方在线教育公司。当时新东方一分钱不出占 50% 的股权，联想占 50% 的股权，于是我们开始把线下的内容往线上搬。

这样，也就意味着新东方正式进入在线教育领域。

当然非常遗憾的是，到了 2002 年左右，联想把在线战略给放弃了，因为当时它已经投进去了几亿元，却发现根本做不起来。2002 年以后，联想决定退出在线教育，对我们说："俞老师，我们想要退出在线领域，觉得在线业务不是我们联想想做的，我们还是继续做硬件，把电脑造得最好吧。我们知道我们投资给新东方的钱还没有花掉太多，就退给我们吧。"我说："退当然可以，可你们打算怎么退呢？毕竟一部分钱已经花掉了，原则上你们不应该把当初投入的钱都拿走，而且这个公司现在也不值钱，所以你们把剩下的钱拿走行不行？"他们说："哎呀，新东方也不缺钱，就把我们给你们的 5000 万元给我们就行了。"后来我一想，都是老朋友了，而且我特别敬重柳传志，就说：那就把 5000 万元都还给你们吧。新东方还是挺大气的，不光把 5000 万元还了，还把银行账上存下的利息也都给了联想。

这么一来，新东方在线教育公司就变成新东方自己的了。当时由于互联网行情忽冷忽热，新东方也不敢投入太多，所以就循序渐进地发展，也上了不少课程，卖了一些钱，销售课程的钱刚好能够支付新东方在线教育公司员工们的工资，所以并没有亏损。说到这，我觉得大家可能会发现，我是一个不爱冒险，也没有雄心壮志的人，所以今天新东方很多地方的业务落后也跟我的个性有关。但是反过来说，新东方到今天还能够健康地存在并且有序地发展，跟我的这种个性也是有关系的。

当时，新东方在线的负责人叫钱永强，他也在寻找新的发展机会。刚好那几年正值中国电信业务大发展，推出彩信。而推出彩信就需要大量的内容，移动、电信、联通它们自己做不了内容，就得去买。所以，它们周围就成立了一大批SP（service provider，服务提供商）公司和CP（content provider，内容提供商）公司，CP公司负责到处去寻找内容。当时，新东方在线也在移动上推出了一款英语产品，叫作"新东方在线英语"。这款产品需要用户点击进去购买，比如一个月付5元，这有点像今天的视频平台，一个月付十几元就可以无限制地去观看各种视频内容。但当时中国移动要不就是打包，要不就是让客户自己点击购买。而当时点击购买还是非常困难的，因为没有便捷的支付手段。当时的支付手段比较落后，于是就把费用绑在客户每个月支付的电话费中。当时，很多中国手机用户不知不觉就被扣了很多钱，包括我自己。因为它在扣钱的时候，并不会告诉你扣的是什么，相当于把你绑定了。

当时，在线的管理团队做着做着就发现，客户点进去看英语内容的很少，觉得不赚钱，就开始动歪脑筋，就推出各种各样的彩信，甚至还出现了黄段子。我发现以后就说：这跟我们新东方的文化氛围完全不符啊，怎么能干这种事情？这样做最后会出问题的。其实当时很多公司都在这么做。后来，监管部门突然下令，再不允许移动、联通、电信用下面CP公司提供的乱七八糟的内容，一是内容太乱，二是里面的灰色收入太多、腐败丛生。因为这件事，中国的三大运营公司和一些 CP 公司的管理者都受到了惩罚，因为这里的腐败太多了，随便黑老百姓钱的行为太多了。

当我知道他们在做这件事情以后，我的第一感觉就是绝对不能去做这种昧良心的事情。但是这个团队已经尝到了甜头——当时他们经常一个月能收入几百万甚至上千万元，整个团队已经陷进去，出不来了。我还不是一个见钱眼开的人，坚持说：这件事情不能做，你们非要做的话我们就分道扬镳，我连股份都不要。后来，这个团队就真的拆分出去了。也就是从 2005 年开始，我就要求公司变成一个纯粹的做教学内容的在线公司，这就是今天的新东方在线公司。

尽管迄今为止，新东方在线公司也只有不到十亿元的规模，但从此以后团队严格按照我的要求，只做教学内容。也许这样做让新东方错失了发大财的机会，但是也规避了巨大的风险。从这个意义上来看，我一直坚持的原则是对的：做事情必须要正，必须做好的，违法乱纪的事情绝对不做。我觉得这个原则冥冥之中救了新东方好几次，包括 2012 年浑水公司攻击新东方的事件。当时它指责新东方财务数据造假，我看了以后哈哈一笑，因为我 20 年前就下了命令，不允许新东方财务数据造假。这都是坚持原则的事情。

公司拆分以后，新东方在线就更名为 Koolearn。当时，新东方有一个定点项目叫酷学酷玩，意思是学习就应该是很酷的事。"酷"这个词当时刚好兴起，把它从残酷的"酷"的意义中分离中来，变成了单词"cool"的翻译。美国的小孩们一看到好玩的东西就会说"cool"，翻译成中文就变成了"酷"。当时，我把酷学翻译成了"cool learn"。接下来它也变成了新东方在线教育的品牌名称，一直沿用到今天。

新东方在线教育在一定意义上是取得了成功的。因为我们用在线教育弥补了线下教育的不足，使更多的人能够随时随地地学习。平台也由电脑端转移到了移动端，但是，我们的在线教育也存在很多问题。第一个问题就是我的决策失误。我一直认为在线教育是新东方主营业务的一个补充，结果对在线教育提出了两个要求：一是没有必要无限制的投入和发展，我们不做亏本生意；二是要求在线教育赢利。不管哪个在线业务，如果以赢利为目标的话，规模是一定做不大的，想做大你就必须进行大量投入。其实，新东方在线教育到今天为止还算是保持了健康又有盈利的状态的，只是它的规模和发展速度并不理想，它在发展中错过了很多良机，所以这是比较大的遗憾。

第二个问题就是我们把在线教育铺得太开。从学前业务到中学业务，再到大学业务，从出国业务到国内业务，所有业务新东方在线全部都做，这完全是新东方线下业务的照搬。这就等于说，在线业务没有创新，存在着对矛盾忽视的情况。如果人们都在线上学习，那么线下学习的人数就会减少；线下学习的多了，在线学习的人数就会减少。两边不能形成协同教育，因此就变成了一种打架的模式。这也限制了在线教育的发展，导致新东方在线教育的发展速度相对缓慢。

那最后，在线教育的精华是什么呢？是抓住一个领域内的一个点进行另类突破，这样才能够使在线教育迅速发展。另外，还要用资本的模式来发展。因为资本可以进行大规模投入，而上市公司进行大量投入就会被计为损失和亏损。总而言之,几个方面的战略失误导致了新东方在线发展的现状,这些问题我们已经意识到了。现在,新东方已经启动了在线教育的上市流程。我刚才讲的这些问题未来一定能够得到纠正,新东方在线教育也会迎来它的春天。

大愚出版，
为新东方品牌助力

现在，大家在市面上还能买到不少新东方的图书，尤其是英语学习辅导书，还有我出的词汇书，光我个人出的词汇书这十几年来的销售量已经数千万册。所以，大愚文化作为新东方图书的出版部门，为新东方的品牌发展起到了重大的作用。大愚文化是怎么成立的呢？为什么要叫"大愚"呢？其实，"大愚"就是大智若愚的意思，或者说是大愚若智。不管是大智若愚还是大愚若智，总而言之，我们希望自己像愚公移山一样，踏踏实实地去做事情。

新东方创办大愚文化的想法早于 2000 年。当时，我觉得中国的互联网还不是那么发达，学生学习应该有一本特别好的英语杂志，就是学英语的杂志，然后想着想着我就做了起来。当然，中国的企业是没有资格自己做杂志或者出版图书的，一定要跟杂志社或出版社联合起来做。而当时，我刚好认识一个在《大学生》杂志社工作的年轻姑娘，她叫仲晓红。后来，她成了新东方大愚文化的创始人和总裁。我就跟她说：如果你对到私企工作感兴趣的话，是不是可以到新东方来帮我做一本《新东方英语》杂志?她居然答应了。在她来新东方以后,我们又找了一家杂志社合作,于是就有了《新东方英语》杂志。这是新东方大愚文化的起源,当时这个部门还没有叫大愚文化,也没有成立公司,只是作为新东方的一个部门存在。就这样,《新东方英语》杂志诞生了。

紧接着,新东方又开启了图书出版。这条线是由我发起的,因为我突然发现,书出来以后,如果你自己有发行渠道的话,可以发行得更多,当时,我就跟世界知识出版社合作,出版自己的书。书仅在新东方学生中销售,就能卖出几万册。毫无疑问,这是一个特别好的发展路径。我个人的书卖得好,新东方其他老师也觉得自己的书可以这么出。当时,跟进的第二人就是胡敏,新航道的创始人兼CEO,他当时在新东方负责国内考试。之后,他就开始大量出自己的书,所以就有了新东方图书出版跟出版社的合作。但是当时,新东方图书出版跟杂志是两条线。

随着事情的推进,我发现这两条线应该合并在一起,把它变成一个公司来运营,这样的话会更加规范,也更有发展前景,这个公司后来就叫新东方大愚文化。公司成立以后,新东方就把图书和杂志放到了仲晓红一个人手里来掌管,开始了图书出版和杂志发行的历程。

当时,我们做的只是新东方的英语,而且只在新东方内部进行发行。但是随着这项业务走向正轨,新东方大愚文化的员工们逐步开拓了图书发行渠道。新东方的图书开始在各个渠道出现。到今天为止,新东方的图书业务已经发展到了年销量超过两千万册的规模。图书出版从最初只出考试辅导类图书,扩展到了中小学英语学习图书、成长图书、中文励志图书。它的业务模式也已经从仅在国内出版扩展到授权海外出版。同时，它还形成了线上、线下的模式。比如，今天的新东方大愚文化，除了纸制图书的出版以外，还有一个叫作"书加加"的互联网 App，读者只要付一定的费用就可以进去听到某本书的作者对于这本书的讲解，或者新东方优秀老师对于这本书的讲解和介绍。一个立体化的内容出版机构就这样形成了，由音频内容走向视频内容，由文字内容走向体验性内容。这也成了新东方业务的新发展。

毫无疑问，在图书业务发展过程中，我们坚守了一个重要原则，那就是内容为王。因为在本质上，新东方是一个内容服务公司，就像我刚才讲到的泡泡、优能一样。如果纯粹搞运营、背后没有内容的话，那么无疑是留不住用户的。所以在新东方图书发展过程中，我一直强调必须精选内容。

迄今为止，新东方大愚文化不管是通过什么载体出版什么内容，都是中国外语教学和学习界的精品，很像我们现在做的"蛋壳来了"和"精雕细课"这种新内容平台。我们的追求也是必须提供真正能让学生有长进、对学习有帮助的重要内容。

第八章

瞻前顾后

业务发展到一定程度，新东方逐渐面临着进一步转型的问题。于是，转型过程中要做哪些业务、该怎么做，就变成了新东方新的发展主题。我们都知道，一家企业的发展是一个不断迭代的过程，会不断有新的商业模式、新的消费人群、新的机会出现。而这些机会中有的可能是陷阱，企业一旦陷进去就会失去发展先机。迄今为止，整个教育领域一直在这样的过程中，瞻前顾后、曲折前进。

而且新因素的出现，也会使这个领域发生天翻地覆的变化。比如：互联网的出现就使教育领域发生了重大变革；紧接着，人工智能的出现也会使教育领域的方法论发生比较大的变化。总而言之，这是一个使人瞻前顾后，却不是犹豫不决的过程。对于一家企业来说，既要看到身后走过的路径、全面考虑各方因素，还要顾及后续发展、如何布局的问题。我把它用自己的感悟来理解了。

下面，我逐一来讲一讲。

新东方业务布局的
亮点和失误

讲到现在为止，大家已经大致看到了新东方业务布局一路走来的过程。其实，这里面也没有什么很奇妙的东西，就是一点一点做起来的。因为一件事情做成了以后，讲起来自然会带有很多传奇色彩。就像《中国合伙人》这部电影，大家觉得很好看，但我们真正做业务的过程是一个每天殚精竭虑、反复思考、反复折腾、反复犯错误，再纠正错误的过程。但只要大方向正确，这项业务还是会有很好的发展机会的。

关于大方向，我认为有以下几点需要注意：第一，要重视这个市场，因为这个市场确实存在；第二，要为市场提供更好的服务；第三，要把服务品牌建立起来，让老百姓信任你的品牌。新东方到今天为止能做得比较成功，就是因为"新东方"这个品牌可以让人放心地把培训交给我们做。

从整体上看，新东方的业务布局还是非常不错的。新东方到现在依然是全国业务布局做得最全面、最完整的培训机构。因为大量培训机构的业务都是单向的，要么只做中小学业务，要么只做出国业务，要么只做幼儿园业务，要么只做出国咨询业务，而新东方这些领域几乎全都涉及了，而且在大部分领域我们做得都是不错的。所以，从这个意义上来说，新东方拥有全方位的业务布局。

新东方的业务布局和发展路径主要有以下四种：

第一，新东方是从大学生模式开始做起，后来成功地开拓了小学生业务，并且在大学生、中学生、小学生业务上全面开花，都做得非常不错。

第二，授课方式从大班模式走向小班模式，后来还采用了一对一模式，逐渐形成了今天的大班、精品班和一对一这三种模式。这个过程也是很不容易的，因为这三种模式需要的服务是不一样的：大班模式不需要太多的服务，而精品班模式就需要非常好的跟踪服务和系统知识，一对一模式需要完全个性化的辅导。这三种业务模式在新东方能够共存，并且能够发展良好，对新东方的管理也是一项重大考验。

第三，从单向的出国考试培训业务做起，到后来覆盖全方位、全年龄段的英语学习。这个做起来就比较难了，因为面对孩子和面对大学生需要的心理准确和配备的人员素质都是不一样的。除了英语，在数学、语文、物理、化学等学科，新东方也出了一大批特别棒的老师。很多高考状元也都来自新东方。这也是一次非常难的转型。但是每一次转型，新东方都做得非常不错。对于今天的新东方，大家可能不知道的是，其他学科业务的收入加起来和英语业务的收入刚好是一样的。

第四，从培训扩展到很多周边业务。我前面讲到的出国咨询、国际游学、在线教育、图书出版等都是新东方不断发展的业务链的延伸。这些业务从管理方式、人才配备、商业运营模式上来说都是完全不一样的，所以新东方能拓展这么多的周边业务也是非常不易的，包括我们今天的幼儿教育业务。到现在为止，新东方有了几十所幼儿园，做得非常不错，而且出了很多产品。之后，我们又走向了国际学校教育。

新东方的产业链和生态链布局的投资、融资和控股做得不错，周边业务发展得很好，每一个系统内的产业链布局也都已经初现端倪，这都是新东方业务发展中布局不错的地方。

但新东方的业务布局中间也出现了很多问题，比如我前面讲到的新东方在线教育。其实，新东方一直把它当作从属业务，没有把它当作主流业务。真正提出来要把在线教育作为新东方第二个重大平台，是在2018年年初。所以很明显，新东方在新业务，或者说有发展的前瞻性业务中的布局能力和战略思维能力是不清晰的。这就导致新东方的一些业务发展滞后。比如在人工智能和英语学习的结合方面，新东方的布局能力就不够好。

新东方在教育和其他产业领域的结合这方面也有几点不足。第一，新东方到现在也没有形成系统性的战略思考。这是一个很明显的短板，这就是说，新东方对于新业务的战略和发展思维是不清晰的。第二，即使我们认为新业务值得去投入，可我们的资源投入也往往不足。举个简单的例子。其实，新东方在20世纪90年代就进入了职业教育领域，那时，职业教育具有非常大的发展空间，那为什么到今天新东方只能靠投资进入这一领域？比如，上市公司达内教育背后的基石投资人就是新东方。那是因为新东方已经进不去职业教育领域了,所以只能在边上沾一点光,只能这么说。

为什么会这样呢?因为新东方虽然有时看到了新的业务线,但是资源投入往往不足,不愿意投钱。当时,新东方往职业教育领域投入了2000多万元,职业教育中的司法培训、公务员培训、电脑培训都已经有些起色了。可大家一算,这项业务每年要亏损一两千万元,于是觉得不划算,就赶快关掉了。这样一来,资源投入就不足,进而导致新业务的发展不到位。

第三,对新业务的人才投入不足。新东方有一个毛病,这也是我的毛病:往往不是调新系统中最优秀的人去做新业务。那调的是哪些人呢?是在传统业务中已经被边缘化了,或者说做得不那么出色的人,我们给他找新岗位时,往往就找到了新业务。所以,在新东方就出现了一个奇怪的现象:往往不是派最强、最优秀的人去做新业务,于是就不敢去投入资源,那资源投入不足,自然也就做不大,而大家又会反过来认为这项业务没有发展前景,所以干脆把它关停。这样就形成了恶性循环。反过来看,像前途出国一样,一上来就把像周成刚这样的常务副总调去,做不成他自己面子上都过不去,于是前途出国咨询就被做成了新东方最大的业务板块之一。前面我还提到了一些女将,为什么这些女将能把这些业务做起来呢?我发现这主要有两个原因:一是我们当时对女将们的收入增长没有那么高的要求;二是女将们本身做事情比较小心,很少冒进,所以能够把业务一点一滴地推着往前走。所以今天来看,女将们做的一些新业务,已经成了新东方的部分主流业务。新东方的女将主要有：在线教育的孙畅、大愚出版的仲晓红、国际游学的刘婷、泡泡少儿的谢琴、优能中学的推动者和发展者罗娉，以及今天新东方幼儿园的老板周佳。所以大家可以看到，新东方的女将们也创造了新东方一系列的新业务。

总而言之，你会发现新东方在新业务布局方面存在一些问题，这也可能是我自身存在的问题，就是我不敢全力以赴地去做新业务，总是在那儿尝试，而且有时候用人也不到位，因此一些新业务要么还没发展起来就落后于形势了，要么就是做着做着做没了，于是就形成了新东方布局中间的一些失误。

直到今天，新东方的系统化、标准化依然没有做好，这又是为什么呢？是因为我们在这个方面投入得非常不够，在挖掘全国乃至全世界最优秀的人才这方面的魄力也不够。而这直接导致了我们的很多遗憾。当然，我们现在已经意识到这个问题了。未来，我们还会进一步做更好的布局。这是后话了。

新东方的电脑培训业务为什么做死了

刚才讲新东方布局的时候,我提到了电脑培训业务。大家都知道,电脑培训在中国是一个很兴旺的业务。比如达内做电脑培训后来就上市了,新东方还是它的投资人。目前,还有很多跟电脑相关的培训业务和职业培训业务在中国蓬勃发展,但是新东方在这些业务上已经失去了发展的机会。未来,如果我们还想进入职业教育领域的话,可能唯一的路径就是投资和兼并重组了。为什么新东方当初会做电脑培训呢?其实,这项业务不是新东方的主营业务,也不是新东方的战略布局。新东方常常是因人思事,也就是说,因为有某个人在那儿,我们才去想一件事情。那这个人是谁呢?就是王强。

王强被我挖回到新东方以后,先是跟着我做英语项目,做得风生水起。后来,新东方业务扩展,有了图书等业务,王强说:我还可以做点其他业务,我是学电脑出身,中国现在需要那么多的科技人才,我来做电脑培训吧。这就是新东方电脑业务的起源。当时,我们还单独成立了一家子公司,王强老师拥有这家子公司 60% 的股份,我们其他人拥有 40% 的股份。

　　但是很明显，王强老师是没有这个精力自己一头扎进去做电脑业务的。因为原来的英语业务已经让他忙得不可开交了，电脑培训业务只能请外面的人来做。外面的人是作为职业经理人进来的，毫无疑问我们在这方面的投入和努力是不够的，于是马上又出现了另外一个问题：由于电脑培训业务的目标人群跟新东方原有的大学生、中学生英语学习人群完全不同，因此没有办法从新东方原有的资源借力。大家都知道，一个企业开展一项新业务，需要满足两个条件：一是要跟原有业务有密切的上下游产业链关系，这样就可以互相支持；二是和原有业务能够资源复用，比如目标人群可以复用。以泡泡少儿为例，其语文、数学项目能够做起来，是因为它们的目标人群跟学习英语的人群是完全相同的。再比如优能，优能中学的数理化能够做起来，也是同样的道理。但参加电脑培训的人群与原有业务的人群不一样，不能实现资源复用，所以做起来比较难。

　　因人思事，当时我们没有想太多，也没有考虑好职业培训在新东方未来的战略布局中的位置，对未来的业务有什么样的推动作用。如果它是新东方学科培训之外的第二曲线增长点的话，那当时整个电脑培训市场在中国到底有多大的容量？对此，我们完全没有调研。也就是说，在这件事情上，我们做得非常粗犷，仅因为王强说自己是学电脑的，所以就做了电脑培训和软件培训。因此，这项业务跟新东方的主营业务没有太大关系，目标人群不重合，业务模型、商业模型也不一样，最后形成了完全独立发展的局面。当时，这项业务唯一能借的力就是"新东方"的品牌，但大家对新东方的认知就是新东方是一家进行英语培训的企业，电脑培训不光跨学科，而且还跨了文理科的分界线，能不能把这项业务做好是个未知数。尽管我们当时也招到了一些学生，年收入也能达到两三千万元，但是再往下做的时候，觉得困难很大。这两三千万元的收入基本花完后也没有什么利润。这样一来，大家的心思也不放在这项业务上了。包括王强本人，他的心思也是放在英语培训上的，因为当时英语培训的盈利能力和发展前景明显比电脑培训好很多。

我讲这个故事就是想说明一点，如果你想做的业务和你的主营业务没有太多的瓜葛，在资源、产业链上又不能互用的话，那对这样的业务就一定要小心谨慎。所以到新东方上市之前，电脑培训业务虽然还在，每年还有两三千万元的收入，但是没什么利润。后来，新东方要上市，这一业务没有办法向股东解释，因为它不是一个有前景的业务。最终，电脑培训业务成了新东方的累赘。最后，我们决定以零价格把这项业务转让给管理层，也就是把全部股权转给了管理层。

电脑培训业务被剥离出去以后，等于和新东方没关系了，新东方也就没有太关注这个领域。但是就在这个时候，达内开启了一个新的商业模式，那就是面对找工作困难的中国二三类本科毕业生，对他们进行为期半年左右的封闭培训，让他们变成最好的软件工程师，最后拿到高薪。通过这样的模式，达内从零做起，后来收入达到了十几亿元，且在美国成功上市。所以，电脑培训业务实际上是有需求的，只不过新东方一直没有找到这个模式。

如今，这个模式再往下延伸的时候，又有了一个巨大的市场，就是中国的少儿编程市场。其实，这个市场与成人电脑培训市场是连在一起的。今天，少儿编程市场已经拥有几百亿元，甚至上千亿元的规模。随着中国和世界对科学技术的重视，尤其是在现在所有人都离不开科技的情况下，这无疑又变成了一个巨大的市场。

回过头来，新东方已经成立了 Steam 小组，也就是学生科技学习小组。于是，编程入门和少儿编程的培训业务，又成了新东方的重点业务。因为我们认为，未来，对于 12 岁以下的孩子们来说，除了英语、数学、语文这样的必学学科之外，科技知识也是一项重要内容。而科技知识一定是以编程为核心的，新东方在这方面依然还会有机会。而对于成人职业领域，新东方的布局宣告失败了，并且告别了这个领域。

总结一下就是：因人思事，既不是战略布局，也不是真正的市场行为。而且当时的商业模式也不明朗，这也导致了新东方电脑培训业务的消亡。所以，并不是每个业务都能做出来，也不是你想做就能做好的。总而言之，大家可以看到新东方做了很多尝试，在这些尝试中也积累了很多经验和教训。这些对新东方未来的发展，都是非常宝贵的。

为什么新东方在 10 多年前就开始做家庭教育

除了电脑培训，新东方还做了一项不算业务的业务，那就是家庭教育。2018年，是新东方做家庭教育的第11个年头，而且这些年来新东方一直做的是公益性的家庭教育。并不是因为家庭教育不能商业化，不能收费。只是这项业务原来不成熟，现在开始成熟了。那新东方为什么要做家庭教育呢？这件事情要追溯到我自己成为父亲后。为人父的我突然发现家庭教育对于孩子的成长来说，实在是太重要了。现在，我可以比较自信地说：在一个孩子健康成长的过程中，父母的作用占到了80%左右，学校的作用占到15%左右，而社会的作用占到5%左右。也就是说，父母如果能把孩子的成长要素把控好，那么孩子的健康成长和发展就有了很好的保障。孩子为人处事的方式、道德水平、性格特征、是否好学，是否具有钻研精神，是否具有克服失败和困难的勇气等所有这些重要因素在很大程度上来自家长的影响。

而家长的影响主要通过两个方面来进行。第一就是家长的言传身教，也就是家长自己的行为体系。一般来说，一个特别有男子汉气概的父亲不会培养出太柔弱的儿子,而一个特别有教养的母亲也不会培养出一个不懂事的女儿,这通常就是言传身教的结果。第二就是家长知道如何去规范孩子的行为,给孩子制定原则,制定培养孩子的步骤。比如,有些家长只关注孩子在学校的成绩,完全不关注孩子的身心健康,毫无疑问,这样下去孩子一定会长偏,甚至会出现极端的行为或心理。再比如,有些家长只知道给孩子好吃好喝的,希望孩子身体健康,却忘了规范孩子的行为,结果让孩子变得没有规矩,长大后在社会上处处碰壁。这都是中国家长常犯的错误。

意识到这些问题,尤其是意识到我自己做父亲的不足以后,我首先思考的就是我应该怎样做好一位好父亲。另外我觉得身边很多做父母的,尤其是那些做了父母的80后、90后,更不知道该怎么做。我们小时候还有兄弟姐妹,长大自然懂一些与亲人的相处之道,比如如何忍让、吵架以后如何和好、兄弟姐妹之间如何分享,这些都是在家庭中自然学会的,而现在的家庭缺乏这些,独生子女长大的过程中大多是一切以自己为主。我觉得对父母来说,这些东西可能比孩子本身更加重要。所以我就决定,新东方要成立家庭教育中心,要跟父母接触。当然,当初我们面对的主要是小学生的家长,也就是12岁以下孩子的家长。当时,正好泡泡少儿的负责人谢琴对此也比较感兴趣,所以我们一拍即合,就以泡泡少儿为主成立了家庭教育中心。当然,我们后来也意识到了,家庭教育其实对有中学生和大学生的家庭也是非常重要的,甚至夫妻在孩子还没有出生之前就应该进行早教。所以,这项业务后来变成了新东方一个全方位的体系。

我曾经说过：中国有一半的父母全力以赴地养育孩子，最后却并没有达到自己的预期。这是什么意思呢？就是中国至少有一半的家长，完全不知道该怎么当家长，在宠爱孩子的同时把孩子给宠坏了，既没有让孩子养成良好的生活习惯和学习习惯，也没有培养孩子良好的个性和道德品德。等这些孩子长大了，再想纠正过来是非常困难的。中国有句古话"三岁看大，七岁看老"，我觉得这一句近乎真理，一个孩子在三岁时就养成了他的生活习惯，到七岁时就养成了他的学习习惯和思维习惯。而且，这些习惯是很难改变的。一个孩子养成了各种坏习惯以后，到了十几岁你想要纠正过来，那真是比登天还难。

新东方的家长中心已经有了数百万个家长，我觉得家庭教育既能够纠正家长的一些错误行为，还能够实现新东方的社会价值。因为新东方的其他项目一直进行的都是收费培训，而家庭教育的演讲、讲座都向家长免费。目前，新东方的家庭教育培训每年能够覆盖一二百万家长，尽管都是以听课的方式，但是依然给家长起到了很多启发和带动作用。至少我们觉得这件事情不是一件坏事，同时还能或多或少给新东方带来一些生源。所以通过这件事，我们既承担了一种社会使命和责任，同时又为新东方的发展奠定了一些良好的社会声誉基础，这件事情无疑是值得去做的。目前，新东方每年在家庭教育上的投入高达几百万元甚至上千万元，我每年在全国各地做家庭教育讲座的次数大概几十场，也常常写一些有关家庭教育的文章，但我们依然乐在其中。

总而言之，我想说的是，家庭教育和其他教育是密不可分的。现在，新东方正在探索家庭教育的商业化道路。随着支付手段的发达和内容体系的完善，内容付费已经变成了中国老百姓心中的常态，我们也将会努力吸引全国乃至全世界优秀的家庭教育导师，给中国的家长们讲课。所以从某种意义上来说，家庭教育也是新东方教育体系的一个重要组成部分，而且是一个长久存在且不断发展的部分。

新东方优能业务的发展和一对一业务的兴起

讲了家庭教育，我们再讲一下新东方优能业务的发展和一对一业务的兴起。我们在前面也讲到了优能业务，这里又专门提出来讲，就是因为优能中学业务已经成了新东方业务中最重要的业务。它已经远远超越了新东方的出国业务、国内考试业务、少儿业务。

新东方中学业务是如何发展起来的，我前面已经讲了一些，就是当初我认为中学生市场前景很好。除了想出国的中学生，国内的中学生其实是更重要的一部分。因为我自己也经历过高考，而且我对提升高中生的分数，有着极大的热情，所以后来就成立了新东方中学业务部。这项业务首先从北京做起，后来发展到了全国。当时，我们对中学生主要进行英语培训，后来发展到其他学科。但新东方在其他学科培训上是没有任何积累的，只能从头开始。我记得新东方在北京分校尝试的第一期数学课，几乎全面溃败，因为学生认为新东方的老师根本就不会讲数学，而且当时我们还让几个数学好的英语老师去讲数学，结果导致了新东方的分类不专业。后来，我们在集团成立了优能中学事业部，这样就把中学业务变成了新东方的一项主要业务来做。

　　成立这个事业部的时候，我们其实什么都没有，可以说是既没有产品研发体系，也没有人才体系，所以这项业务做起来比较难。但就在这个时候，在新东方中学业务还没有真正奠定好良好发展基础的时候，市面上突然出现了两家规模较大的公司。一家是学大，它是做一对一业务的，而且只做一对一。一对一在我们当时看来就是家教，就是一个老师对一个学生，这是不会产生规模效益的。一个学生一小时能收多少钱？而且把钱付给老师以后，又能剩下多少呢？所以我们认为这是一个分散的市场，没想到学大通过系统化的运作模式，成了一家大公司，最后还到美国上市了。随后，又出现了一家叫学而思的公司，后来改名为好未来。它从数学培训开始，把一对一培训变成了班级业务培训，还进行了奥数等课程培训。我们这才发现，数学市场，尤其是中小学生数学市场，在中国老百姓心目中，是一个比英语市场大得多的市场。

　　但是当时新东方还在专注于英语培训。那为什么新东方后来要进入多个学科呢？因为我们突然发现，这些培训机构在做了数学或语文培训以后，会调头开始做英语培训。为什么呢？因为它们的目标客户都是同一个群体。我刚才讲过一个原则：如果面对的是同一个客户群体，那么你的业务线就是可以扩张的，而且很方便，因为客户可以复用。所以，当发现好未来它们在做数学培训的同时，突然把英语项目也加上去以后，我们就意识到，如果我们不把数学项目加进来的话，那么新东方的学生就会不断地到其他培训机构去学数学，也慢慢地会在那里学英语，因为学生在一个地方能学完两个科目，就不会在两个地方学。新东方曾经的战略方向是只做纯英语的发展业务，就是小学、中学、大学、出国的英语培训，还有相关英语产品。

如果一直坚持这个战略的话，新东方到今天应该是一个纯英语产品公司，在英语培训领域中一定会做得比原来还厉害。但是我们也没有办法，因为不扩展新业务的话自身的业务量将会受限制，别的机构也会倒过来侵蚀我们的主要领地。这样，新东方就只能开始做数学。所以，好未来的发展也给新东方带来了一个非常大的启示：必须进行全学科发展，这样才能够形成一个良好的业务和客户闭环系统。于是，新东方的泡泡业务和中学业务，尤其是多学科业务就变成了新东方发展的战略部署。但这些事情做起来还真是难上加难。为什么呢？首先，新东方没有真正的中学培训方面的专家；其次，除了英语，新东方对别的学科都不懂。所以，我们真是一点一滴做起来的。这项业务做起来后，新东方业务形成了一个双向发展的局面，这也是无意之中出现的，就是以集团项目中心为主，研发各学科的产品，再把这些学科的产品带到学校去落地。而当时新东方最大的分校，北京分校中学部的这群战将也很强，他们在运营和产品结合方面做了非常大胆的尝试。最后，北京分校的中学部得以迅速发展，尤其是在初高中培训领域，迅速赶上了好未来，在一对一领域，学生人数也逐步赶上了学大。

通过总结经验，再加上对项目的研发和运营，我们开始向全国各地推广这项业务。到最后，这个管理团队逐渐变得成熟，也理清了项目发展和系统研究的头绪。所以就这样，新东方的中学业务也开始健康发展起来。

但在这个过程中，又出现了一个问题。因为一对一也好，班级业务也好，虽然都是主要面对中学生的，但这两项业务在本质上是不同的。比如，学大做一对一就不做班级业务，而好未来是以做班级业务为主，也做一对一，但是是用另外一个品牌——智康在做，这等于是把中学业务完全拆开了，因为它可能也意识到这两项业务在管理模式和服务模式上都是不一样的。

当时面对市场上兴起的一对一业务，新东方也想去做，因为觉得这是一个大市场，而且已经出现了上市公司，如果不去做的话就等于放弃了这一市场——老百姓对于一对一业务还是感兴趣的。为什么呢？因为家长对孩子越来越关心，孩子的自主学习能力越来越差，随着游戏的兴起，孩子专注于学习的能力也越来越差，所以家长希望老师看着自己的孩子，让他把作业做完、把课程学好，所以从这一点上来看，一对一现场教学效果更好。于是，新东方内部就陷入了是单独做一对一，还是跟班级业务合起来做的讨论。最后我们决定，把这两个业务放在同一个部门做。

为什么要放到同一个部门来做呢？因为我认为把一对一作为一个独立业务，一定会跟班级业务形成对抗，这种对抗一定会带来成本和资源的消耗，也不利于两部门的配合。但是我们可以把这两个项目变成中学业务的两个分支，一个是班级业务，一个是一对一。当时我还提出了一个策略，就是一对一业务只是班级业务的补充，当班级业务的学生跟不上学校的要求，需要个别辅导时，再把一对一业务做起来。

那么当把这两个业务分支放在一个人手下抓的时候，就能形成这样的合力。所以接着我就做了两个决策。一是在总公司项目中心内，把一对一和优能的班级业务统一为优能，既能做一对一，也能做班级业务；二是在学校层面，他们可以主管各自的业务，但是要有一个主管来对这两项业务进行资源调配。这就让新东方优能形成了双头发展。于是，两支比较强大的队伍就形成了，这样强大的队伍在统一领导下，形成了一个互相配合的局面。

  回过头来看，这样的战略决策无疑是正确的。因为目前新东方的优能一对一业务已经达到了 30 多亿元的规模，这在国内也是领先的，其他机构的一对一业务都没有新东方做得大，而且新东方一对一业务的财务数据也是最好的，利润空间也较大。为什么呢？因为它的资源和其他业务的资源可以互用，这样可以节约成本。同时，班级业务新东方做得也很好，这样就形成了互相配合的局面。随着优能班级业务和优能一对一的发展，中学业务逐渐变成了新东方的支柱业务。这也是新东方做得最好的一个战略决策，就是把一对一和班级业务在中学方面进行合并发展。这个决策不仅使中学业务形成了强大的发展势头，也使学生、老师可以不断地互动。

为什么要限制新东方
一对一业务的发展比例

新东方人都知道：一对一是被俞敏洪"歧视"的一项业务。其实大家可以看到，新东方一对一业务目前做到30多亿元的规模，我并没有歧视它。但是新东方当时发展一对一业务的时候，确实有过这样一个说法：俞敏洪不喜欢一对一，他说会限制一对一的发展。事实上，新东方确实有一个规定，那就是一对一业务的规模不能够超过新东方中小学业务规模的35%。为什么会有这样的规定呢？这主要有几个方面的原因。当时，一对一模式已经成为国内一种风起云涌的业务模式，成了K12培训竞争最激烈的板块。大家为什么要拼命去做一对一呢？其表面原因是一对一收费高。在班级业务中，一个学生最多收一两千元，而且市场营销等做起来也都特别累。但做一对一，你只需针对一个家庭，只要把家长说服了，几万元就进账了。所以，拿下一个家长相当于收了一个班的学生，所有人都觉得这是一个"敛钱"的模式。

当时除了已经上市的学大，还出现了很多一对一品牌，有些培训机构，一收就收三年的学费，有的家长甚至一下就交十几万元。后来有些培训机构就是觉得钱是落袋为安，对于自己的教学质量有没有保障、有没有优秀的老师完全不管，所以一对一领域就出现了乱象。当然，这些乱来的机构，后来都倒闭了。

从本质上来说，我觉得教育领域最重要的就是优秀老师和优秀产品。面对一对一的学生，培训机构需要很多支持才能提供优秀产品和优秀老师。所以随便招来一些大学生，经过两天培训就上岗对学生进行一对一辅导的话，无疑是既损害自己品牌，又损害家长、学生利益的行为。但是，这种现象挡不住新东方不少分校把一对一变成重点业务，有的分校甚至把一对一业务的规模做到了总业务量的70%~80%。为什么会出现这样的情况呢？原因之一是刚才我讲到的，收一个学生的费用就相当于收了一个班的学生的费用，而不管这么做会出现什么问题。

另一个重要原因是，当初新东方的考核体制非常落后，只考核分校的总收入和总利润。也就是说，分校只要把总收入和总利润搞好了就行，至于这些收入和利润是怎么来的，完全不管。这就导致很多校长为了完成业绩任务，大力发展一对一业务。这也导致了新东方一对一业务的泛滥。等到我发现的时候，新东方不少分校已经把一对一的规模做到了分校业务量的百分之六七十，甚至更高。

我突然意识到，一对一业务是存在重大问题的：第一，这项业务需要的人力资源太密集，一个老师只能带一个学生；第二，服务体系太庞杂；第三，如果只做一对一的话，最后利润会被全部吃掉，以致企业不能持续发展。所以我觉得，无论如何都要对一对一进行限制。我一直从心底里这么认为，到现在为止还是这么认为的。在地面业务发展中，班级业务无疑是最健康的发展模式。通过班级业务，学生既能得到最优秀老师的教学指导，学生之间还能够成为好朋友，形成你追我赶的局面。当然，一对一业务也不能少，因为单独辅导更能直击学生学习的痛点，因为有的孩子确实需要一对一的辅导才能够提升自己的成绩。但是我同时认为，不能把它当作主营业务来看，否则最后一定会产生崩盘效应。意识到这个问题以后，我立刻叫停了新东方一对一业务的无限制发展，对所有分校提出了一对一的业务规模不能超过 K12 业务总量 35% 的要求。今天看来，我非常庆幸自己对一对一业务的发展进行了限制。如果当时新东方放任一对一业务发展的话，那很快就会变成一个以一对一为主的培训机构。那么毫无疑问，新东方就没有今天这么好的发展基础了。目前，新东方的班级业务规模依然占了培训业务总量的 70% 以上。毫无疑问，新东方是在正确的轨道上发展的。但是一对一业务作为补充，也为新东方带来了很好的业务收益，促进了业务的全面布局，从总量上来说，也是一个非常健康的业务。

随着与互联网、人工智能的结合，新东方的一对一业务还可以走向更加健康、和科技结合更加紧密的发展轨道。这样，一对一就能跟班级业务形成更加健康的配合，走向更加健康的发展道路。

如果让我对一对一业务做一个总结，那就是不是什么业务来钱你就可以去做什么。一定要在收入的前提下，思考它的商业模式到底会给企业带来什么影响、给客户带来什么影响，以及这个商业模式是不是可持续。只有想清楚这些，我们的商业模式才能够实现可持续发展。

竞争对手给新东方带来的利与弊

我刚才讲到了不少竞争对手,比如学大、好未来等,这些都是新东方的竞争对手。但实际上,在新东方的成长过程中,一直都是有竞争对手存在的。当初我从北大出来做新东方的时候,北大和北京外国语大学的出国考试培训都有几千学生的规模。我出来开的第一个班就是规模很小的十几人的班,所以我实际上面临着强大的竞争对手。但如果没有竞争对手参照的话,新东方也做不到今天。后来在发展过程中,新东方又遇到了很多其他竞争对手,比如少儿业务领域的著名品牌学大、好未来等,还有原来北京的巨人、广州的卓越、上海的精锐等,都是新东方的竞争对手。

那竞争对手到底能带来什么好处呢?我觉得有两点。

第一,竞争对手能够促使你对新的商业模式和业务模式进行考察,让你的思路更加开阔。比如如果没有竞争对手的话,新东方肯定不会做出国咨询业务,不会做中小学全科业务,也肯定不会从大班业务转向小班、精品班业务。所以很明显,这些都是竞争对手给新东方带来的启示，因为竞争对手在不断创新，你看到竞争对手创新，必然也要创新。所以既要有竞争对手，又要有学习榜样，这才是一家企业或一个人发展的必由之路。

第二，由于竞争对手总是想超越你，甚至总是想把你给"摁死"，因此你就需要变得越来越强。大家都知道，一个拳击选手，只有在比赛的过程中，才能够变得强壮。当发现有对手的时候，你会激发自己的活力。就像我们在散步时，发现后面有一个人想要超过自己，你会不自觉地加快脚步。尤其是在跑马拉松的时候，当你发现后面有人快要追上你的时候，不管多累，你都会不自觉地加快脚步。我自己就是这样，比如我在游泳的时候，本来20分钟能游800米，但是当身边有一个人游得比我快的时候，我通常就能20分钟游1000米。为什么会出现这样的情况呢？就是因为你会不自觉地把对方看作你的竞争对手。人都是有好胜心理的，在这种好胜心理下，人通常会变得非常强大。所以毫无疑问，如果竞争对手的能力跟你势均力敌的话，也是一个特别好的现象。我常跟好未来的创始人张邦鑫说：我们是在业务层面友好竞争，战略层面精诚合作。我为什么会这么说呢？就是因为只有遇到棋逢对手的竞争者，才能互相激发活力、互相配合，打出更加漂亮的战役来。

所以，竞争并不一定意味着你死我活。什么时候竞争才意味着你死我活呢？就是当你们把资源已经全部投入，市场又有限，这些投入的资源已经完全不可能得到回报，最后不得不有一方要退出的时候，竞争就变成了你死我活的战争。在这种情况下，你只有两个选择：一是主动放弃,或者你有能力把对方给打败;二是选择竞争对手之间的互相合作。比如滴滴和快的的合作,大众点评和美团的合作,都是出于这样的原因。

那为什么竞争并不一定意味着你死我活呢?因为在一个巨大的市场上,竞争实际上是分散性的,竞争者可以互相学习,不一定要你死我活。比如在餐饮行业,海底捞绝对不可能把全聚德烤鸭打败,因为餐饮市场太大了,你占的市场份额连1%都不到,根本谈不上把别人打败,麦当劳与肯德基之间是一样的道理。教育行业跟餐饮行业也是一样的,市场巨大,而且分散,以至于不管你多厉害,你所占的教育市场的份额最多也就是百分之几。我觉得目前,新东方所占的教育市场加起来,也就是2%、3%,我估计好未来也是这个状态。那在这种情况下,采取你死我活的竞争策略,就是错误的。此时真正重要的是,你怎样通过参照竞争对手,把自己的产品设计、系统设计、商业模式做得更好,打磨得更加锋利,更加能激发自己的创新活力,从而逐步提高自己的市场占有率。因此,教育领域的竞争是谈不上你死我活的。

但是这也不意味着要你纯粹模仿竞争对手,而是要把竞争对手的优势和自己的优势结合起来。有这么一种说法:当通过后视镜看到有汽车追来的时候,如果你一直盯着后视镜,那你的汽车要么会掉到悬崖下面去,要么就会撞上前面的汽车。这种说法的意思是如果你一味地盯着竞争对手,那你就会失去自己的优势。竞争意味着向优秀的对手学习,把别人的长处与自己的优点结合起来,形成自己的独特优势来推动自己的发展。

所以从某种意义上来说，任何一个商业模式，包括新东方，最大的竞争对手一定不是别人，而是自己。当你自己不能创新、不能超越自己原来的观念、不能颠覆自己的商业模式、不能全力以赴进入另外一个发展的业务的时候，当你看不清这个世界上大的市场形势以致犯下方向性错误的时候，才是你真正失败的时候。所以竞争对手的存在，使我们既能够树立新的商业模式，又能够树立创新的意识，还能够意识到自己的不足，我觉得这就是竞争对手存在的积极意义。所以我们不要怕对手，也不要怕敌人，正是对手和敌人使我们能够更快地成长，使我们能够更加清晰地看待自己的现状、设计自己的未来。

新东方上市后，
资本市场对于教育的介入

在中国，资本市场和教育的对接可以说是从新东方开始的。在新东方上市之前，国内还没有资本市场对教育领域进行投资的先例。新东方在上市之前，为了赢得上市的资格和资方的信任，主动引入了当时美国的老虎基金，成了全国第一个基金进入教育行业的案例。但当时新东方还没有上市，所以出资方是胆战心惊的，我们拿到钱后也是胆战心惊，因为不知道自己到底能不能上市，到底能不能把这些钱还给别人。

2006年，新东方在美国纽交所成功上市了，这给资本市场带来了一些震动。因为上市以后，新东方的估值达到了十几亿美元，在当时，十几亿美元在教育领域中是一笔不小的数目，不像现在，估值到100多亿美元也还觉得是小钱。这时，所有资本投资人突然意识到：哇，原来投资教育领域也是能赚钱的，中国的教育产业居然也能到美国去上市。

毫无疑问，这是一个非常有潜力的领域。根据行业惯例，只要一个产业中有一家公司上市,后面一定会跟上数十家。那么对于资本市场来说,它要做的是什么呢?既然新东方上市了,已经轮不到我们来做了,那就去找后面这十家公司。当时,资本市场让人有一种"忽如一夜春风来,千军万马涌进来"的感觉。也就是说,资本市场开始到处寻找教育领域的投资目标了。后来陆续上市的学大、好未来,还有后来销声匿迹的安博等其他一些教育公司,就是在新东方上市以后被推出来的。资本找到这些公司,有的找对了,比如好未来,但是有的找错了,因为上市以后公司几乎一钱不值的情况也是存在的。

当时在线教育还不火,人工智能跟教育的结合连原始阶段都算不上,甚至说连影子都没有,所以所有资本就一下子投入了线下教育,于是催生了龙文教育,还有其他一些线下教育公司。但有些公司也被资本给坑惨了。比如北京的一些教育机构,本来自己做得挺好的,也挺大的,结果拿了投资者的钱后就开始盲目扩张,一扩张,水平就下去了,最后越来越小,慢慢就倒闭了。所以资本有好处,催生了一些优秀的教育企业,但也有坏处,"整死"了一批教育企业。

此外,资本还有一个坏处,就是让搞教育的人不再安心搞教育,一门心思要上市,盲目扩张,致使很多老百姓受损。比如卷款逃跑这样的事情在那个时候就有了。而在资本进入教育领域之前,教育领域几乎没有卷款逃跑这种事情。当然后来随着互联网的发展,在线教育也逐渐变成了资本青睐的领域。由于资本是教育领域的门外汉,对教育领域又有重大的期许,所以资本进入教育领域后导致教育走了一些弯路,虽然不可否认的是,教育被资本推动着做了一些事情,出现了一些创新的教育模式。为什么会这样呢？因为有钱就可以创新。

现在，不管是投资界、科技界，还是教育界，都已经达成了一个共识，那就是教育是有内在规律的。所以，资本的规律是不能够完全应用在教育领域的，但是在把真正的教育归类的前提之下，资本是能为教育添砖加瓦的，甚至可以使教育如虎添翼。所以，在教育市场上，到底是教育服从资本，还是资本服从教育，至今还是一个存在争论的话题。但是我觉得，这个争论最后的结果是不言而喻的，那就是在服从教育规律的前提下，让资本为教育助力，而不是让教育变成资本的奴隶。

在中国的教育市场上，我们可以看到，至少有一半教育公司是没有按照教育规律办事的，而是被资本推动着做了很多畸形动作。我常常觉得这就是图一时的热闹，就像当初团购领域的"百团大战"，最后只有极个别企业生存下来。原来一些非常著名的团购公司迅速倒闭了，就是因为资本在背后推动——使很多创始人失去了对商业模式的判断。但是美团的王兴因为有几次创业失败的经历，所以他对商业模式和商业规律有清晰的判断，能冷静地进行布局，这是美团最后能够胜出，变成团购领域大品牌的原因。我认为，在未来的两三年之内，教育领域将会出现巨幅振荡和重新洗牌。那些不按照教育规律办事情、被资本推着走的企业，将会面临巨大的困境，甚至最后销声匿迹。

新东方上市后
走过的弯路

　　上市当然是件好事：第一，上市可以提高企业的品牌知名度，新东方上市之后在全世界的品牌知名度，与以往完全不可同日而语；第二，有了大量的资金和资源，业务可以更加快速地发展；第三，可以推动企业与国际大机构、大公司的品牌合作，因为上市公司是有信誉、有保障的；第四，使新东方的未来能够有更好的基础，吸引更多人才，可以通过股权激励的方式吸引人才加入新东方。但是大家也都知道，上市以后，由于跟资本的结合，也会出现很多偏差。我刚才讲了很多资本的事情，资本自然是有它的逐利性的，而逐利性的存在就决定了大部分资本一定会"短视"。

　　所谓的短视是什么？原则上，一个企业的发展应该至少以两三年为一个周期来看企业的战略布局是不是合理。在这个过程中，出现业务和利润的波动都是特别正常的事情。但资本市场不这么看。比如资本市场要求企业做季度汇报，如果企业的利润和收入状况较好，股价就会涨，反之股价就会降。这就是资本市场短视的典型表现。很少有资本家愿意跟企业一起同生共死，持有某家企业股票十几年、二十年的。当然，这样的资本家也有，那就是像巴菲特这样特别有眼光的资本家。而公司内部的员工和管理者也都持股，在一定程度上也变成了资本家，也希望股价上涨。这样一来，就出现了一个问题，那就是企业的所有布局都会短期化，形成最多一年甚至三个月的短期布局。

毫无疑问，在这种情况下，持续5年、10年，需要低头拉车、埋头苦干、韬光养晦的战略和布局在资本市场上就变得无从谈起。但是教育领域的企业有它的特点，就是完全靠品牌，靠稳步发展，靠产品布局，靠循序渐进，靠一点一滴获得学生和家长的信任来发展。这点跟资本市场急于收割、急于赢利的状态形成了剧烈的冲突和矛盾。这跟硬件生产，比如手机的生产是不一样的。因为手机一旦生产出来，它的质量是相对稳定的，只要你扩大销售队伍，把这款产品卖得越多、收益越多，股价就越高。但是教育产品是概念性的，也是说，一个老师就是一个产品，老师的水平不够，一个班的学生就会受损，这个班所获得的家长口碑就会受损。所以，教育产品是没有办法完全标准化的。不能说一个老师厉害了，新东方所有的老师就都厉害了。所以从某种意义上来说，教育是一个稳步前进、循序渐进，不断打磨产品系统，不断对人才进行培训，不断对老师水平进行提升的过程。所以，它和资本市场的急功近利会形成一个非常大的矛盾。

就是由于资本市场的存在和竞争对手的发展，新东方的考核机制曾出现过比较严重的问题。一方面，尽管我们意识到了教学质量的重要性，但是另一方面，却出现了考核机制中只考核收入和利润的情况。负责人为了收入和利润，就拼命地去做能带来收入和利润的产品。比如在没有准备好老师的情况下拼命开教学区，在老师没有经过培训的情况下就让他们进入教室去上课；再比如说拼命推销一对一高价产品，而不再重视那些需要培养的班级业务。最后的结果就是：在那一阶段新东方的收入出现了上升，有些分校的收入比上一年增长了70%~80%，甚至100%，但是第二年收入突然不增长了。因为老百姓看穿你了，觉得你又没有好老师，又没有好产品，教室刚装修完还有味道就让学生进去上课等。最后老百姓觉得你不实在，就选择用脚投票。

在那一时期，新东方的教学理念——一切以教学质量为核心，变成了一句空话。于是经过几年的发展，在跟资本对接以后，也就是2015年前后，新东方突然处于崩溃的状态，总收入每年仅增长百分之十几，而利润每年下降百分之十几。这就是说，再继续下去的话，新东方就要崩盘了。当时，管理团队完全没有了信心，新东方所有的校长因为业绩下降，几乎都拿不到奖金，高层管理决策也出现了矛盾的局面。而新东方的竞争对手，好未来等却以百分之几十的增速在健康地成长和发展。

新东方面临的这个困境，无疑是我刚才讲的资本市场和新东方的结合，再加上我这样不够坚定的性格造成的。我在教育领域这么多年，其实心中特别明白，对于教育领域来说，教学质量、老师素质、教学产品、教学服务是一切发展的基础，如果这些方面不行的话，你投入再多的资源也是不管用的。即使你目前增长再多，最后也一定会被老百姓惩罚。所以 2015 年年底，我提出来要重新整顿新东方，不再关注资本市场对于新东方股票的定价，用几年的时间我们沉下心来，提升新东方的教学质量，提高新东方的老师素质，并且把考核指标进行全面修正，让所有考核指标都指向新东方教学质量的提升；同时给校长们减压，大幅下调对他们利润和收入的考核，提升对他们其他方面的考核。同时，我给新东方全体员工写了一封信——《坚持做正确的事情和正确地做事情》。在这个前提之下，我要求新东方全体人员一切以教学质量、教学水准为核心，来布局新东方的发展。

仅用了一年多的时间，新东方的教学质量、教学产品就得到了大幅度的提升。老百姓对新东方重新有了信心，新东方的业务增长又开始回到了 20% 以上，甚至超过 30%。我常说一句话：只要坚持做正确的事情，好的结果自然会来。这很有点像曾国藩说过的：莫问收获，但问耕耘。意思就是：只要你对庄稼爱护，按时锄草、施肥、浇水，秋天的收获就是必然的；如果你一天到晚想去收获，并且拔苗助长，那到最后一定是没有收获的。

其实，任何商业模式都一样，就是要搞清楚在一个商业模式中，最核心的东西到底是什么。把这个最核心的东西想清楚了，再把它做到极致，需要这种核心服务的老百姓自然而然就会来到你的身边。还有一句话大概是这么说的：与其向 1 万个客户提供产品，不如向

100个真正忠诚于你的客户提供最优质的产品，而这100个客户自然会帮你带来1万个客户。这也是新东方上市以后在跟资本较量的过程中得到的一个最重要的经验，可以说是一个教训，也可以说是一份礼物。

第九章

回归本质

前面我们讲了新东方上市的过程、上市之后新东方所做的一些事情、犯的一些错误和对错误的纠正，以及新东方的一些发展战略。这一章依然讲的是新东方上市以后发生的一些事情。这一章的题目叫"回归本质"，这个本质指的是办学的本质、教育的本质。

浑水公司攻击：
新东方的应对策略

2006年上市以后一直到2012年，新东方的发展整体还算顺利。在资本市场上，没有什么有关新东方的负面消息。我前面讲过，新东方有一个优良传统，就是不做假账，这是上市公司的道德底线。但是在2012年7月，我一觉醒来突然发现新东方受到了浑水公司的攻击。我记得这次攻击分成两个阶段。第一个阶段是美国证券交易委员会说要对新东方做部分调查，而且在当天晚上浑水公司就真的抛出了对新东方的所谓的调查报告，这份报告加起来总共有90多页，指责新东方财务数据造假、教学区造假、学生人数造假等。

整个股市对此反应非常剧烈，两天之内，新东方的股价就从每股20多美元跌到了9美元多。也就是说，新东方的市值减少了60%。毫无疑问，这对新东方来说是一次重大的打击，特别是对新东方的股价。但这对新东方的业务其实并没有太大的影响，因为大家都知道，一个公司上市以后，它的业务体系和资本体系尽管有比较密切的关联，但在整个运营方面实际上是分开的。也就是说，资本市场往往会因为公司的某个消息，不管这个消息是真的还是假的，只要有风吹草动，股价就会产生剧烈的波动，而业务本身却是循着正常的逻辑往前发展的。当然，如果业务本身出了重大问题，一定会对股价造成重大影响。浑水公司对新东方发起攻击，不是因为新东方业务出了问题，而是它编造了一份所谓的报告。那浑水公司到底是干什么的？为什么要针对新东方做这样一件事情呢？我们先来了解一下美国的资本市场。

在美国资本市场，有一些公司会专门去调查上市公司的实际情况，它们的目的是做空这家公司。因为大家都知道，许多公司会在利益的驱动下，产生造假的冲动——通过数据造假、财务造假，使股价不断提升。它们再在股市上抛售自己的股票，以此来获利。比如大家都知道的美国安然事件，就是这样一个丑闻。

先来说浑水公司，它几乎专门做空中国公司，这家公司的老板对中国公司的造假手段非常清楚，所以他认为，中国公司在到美国或中国香港地区上市的过程中，造假行为是不可避免的。所以他就成立了一家名为"浑水"的公司（Muddy Waters Research），这个公司的名字也来自中国的一个成语"浑水摸鱼"，可见这个公司的创始人对中国的了解。成立公司以后，他就盯住一些中国公司展开调研。比如广州有一家纸业公司，他经过实地调查发现这家公司几乎所有的报告都是假的，于是他们通过出调研报告，把这家公司从美国的股市上给清下来了。

那么，这家公司通过什么来赚钱呢？方法就是做空。由于对目标公司非常了解，所以他们深刻地知道，一旦报告公布，他们针对的公司股价一定会出现大滑坡，然后他们趁机做空就能够赚更多的钱。

就这样，浑水公司无端地就对新东方进行了攻击。它料定美国股市对中国公司其实都不是完全信任的，所以不管攻击哪一家公司，都会出现股价大幅下跌的现象，这也意味着它有很大的套利空间。

浑水公司对新东方发起攻击以后，我心里还是比较有底的，因为我知道，新东方没有造假。就像我原来讲的一样，这是我的底线。但是股价不断下跌也确实给公司带来了非常大的伤害，因为再往下跌的话，就会导致两大问题：一是公司可能到最后一文不值，以后再也没有人来买你的股票了，你只能下市；二是股价下跌意味着股东会有巨大损失，可能会引发美国股民乃至全世界的股民起诉你的情况。而这种起诉是需要你去应诉的，要赔偿很多钱，不管是不是你的错，他们都可以起诉你。所以，当时的形势非常危急。

而我要做的第一件事情就是把新东方的股价稳住。那个时候，让国外的大机构或者个人去买新东方的股票是完全不可能的，我刚才说过了，国外的投资者对于中国的运营机制是不太了解的，因此也不太信任中国的企业。所以这个时候，我必须要找到了解中国并且对我，对新东方非常信任的一批人来买新东方的股票。

第二天，我召集了一批企业家朋友，有马云、柳传志、郭广昌等人，我们一起吃了个午饭。在吃午饭的时候，我就跟他们讲了新东方面临的情况。他们跟我说："老俞，你说清楚就行了，浑水公司对你的指责到底是不是真的，我们充分相信你。如果是真的，你就告诉我们实情，我们帮你一起想办法解决；如果不是真的，也就是你百分之百是诚恳的，那么我们就来买新东方的股票，帮你把股价拉回来。"我跟他们就说了一句话，非常实在的一句话：新东方从来没有做过假账，这是我的底线。他们听完以后就说：不用再讲了，喝酒吧。当天晚上，他们好几家公司就买进入新东方的股票，差不多有3亿美元。就这样，用了不到两天的时间，新东方的股价就从9美元多回到了12美元左右。这样一来，我就比较放心了。

紧接着，我就开始做第二件事情。虽然被浑水公司攻击这件事本身对新东方是一次巨大的伤害，但是任何危机背后都隐藏着机会。那这个机会到底是什么呢？在这样一个股价被拉低了50%~60%的情况下，我觉得这是一个非常好的为新东方的骨干力量发期权的机会。于是，我就立刻启动了申请发期权的机制。刚好那一年，新东方内部正在讨论期权是发一年，还是发两年、三年。而这样一来，由于股价被拉低了50%左右，正好节约了巨大的成本，可以发这个期权。于是，我立刻启动了发期权的机制，给新东方所有的骨干力量的期权股份数增加了一倍，并且连续发三年。而这个成本跟原来发一半期权是一样的——根据发行股市的成本运营机制，你要在价格最低的时候发股票，这样公司所承担的成本就会最低。

这样一来，原本是一次危机，最后反而为新东方的管理层和骨干力量争取了三年的长远利益，使一大批骨干力量稳定在了新东方。在这点上，我觉得从危机中去寻找机会，是一个企业家应该具备的能力。同时，我也给了股市进一步的信心。当时就有声音说：既然你们自己那么有信心，觉得新东方没有问题，那你们这些最高管理层的人员，比如俞敏洪和总裁办公会的这些人，为什么不自己出钱回购一些新东方的股票呢？当然，这件事情也在我的思考范围之内，但是当时新东方的管理层手头没有那么多钱。那个时候，我知道，如果我以新东方管理层和最高管理者的名义，募集一笔资金到股市买股票的话，一是能给全世界投资者带来信心，二是我们个人也能够有比较好的收益。

在这种情况之下，我立刻启动了贷款机制。我跟国内的一些企业家关系还不错，原来也互相帮过忙。于是，我就打电话给牛根生等人，问他们有没有可能贷给我点美元。结果，他们非常爽快地借了我一笔钱，加起来有2000多万美元。我又把这2000多万美元，分头借给新东方的高级管理人员、总裁办公会的成员，让他们从股市上把新东方的股票继续回购一部分。这又进一步促进了新东方股价的回升。

不到一年，新东方的股价就回到了被浑水公司攻击之前的状态。三四年之后，新东方的股价接近100美元，这是我们没有想到的。由于我们要还当初的借款，所以大部分人在股价为20美元左右的时候就把股票卖了，把钱还给了借给我钱的这些企业家，也没有亏本，甚至还赚了一点。所以，在面对困难的时候，你的反应能力直接决定你能不能把事情做得更好。

紧接着，我们要做另外一件事情，那就是在受到浑水公司攻击以后，我们有责任和义务向全世界证明我们没有造假，尤其要向美国证券交易委员会证明。但是这件事情做起来很难，就像是有人指责你偷东西，你要去证明自己没有偷，或者有人指责你道德有瑕疵，而你要证明自己道德没有瑕疵一样，是非常困难的。也就是说，证明自己清白是一件非常困难的事情。根据美国的惯用原则，你必须聘请全世界最好的独立律师事务所、财务事务所、审计事务所，由它们组成联合独立调查团来对你进行事无巨细的调查。而且聘请这个调查团的成本非常高，因为他们都是世界上顶级的，一般都是按小时计费的，平均每个人每小时的费用在1000~2000美元。所以如果他们来10个人的话，那每小时的费用就至少是1万美元，这是一项巨大的成本。但是，我必须要去自我证明清白。这笔钱是不得不花的。所以，我们迅速聘请了国际上最优秀的律师和会计独立调查团，进驻新东方进行调查。他们来的第一件事情就是把我们的电脑全部收走，把硬盘全部拆走。他们要调查过去5年中，我们硬盘中所储存的所有信息和内容，来看我们有没有数据造假，以及有没有任何邮件讨论过要通过造假来提高新东方的股价以谋取个人利益。当时，我还跟他们开玩笑说：我这个硬盘中有很多写给女朋友的信啊，你不能拿过去。他们说：俞老师，我们对这些内容不会在意的，也不会暴露你的隐私，但是所有硬盘上的信息你删除了也没用，因为我们有非常强大的恢复机制，即使你把它切成碎片，我们也能够把你硬件上的所有文件恢复过来。由此可见他们调查工具之强大。

在调查一年半以后，他们才出了报告，这个报告最后提交给了美国证券交易委员会，以表明新东方是非常清白的。到此，浑水公司对新东方的攻击才画上了句号。

那新东方为此所付出的代价是多少呢？1500万美元！就是付给这些独立调查团的酬劳，这是一个非常沉重的代价。但是除此之外，新东方还有另外一个问题要去应对，那就是由于浑水公司的攻击，美国很多股民开始联合起来对新东方进行起诉。美国有一批律师专门干这个事情，只要一有公司被攻击，他们就鼓动股民们进行起诉，而股民们不用付任何诉讼费。因为最后如果起诉成功，这些律师会有一个10%或15%，甚至20%的抽成，这个抽成就是律师的收益，所以这些律师会像狼一样，一旦看见企业"流血"，然后就会鼓动股民们一起冲进来。新东方也不例外，任何其他在世界上被攻击的企业也都不例外，要经历被股民联合起诉的过程。这样，新东方就得再次请律师跟这些股民进行交流沟通、打官司。当然，由于美国证券交易委员会调查出新东方本质上没有任何问题，这些问题也就迎刃而解了。如果新东方真被查出来有问题的话，那就要面临巨额的赔偿。由于新东方没有问题，所以最后只赔偿了律师费和股民时间上的损失，差不多有200万美元。

总的来说，作为一家上市公司，即使遇到的是无端的攻击，也可能会面临巨大的成本花费和民生上的损失。而且这类事件非常复杂，很多人为了利益会完全失去道德底线，不惜一切代价来寻找获取利益的突破口。毫无疑问，这也是浑水公司攻击新东方的一个重要因素。但是不管怎么样，新东方在这个整个过程中，由于自己本身没有什么问题，又聘请了顶级专业人士，所以能沉着应对，使自己在这次被攻击的过程中，得到了还不错的结果。

新东方在表面上损了近2000万美元，但通过股票回购、给管理层发期权这样的行为，这些资金实际上又都回到了新东方和骨干力量身上。总而言之,我们经受了一次风雨,在这次风雨中新东方得到了成长,新东方的财务体系、数据体系也由此变得更加健全。从2012年到现在,几年过去了,新东方依然在非常健康地成长。

这就是新东方遭遇浑水公司攻击的整个过程。

试错：盲目营销和
开校区不是做培训的好方法

大家都知道，一个企业最重要的东西就是收入的增长、数据的增长、利润的增长，所以增长才是企业发展的核心。但是到底什么方法能促进企业的健康增长，什么方法带来的增长是不健康的，每个人对此有不同的看法。我们也发现，很多公司为了增长，动用了各种各样的手段，不管是合法的还是非法的，虽然能够一时兴旺，但最终难免走向崩溃。我们也发现，有些公司尽管增长速度不是那么快，但每一步增长都是为了满足客户的需求，都是有道德底线和经营底线的，也都是以诚信负责为指导方针的，所以虽然增长速度相对较慢，但能一直健康发展。所以，企业的增长模式也是多种多样的。

然而任何公司上市以后，都避不开这个话题，那就是一个不增长的公司，对于股市来说是否是完全没有价值的。于是，增长就变成了所有上市公司的主要目标，新东方当然也不例外。那么，资本市场给新东方带来的增长要求，也使新东方犯了很多错误。其中，最主要的错误有两个：一个是依赖营销，一个是开校区。

曾经有一段时间，新东方觉得增长不是一件难事，认为只要拼命做市场，拼命做营销，拼命做销售，那么我们的增长就是自然的。然而营销和销售虽然是一家企业增长的部分原因，但并不是唯一的原因，也不是充分的原因。营销和销售能促进增长有一个前提，那就是你有足够好的产品和服务，并且在进行营销和销售之后，随着客户量的增加，你的服务和产品依然能够保持原有的质量。只有满足这个前提，你的增长才是健康的。那么在教育领域，我们会发现一个问题，就是你在一段时间拥有的好老师是有限的，一段时间内拥有的好产品也是有限的。由于教育资源的有限性，营销和销售所带来的客户，有可能接受不到你原来的好老师和好产品，他们接触到的教学质量可能没有那么好。那么这就会导致学生或家长群体的不满，这也就意味着会给品牌带来伤害，最后有可能导致滑坡效应。这恰恰就是在新东方发生的事情。

有一段时间，新东方的工作人员，尤其是管理者，拼命鼓吹营销和销售，导致新东方学生数量迅速增加，但是过了不久，学生和家长就纷纷选择用脚投票，反而使新东方收入上升的速度减缓，而且品牌声誉、客户满意度也大大下降。

紧接着，新东方还犯了第二个错误，就是盲目开校区。大家一度认为，新东方的学生数量之所以增长得不够快，是因为学生距新东方校区太远，所以只要我们在距离学生近的地方开校区，那么学生数量自然就会增加，收入也会增加。在这样一个方针的引导下，新东方曾有一个阶段拼命地开各种校区。大校区、小校区，甚至100平方米的校区都有。最后，依然出现了滑坡的情况。为什么会这样？因为第一，开校区是有成本的，包括租房子的成本、装修的成本、管理上的人力成本等；第二，开设新校区就要配备好的教师资源，如果教师资源不够，让没经过真正的培训的新老师去给学生上课，家长和孩子们是能感觉出来的，那么他们依然会选择用脚投票。这种盲目开校区的做法给新东方带来的后果是什么？是优质教育资源的摊薄，摊薄以后老百姓的不满增加，以致最后选择用脚投票。所以和盲目营销产生的后果一样，开校区好像使新东方的收入增加了，但是背后的恶劣影响和后果非常迅速地显现出来了。

就这样，盲目营销和开设校区这两个策略在新东方收入提升方面都以失败告终。

我自己作为从教育领域出来的、对教育的本质或者说是教育的核心比较了解的人，其实在新东方采取这两个策略之前，就已经意识到，教育领域如果不狠抓教学质量，光靠这两个策略是不可能保持长久、可持续的健康增长的。但是为什么还这样做了呢？这里面有几个原因。

第一个原因就是我个人的管理风格是偏向于宽容的，这就意味着任何事情我都愿意让他们去尝试，因为他们也有他们的理由，也希望自己的业绩能够做得好。所以这就带来了我在新东方管理过程中该坚持的时候坚持得不够坚决的问题，比如在坚持保证教学质量、保证老师素质这两件事情上，我的坚持都是不够的。尽管在这样的尝试后，新东方最终回归了理性，但毕竟给新东方带来了好几年的损失和伤害。

　　第二个原因是大家都希望做出好业绩。当初，新东方管理层的收入是跟他们的业绩紧密挂钩的，而这种挂钩，又是非常粗犷的，基本上就是跟收入增长和利润增长挂钩，而没有跟教学质量、管理过程挂钩。而这样的绩效指标，直接导致大家拼命用一切手段去增加收入。所以在那几年，新东方开展了大量的一对一业务，开设了大量收费高的班级，甚至有某种失控的趋势。也就是在那个时候，粗犷的管理直接导致所有人的动作都有点变形。高收费的产品加上营销，加上开校区，这种不把控质量的发展，直接导致了新东方教学质量的下降、老师素质的下降。大概从2012年开始，一直到2015年，新东方的整个业务体系、品牌已经处于崩溃的边缘。当时，大家都认为这样的高收费能带来收入的增加，但是没有发现其对企业的长远发展有非常大的伤害。当然后来，新东方在调整以后，对这些都进行了严格的限制。比如对于收费的限制、对于收费时间段的限制等，这些都是我们后来才做的。

　　与此同时，互联网，尤其是移动互联网的兴起，又给新东方带来了额外的压力。比如移动互联网、互联网教育的兴起，使新东方大量的老师愿意去尝试在互联网上开设自己的班级，和平台公司合作来对自己的教学体系进行探索。这也直接导致了新东方优秀老师的流失，业绩也处于持续下降的状态。

　　通过这些大家可以看出来，任何一个企业的发展，实际上都伴随着各种试错。如果错得离谱，这个错误绝对会把企业带向毁灭，从此企业就倒闭了，但是如果这个错误决定中有非常快的纠错机制，那企业也许还能回到正确的道路上，依然可以持续发展。非常庆幸的是，新东方纠错机制的反应速度还是比较快的，所以新东方在这样的错误中能够及时回头，又走上了正确的发展轨道。

屁股决定脑袋：
新东方考核机制的变革

俗话说，屁股决定脑袋。也就是说，给你什么样的考核机制，你就会往什么方向用力气。比如考核你的收入，那么你就会拼命想办法增加收入；考核你的利润，你就会拼命把利润挤压出来，因为这些都跟你的奖励有关。如果考核的是客户满意度，你就会拼命地想办法提高客户满意度；考核的是老师素质，你就会根据考核指标来决定怎样提升老师素质。所以，每一个考核指标都决定了下面人的动作。因此，考核指标要满足两个条件：第一，考核指标必须跟企业的文化、战略和未来紧密结合；第二，所有的考核指标从上到下必须保持一致。也就是说，如果考核指标考核的不是你想要的东西，一层层下去，最后就会失效，也就没有任何用处了。

考核指标相当于整个公司的行动指南，新东方的考核指标经历了从没有考核指标到有非常粗犷的考核指标，又从不合理的考核指标到相对正确的考核指标的过程。当然，考核指标没有绝对正确的。因为每一年，各个公司的战略方向和重点都会调整，而这些调整就是从考核指标上反映出来的。所以，各个公司的考核指标都会在第二年进行修正。

在上市之前，新东方是没有任何考核指标的。因为在那个时候，所有事都带有一定的承包制色彩，就是只要你把业务干好了，那么这里面的收益自然就是你的。新东方从其中提出一部分作为共同基金，以保证企业的共同发展。所以从这个意义上来说，有没有考核指标，都不影响新东方的发展。可是公司一旦上市，就需要考核指标。因为上市后，新东方就变成了一个正规化的公司、一个透明的公司，而且是一个国际化的公司，所有管理者都变成了职业经理人，包括我在内，我作为新东方的大股东，也成了新东方的 CEO。因此，新东方必须要有指标来考核。在这种情况下，也必须制定考核指标了。

新东方最初制定的考核指标非常粗犷，对于所有分校校长和子公司总经理，我们只制定了一个收入和利润的考核指标。比如要求校长们，你们今年的收入要增长 30%、利润要增长 20%。毫无疑问，这样的考核指标是非常粗犷的。这样的考核指标容易使人的行为迅速走偏，因为只考核收入和利润。那么对于各个校长来说，要做的事情就是想办法提升收入。至于他们是用什么方法提升收入的，那就不用管了，反正不在考核范围内，也没有监督他们的手段。所以就像我之前说的，很多分校为了完成收入和利润指标，动作不断变形，比如做过度营销，甚至打出很多非常夸张、完全无法兑现的广告。同时，还推出了很多高价产品，甚至有的分校收学生和家长的钱一下就收三年。尽管后来我们发现了这种行为，并及时进行了制止，但是问题依然层出不穷。

后来我们才意识到,这是我们的考核指标出了问题。因为考核指标的指向就是要他们去做这些动作,所以,我们没有办法让他们在过程中把事情做正确。这样的考核指标,尽管在一段时间内给新东方带来了收入的暴涨,但实际上损害了新东方的品牌和教学质量,以及整个新东方的文化。

2015年前后,我突然意识到这个问题非常严重。痛定思痛,我下定决心要做两件事情。第一,新东方的一切行为,必须以教学质量和老师素质的提升为核心。当时,我开会问大家:如果我们新东方选择只做一件事情,是选销售、开校区、收高价,还是选教学质量的提升?所有人最后都达成了共识,那就是我们必须选教学质量的提升。于是,新东方就在当时制定了一个非常一致的战略方针——一切以教学质量和教学产品为运营核心。接下来,就是迅速调整,整个调整就是在这个战略方针的指导之下进行的。我要求在2015年年底之前,所有考核指标都要重建。任何考核指标都不直接跟收入和利润挂钩,最多只能兼济。所有考核指标都必须指向老师水平的提升、教学质量的提升、客户满意度的提升,以及内部文化组织满意度的提升。

我记得当时有一段很有意思的对话。我跟新东方人力资源的负责人说:"从明年开始,考核指标必须往这个方向走。"他就告诉我说:"这些指标是没办法制定出来的,比如教学质量,我该怎样考核呢?教学质量到底是个什么指标?是我们跑到教室里去给老师打分,还是让学生或家长打分呢?新东方有几万个班,几万个老师,没法考核。那也就等于拿不出客观的考核指标,没法管理。"我对人力资源负责人说:"这个我不管,这些指标你都必须给我拿出可以考核的客观数据来。而且这种考核的客观性,还得让下面的人认同。"后来,经过反复探讨和研究,我们确实拿出了一些可以客观衡量的指标,比如老师素质。我们要求老师们做两件事情。第一,所有老师必须参加考试,而且考试成绩必须达到一定的要求,这是一个客观指标。如果考试不及格,就意味着这个老师的素质达不到要求,至少是教这门课的能力不够。比如托福,我们要求所有教托福的老师,必须考到 100 分以上,满分是 120 分。如果考不到 100 分,那就说明这个老师水平不够。还有更加厉害的分校,甚至要求老师考到 110 分。这也就是说,老师必须要达到优秀以上的水平。这算是一个客观指标,谁也做不了假。

第二,我们对老师们的毕业学校提出了要求,比如要求有多少比例的老师来自 985、211 院校或者是研究生毕业或留学归来的。这样的话,至少阻止了一大批分校为了降低老师的费用,去招一些水平不高的毕业生。当然,我们并不排斥从大专和三本来的学生,但是从概率上来说,从 985、211 院校毕业的学生对所学学科的理解相对要更加深刻,本身的知识积淀也会更加深厚。通过这样的指标就会发现,我们老师的素质在提高,教学质量也在提高。

可以说从 2015 年到现在,我们不断完善针对教学质量的考核机制,几乎每年都有调整。但到今天,依然没有达到我满意的状态。好在虽然也有一些考核指标还没有达到真正科学、客观的状态,但是至少所有考核指标都逐渐集中在了教学质量和产品布局上。教学质量在这几年中也有了大幅度的提升。这也就意味着,我们逐渐地把教学质量、战略目标和考核指标相对紧密地结合了起来，使新东方的每一个人，尤其是新东方的校长们和主管们的动作不再那么变形。

能体现教学质量提升的，就是用户的满意度。我们都知道，家长和学生是最好的评判者。在2015年之前，新东方每年的学生人数都呈下降趋势，到了后来，学生人数都不增加了，甚至还在下降，仅是收入在增加。这意味着新东方的人均收费越来越高，而家长选择离开的也越来越多。而到后来这几年，新东方每年的学生人数都出现了30%的增长。这表明家长开始更加信任新东方，学生也觉得新东方教学水平好了。

我们曾让一家调查公司作为独立第三方到市场上去寻访在新东方学习的家长和孩子，问他们对新东方的印象，基本上得出的结论就是：新东方教学质量高，老师好，关爱学生，服务态度好。毫无疑问，这就是我们这几年考核指标调整所产生的良好结果。这一结果我们还会进一步强化，而且会持续强化下去。

互联网时代：
新东方的迷茫与探索

毫无疑问，互联网完全改变了人类的生活方式和生活习惯，包括思想，进而也改变了人类组织结构的运行方式，包括政府、企业、社团的运行方式。原因很简单，互联网作为现代科技，把全世界的人以各种方式连接在了一起。那么相应地，互联网给教育领域带来的影响也是非常深刻的。我把这叫作教育的"第五次革命"。第一次教育革命源自人类学会了语言，语言交流使人们的信息传播变得更加方便。第二次教育革命源自文字的出现，由于有了文字记录，信息不仅能够传递，而且可以实现隔代相传、跨地域的传播。第三次教育革命源自印刷术的产生，它使文化传播不再那么费力、变得极其迅速。欧洲文艺复兴的出现，中国唐宋时期的文化之所以那么繁荣，在一定程度上依赖于思想的传播，也有赖于印刷技术的出现和进步。第四次教育革命源自广播电台和电视的出现，人们从此可以隔着时空来传播信息。人类教育的每一次革命，都能使人们的信息交流更加通透，为教育带来了质的飞跃。

那么毫无疑问，互联网所带来的信息和知识传递的革命也是一样的。互联网有一个伟大的特征，那就是增强了人们之间的互动。从邮件开始，人们之间互动的速度就提高了几百倍，大大缩短了人们互相交流的距离，克服了人们交流的障碍。

紧接着，移动互联网时代的到来，使大家发现这种交流变成了即时性的——交流可以随时随地发生。所以，移动互联网时代的到来，给教育带来的不光是传播的广泛，还有互动的广泛。

在这个过程中，新东方刚开始并没有落后，因为新东方是最早进入互联网教育领域的教育机构之一。早在2000年，新东方就跟联想控股联合成立了新东方教育在线。所以新东方是全国最早做在线教育的公司之一。但是，新东方的在线教育在发展过程中遇到了很多挫折，其中之一就是前面说到的，公司成立两年后，联想撤资，我们把5000万元连本带利还给了联想，这样一来，新东方的在线教育布局速度就慢了下来。

紧接着，在线教育管理团队又出现了问题，面临是否成为SP公司的抉择。具体过程我在前面讲了，自此，新东方教育在线就一分为二，原来的管理层和移动等运营商的合作产品被剥离出去，成立了一家独立公司。这等于在线教育又得从头开始。一来二去，新东方在线教育的发展速度就受到了较大的影响。

在这种情况下，我对新成立的在线教育公司的要求，依然是只做教育内容。但是，由于新东方当时把主要精力放在了地面机遇和上市以后的运营上，并没有把真正的精力投入在线教育，以致对在线教育的战略发展定位和战略发展方向都没有清晰的界定，只是说做到哪里算哪里。

所以，在这样一个不清晰的战略定位的指导下，尽管新东方在线教育每年都在发展，但是发展的速度并不是很快。截至2018年，也就是在线教育发展十几年后，依然只有七八亿元的规模。当然，在线教育也有做得不错的地方——大量在线教育公司都是亏本的，但新东方在线教育一直是赢利的状态，因为它更多是把地面教育反射到在线教育中去，而不是一个只有在线基因和移动互联网基因的在线教育公司。今天，新东方在线教育已经经历了重大变革，并且正在进行分拆、上市，所以它会有越来越多移动互联网和互联网的基因。

此外，我们把人工智能也融入了新东方的在线教育，使在线教育进一步与科技结合的特征更加明显。面向未来，我们对于新东方在线教育的定位和战略是非常明确的。今后，相信新东方在线教育做的实验和业务模式的突破，将会逐渐引领中国的在线教育市场。

随着移动互联网和人工智能的兴起，我们发现，中国有很多人在探索移动互联网和人工智能在线教育的新模式，也出现了一大批真正进行勇敢探索的在线教育公司。比如沪江英语、英语流利说、趣配音、有道辞典，还有一些面对中小学生的，比如猿辅导、一起作业网、口语100等，新东方也参与投资了其中一些公司，包括在线外教口语探索的VIPKID、DaDa英语等。一系列在线教育的探索，形成了中国在线教育蓬勃兴旺的景象。而在这个过程中，新东方是稍显落后的，因为作为上市公司，新东方不敢投入大量资金去探索，而这就导致了新东方在线教育模式的落后。我曾用一句话来形容这种景象,"病树前头万木春",新东方很像一棵病树,而其他的树却在蓬勃生长。当然,病树也是可以恢复健康的,它只是需要更多的营养、更好的环境、更多的资源支持,新东方正在努力。

面向未来,多方面的在线教育依然是新东方的重要发展方向,并且它必然能够取得成功,或者说至少大部分的成功。新东方现在已经拥有了面向外教口语的比邻教学口语、乐词这样的自适应单词背诵系统、乐听说这样的自适应人工智能化听说学习系统,也拥有了像多纳这样针对青少年,尤其是幼儿的英语游戏学习系统,还有在线的面对K12的优播系统和新东方K12直播系统。同时,新东方原有的面向国内国外考试学习的录播和直播系统依然非常强大。

总而言之,新东方在不断地布局,同时对在线教育的组织结构也进行了非常好的调整,对管理层和员工进行了独立的股权激励,同时把资源开放给外部投资者——腾讯向新东方在线教育投资了几亿元,这使得腾讯的流量、品牌和新东方在线教育的品牌成功结合在一起。未来,新东方在线教育要上市,资本力量和教育资源的结合无疑将会为新东方的新发展周期做好准备。

新东方在互联网教育的探索,经过了从早期的发展到战略不清带来的落后,再从落后奋起直追的一个过程。

坚持教学产品和教学质量，新东方的再次崛起

我反复强调，新东方的核心就是坚持教学产品和教学质量。新东方能够再次崛起也是得益于这一点。这一章的题目叫作"回归本质"，这个"本质"指的就是教学产品和教学质量。任何一个做教育的机构，不管你是面对幼儿的、中小学的，还是大学的，不管你是线上的还是线下的，都必须坚持这个本质。如果不围绕教学质量、教学产品、教学服务来做文章的话，不管你下多大力气进行营销，有多少收入、多好的系统，最后也是竹篮打水一场空。因为教学产品和教学质量才是教育真正的本质。

从上市到2015年前后，各种各样以营销为核心、以开校区为核心的错误决策在新东方轮番上演。痛定思痛，大家一起坐下来关上门讨论，终于达成了思想的统一，那就是一切都要以教学质量和教学产品为核心。然而，这样的统一又必须配合整个业务的重点转型，以及业务中考核机制的重新设置，所以紧接着，新东方进行了考核指标的改革。这个改革也经历了一个长期的过程，我前面已经讲过了。在这

个改革过程中，几乎所有的指标都是围绕新东方的教学质量来设置的。比如，新东方要考查续班率，那续班率意味着什么呢？就是这个班的学生上完课以后，愿意接着继续往下上，而这就有一个前提，那就是学生对这个教学产品和老师的教学水平非常满意，只有这样，他才会继续上下去。相反，续班率低往往意味着学生对这个班不满意。尽管也有一些个别因素在里面，但是续班率的高低在一定程度上确实能够反映一个学校教学质量的高低。还有前面提到的，对老师的素质进行考核，要求老师参加公题考试，并且必须要拿到高分，这也是回归教学质量和老师素质的一种要求。

通过这样的改革，新东方的大量工作都集中在了不断提高教学质量和提升教学产品上。

重视教学管理部，
发挥总裁办公会作用

新东方要求所有分校都要把教学管理部作为第一核心部门来对待。以前，新东方有的分校是没有教学管理部的，有的分校即使有也只是个摆设，相当于老干部收容所。现在，我们要求所有分校必须设置教学管理部，其最重要的任务就是对老师的授课质量进行指导和监督，对老师进行整体素质提升的培训，同时执行集团对于老师的各项政策要求。有了教学管理部，就相当于每个分校都有了一个对教学质量进行监督的部门。这样一个部门的存在，使得新东方老师的教学水平能够在整体上进一步提升。

我们在总裁办公会上对大家提出了一个要求，那就是在任何场合都必须强调教学产品和教学质量。也就是说，任何人在讲话的时候，不要一上来就说市场最重要、营销最重要、开校区最重要，而是必须先强调教学质量，把教学质量永远放在第一位，把为学生提供最好的服务放在第一位。在此前提之下，我们再来谈科技的应用，怎么进一步提升教学质量，如何将校区的开设跟教学质量的提高相结合，以及如何以教学质量为本来开展营销。就这样，所有新东方人逐渐地统一了思想，那就是我们做什么事情都必须以教学质量和老师素质为核心。集团也迅速地把重点从对学校的运营管理转到了产品开发和项目中心，以及对产品研发和教学质量的监控上。在这方面，新东方也做了很多投入。通过这样的投入，新东方的教学质量确实得到了稳定的控制，并且在不断提升，这也使得新东方越来越被家长和学生喜欢，不管是地面业务还是在线业务，都呈现出了健康的增长态势。

新东方的教学质量监控实践，说明了一个道理：事情的本质做对了，那么好的结果自然会来。我们很多人在做事情的时候，往往没有抓住最关键的因素。比如我们很多员工想要拿高工资，于是就不断地跳槽，这就是没有抓住关键因素。只有不断提升自己的专业能力，并且达到别人无法替代的程度，那才是你能够拿高工资的资本。很多人做事情喜欢投机取巧，投机取巧确实有时能带来一些更好的机会，但是这样的机会是短暂的，而且往往有欺骗性，会让别人感到不爽。那么，这些对你感到不爽的人，会离你越来越远，越来越不愿意跟你进行资源交换，所以投机取巧给你带来的只能是短暂的收益。这样下去，你会发现做事情越来越难，别人也不再给你投机取巧的机会了。这就是做事情时没抓住本质导致的结果。

如果你是以诚恳的、让人信任的态度来做事情、跟人打交道，那么就会不断地赢得别人的信任，别人也愿意不断地把机会交给你，你成长的机会、收获的机会也就会越来越多。经营一家企业也是这样，最重要的就是抓准核心，把事情做对了。比如开培训机构，那你要抓的最重要的核心就是教学质量，抓住了这个核心，再来考虑用什么样的模式才能把这个核心放大。比如教学质量好了以后，你用什么模式把教学质量进行提高以让更多人受益，是通过在线模式、地面模式、教学模式，还是通过发售某种产品的模式，等等。

　　核心一定是在前的，模式一定是在后的。只有这样，我们才能把事情做好。最后再强调一下：只要你把事情做对了，好的结果自然会来。

情怀和人文精神是
新东方企业文化的核心

很多企业的文化中蕴含着人文因素，这跟创始人的特点是有关系的。在中国，以文科生为主的创始企业和以理科生为主的创始企业是不一样的。以理科生为主的创始企业，科学观察的意味往往比较明显，做事情比较讲求逻辑性、系统化，这是理科生创业的特点。而文科生创业的特点，一般来说就是喜欢讲人文，讲情怀，讲理想。这两者之间的区别还是比较明显的。

新东方和另外一家培训机构好未来在这方面，区别就比较明显。好未来的创始人张邦鑫是理科出身，所以很明显，好未来在系统工程、管理的逻辑性和秩序化等方面比新东方要做得好很多。以我为首，新东方几乎所有的创始人都是文科出身，所以我们更希望新东方是一个有情怀，有理想，做事情更加自由、更加有风范的机构。当然，这两种风格很难说有高低之分，但是真正厉害的机构应该是把科学的方法和人文的情怀结合起来的。这也是新东方今天正在努力实现的目标。

由于历史积淀，新东方的内核依然是某种情怀和人文精神。这一点从新东方的愿景到新东方的理念,到新东方的价值观,再到新东方的背景出身都可以看出来。所以,新东方的愿景是这么说的:"成为中国优秀的、令人尊敬的、有文化价值的教育机构。"这句话包含着一种人文理想。也就是说,我们不仅想做到优秀、把学生给教好,还希望受人尊敬。而这就是一种更高的诉求,我们希望把自己干的事情变得更加高尚。紧接着,还要有文化价值,就是对中国的历史文化积淀能够产生影响。比如北大对中国的文化就产生过影响。这个要求就很高了。但是你看,这里面就没有提到科技的概念。当然,今天的新东方是重视科技的,比如新东方现在的理念中就有一句是"以科技为驱动力",科技成了新东方核心理念中一个非常重要的概念。

再来看看新东方的理念——"终生学习,全球视野,独立人格,社会责任"。这四个词传达了一种情怀,一种人文精神。我们希望新东方教出来的学生都拥有终生学习的能力,拥有全球视野,能够有独立的人格和担当,能够为中国做出更大的贡献,同时还能够有很好的社会责任和情怀,能够为国为民,忧国忧民。

新东方的核心价值观是"诚信负责、真情关爱、好学精进、志高行远"。每一点都是对一个人个性的人文要求。比如一个人要诚信,一家机构也要诚信;一个人要负责任,一家机构也要负责任。我们做人做事都要有真情关爱的情怀,机构也应该具有真情关爱的情怀。我们每一个人都希望自己能够好学精进,不断取得进步,机构也应该通过自己的好学精进,不断地迭代、进步。志高行远就意味着机构必须要有远大的理想,那个人也要有远大的理想。这都是新东方人文精神和情怀的体现。

由于新东方最初的创始人我、徐小平、王强都是从北大毕业的，同时还有一批北大的毕业生在新东方工作，因此新东方精神在某种意义上跟北大精神有了一个比较好的衔接。这在某种意义上也深入了新东方的骨髓。我把北大精神总结为六个词：独立、自由、质疑、包容、反思、傲骨。

第一，独立。不管是独立思考、独立行走，还是独立行动，总而言之，独立是北大的精神之一。

第二，自由。北大人欣赏一种自由的氛围，自由的生活、自由的精神、自由的情怀、自由的空间。

第三，质疑。北大人的特点就是怀疑一切，不是你说了我就会相信，我必须经过自己的思考、自己的思辨，才能确认你的思想和说法到底对不对。由于北大的文科基因比较明显，所以即使是在北大学理工科的人，也都会读大量的文科类书籍，包括大量的哲学类书籍。于是，这些东西就会带来思想的碰撞，而有思想碰撞就会产生质疑，有质疑才能去明辨是非。这就为北大人带来了一种气质，那就是用怀疑的眼光来看待别人所说的、所做的事情，再加入自己的判断力。

第四，包容。北大的文化精神最核心的理念就是包容，即所谓的兼容并包。这是北大校长蔡元培先生所说的。兼容并包意味着什么？意味着刚才所说的任何冲动性的思想，都可以存在于一体中。就像当年蔡元培让梳着辫子的辜鸿铭和讲现代化思想的胡适等进行对垒一样，让学生自由地选择去听哪个老师的课，而不是告诉学生必须学哪种知识。这就使得北大有这样一种包容的文化，也使北大的学术氛围变得更加浓厚了。

第五，反思。真正的北大人往往具备非常强大的反思能力，他们并不把自己看作所谓的精英分子，而是通过不断地否定自己，通过反思去观察和接触自己碰到的人和事、社会结构、社会管理，来提升自己的境界。

第六，傲骨。北大人往往看上去很骄傲，但那种表面上很骄傲的北大人其实没有得到北大真正的精髓和灵魂。北大人的傲骨是他们坚决不接受自己不认可的事情，很少会因为个人利益等去谄媚别人。当然今天的北大人，就像北大著名教授钱理群先生所说的那样，不少已经变成了精致的利己主义者，甚至为了利益可以放弃人品，放弃人格，放弃社会责任和担当。但是我觉得，大量的北大人依然还是很有傲骨的。

我在北大待了整整11年，受北大精神的浸染，任何违反北大精神实质的行为对我来说都是不可接受，也是不认可的。这就导致了在新东方的氛围中，或多或少地在鼓励北大精神，这就是大家常说的新东方的人怎么那么厉害、那么独立啊，可以一边工作，一边骂俞敏洪。一边在新东方工作，一边用非常尖锐的语言来批判新东方，恰恰就是从我们身上或者说是从北大承袭过来的一些特质导致的，这也恰恰是让我引以为傲的地方。

新时代变革：
以科技为驱动力

科技是改变世界的重要力量。在人类社会之前，世界的发展曲线都是平的，从生产力到生产水平，再到生产关系，基本上都没什么改变。但是你去观察我们人类社会的发展曲线的话，就会发现，在曲线的最新脉络上，人类财富的增加速度、创造力的发展速度是呈直线上升的，这是从工业革命开始的，而蒸汽机是其中一个典型代表。后来，电的发现和应用，还有其他科技水平的不断提升，使人类的生活水平得以不断提高。

在人类社会发展过程中，在物质文明的进步与社会的进步过程中，最核心的驱动力就是科技。今天，以互联网和人工智能为代表的革命可以被看作第四次科技革命。这次科技革命给我们人类带来的不仅仅是思维的改变，还包括我们行为习惯的改变、看待世界的方式的改变，以及做事方式的改变。所以，科技作为驱动力，改变了所有产业，也改变了世界的政治格局和经济格局。

古代中国对科技不怎么重视，过去的新东方也有点这样，新东方过去一直处于重视人文胜于科技的状态。但当今世界，一切都是和科技相关的，所谓的"以梦为马"，就是用梦想作为自己的马往前奔跑。如果用来形容科技的话，那就是现在世界上任何一个国家、任何一家企业，想要真正发展的话，就必须以科技为马来实现。

当然，新东方也不例外。那科技跟人文到底是不是矛盾呢？实际上是不矛盾的。人文在某种意义上是一种内核。举个简单的例子，一个人写小说，这是他的人文内核，但是他写小说可以用毛笔写，可以用钢笔写，也可以用电脑来写，现在甚至可以用语音输入转化成文字的方式来写。如果这个人思如泉涌的话，那哪种写作方式最高效呢？毫无疑问是最后一种。至少我认识的一些作家，已经很少有人用钢笔在写文章了，更没有人用毛笔来写。这就是说，你传播的内容和精神内核可以不变，但是传播的手段是要与时俱进的。

这个道理，在教育领域也是一样的。教育传播的精神内核、学生的全面成长、人品人格的提升、个性的全面发展这种内核可以不变，但是传播的手段可以改变。我们可以选择是通过口耳相传的手段、文字的手段、印刷的手段、广播电视的手段，还是互联网的手段、人工智能的手段进行传播。毫无疑问，传播的手段在时刻发生变化，这是跟科技发展相结合的。新东方坚守自己的精神内核，坚守自己的教育理念，这是不会变的。比如新东方教育理念中的"终生学习，全球视野，独立人格，社会责任"这些都是不会变的，但是这些东西所形成的产品、产品的组合、产品的重新设计、产品的传播手段是可以和科技紧密结合的。所以我相信，未来新东方的发展道路甚至可以说是新东方发展的必经之路，就是"科技+教育"，这样才能够实现新东方的教育理想和梦想。

要实现科技和教育的协同发展，光喊口号是不管用的，必须在资源、结构和人才配置上进行调整。以前，新东方的总裁办公会是新东方的核心决策机构，里面几乎全都是文科生。最开始的核心人员王强、包凡一，还有我，不仅都是北大毕业的，而且还都是英语系毕业的，徐小平是学音乐的。所以，我们的思维难免有文科生的单一性。后来加入新东方总裁办公会的，比如周成刚、陈向东、沙云龙他们，也都是文科生，沙老师是学法律的，陈向东是学经济的，周成刚跟我一样也是学外语的。所以你会发现，鉴于这种管理结构，新东方在科技布局上落后也就不足为奇了。

而今天，新东方总裁办公会人员组成已经是一半文科生，一半理科生了。我和周成刚是文科生，但吴强是西安交通大学计算机工程专业毕业的，徐建是美国大学计算机工程专业毕业的。现在，还有更加年轻的进入集团总公司工作的，比如孙东旭，他是南开大学计算机工程专业毕业的。他们都进入了核心决策层。在核心决策层中，已经形成了理科思维、工科思维和文科思维的平衡。而且现在新东方的很多中层管理者也是有理工科背景的，大家一起参与，一起谋发展。从这一点也可以看到，在人才布局方面，新东方已经开始重视科技的作用。

朝着科技和教育结合的目标，新东方依然在路上。在这个过程中，我们要把握住两个要点。第一个要点是保持本质，这个本质就是一切以教学质量和教师素质为核心，绝不能偏离。第二个要点是洗心革面。

为什么在保持本质的同时还要洗心革面呢？对于新东方来说就是，原来对于科技在教育领域的应用不够重视，以及变革速度缓慢的状况，必须被彻底调整过来，把科技变革当成新东方下一阶段的核心生产力和驱动力来对待。

第十章

自我剖析

这一章主要分析我个人做事情的一些想法和成长路径,希望能和新东方的成长路径对应。

从大学老师到上市公司创始人，我的点滴成长

一个人的成长可以用一条河来比喻，起源处都是非常狭窄的，但是在向前流动的过程中，河面一般都会变得越来越开阔。原因就是各种支流的汇入，水量也会越来越大。所以像长江、黄河这样的河流，最后到达大海的时候都变成了奔流的大河。

但是我们也会发现，有些人像流着流着水量越来越小的河，就像沙漠中间的断头河一样，到最后就是水渗透到沙漠中，没有了踪影，人生也变成一片荒芜。那人与人之间的主要区别在什么地方呢？我们还以河流做比喻，那些支流的汇入、水量的增加，就是你不断吸纳外来的、使你成长的因素的结果。如果你更愿意去学习，更愿意去自我驱动，更愿意去交有意义的朋友，更愿意读书，那所有这些东西就像点点滴滴的水流汇聚到你的生命之流中，让你到最后能够变得越来越开阔。

同时，我们也可以把河流向前的流动解释为一种自我驱动。我们都知道，河流向前流是从高处流往低处产生的自我驱动，而人生向前

却是从低处往高处走产生的自我驱动,所以,人生的自我驱动比河流的自我驱动要更加艰难——因为我们要往上走。但是不管怎样,你的这种自我驱动能成为你生命发展的动力。所以我认为,自我成长的驱动是人成长最主要的动力之一。

我是农民的儿子,经过三年高考进入北大,在北大努力学习,最后留在北大当老师,从一名普通老师变成优秀老师,后来又从北大出来做新东方,从零做起,把新东方做成了在美上市公司。这一过程背后的逻辑其实就是一种自我驱动,就是一个想让自己变得更有价值、更能干、更有作为的过程。这种自我驱动就是人成长的第一要素。

第二个要素就是要敢于改变。一条河流在流动的过程中会经过不同的环境,从雪山到高原、峡谷,最后到平原,到大海,如果不流动就可能变成一个湖了。而湖的位置是相对固定的,水量也不会变。所以,河水流动的过程就是进入新环境的过程。而我说要改变自己,就是一定要进入某种新的环境,也就是要创造让自己能够得到锻炼和成长的新环境。

如果一直在农村待着的话,那么我可能就只是一个农民,离不开农村了。因为在农村的环境中,我不可能变成一个超越农村环境的个体。后来进了北大,我就变成了一个北大人,但也没有成为超越北大环境的个体。同时直到今天,我觉得我身上还有很多知识结构上的遗憾,就是因为我从北大毕业后没有真正到国外留过学。结果我对西方文化和学术的了解仅限于皮毛阶段,其原因就是我只是去过西方国家,走马观花过,并没有在那里认真地住、认真地吃、认真地学过。在这一点上，我很佩服万科的王石，他在过了60岁以后还能够安静地到哈佛大学去努力研学两年，后来又到剑桥大学去研学了两年，使自己深入地融入一个环境中去学习。

当然，我还是非常庆幸我从北大出来了，做了新东方，进入了一个创业环境。在创业环境中，企业每天都面临着生死存亡的考验，每天都面临着变革，创业者不但要把企业带到更高的水平和阶段，还要和各种不同的人交往。所以非常庆幸，在新东方，我从和普通老师交往开始，后来把身在国外的大学同学和朋友拉回中国来，又把新东方带到美国去上市，接触了大量超级优秀的职业人士，再到上市以后和中国乃至世界的企业家群体进行交流和交往。每进入一个新的环境，每开始一项新的事业，个人的成长就不断地被催生和触发。

这个道理其实非常简单，从一个小孩身上我们就能看到这一点。小孩在家里的反应能力和独立个性表现往往是比较差的，一是年龄小，二来他依赖父母，知道家里没有什么危险，于是就产生了依赖症，不爱动脑子，也不主动做事情。所以，一个孩子如果在家里太被娇养的话，长大以后他可能会以一种巨婴的状态走向社会，也就是说脑子和身体都不成熟。但是如果一个小孩从小被放到社会上去锻炼，让他独立去做事情，那么长大以后他面对社会的主观能动性和主动能力就会强很多。所以，我们不能把自己被动地放在不变的环境中，那里太安逸，到最后我们什么创造成就的动力都没有了，这种状态是非常危险的。

从我个人来说，我实际上经历了一个不断成长的过程。其实，在

20世纪90年代初，大学老师是一个非常荣耀的职业，我离开北大是需要一定勇气的，当然也带有一定的被动色彩，因为当时北大给了我一个记过的行政处分，我自己不愿意在北大待了，才出来变成了一个个体户。

我当时出来的时候，中国还没有什么公司，也没有什么培训机构。不像现在，只要拿出一个想法，就可能有投资人给你投资，一开始就能大把地花钱组建正规的公司管理体系，这在当时是完全不可能的。所以，那时候的我就是一个个体户。

在作为一个个体户的风风雨雨中，我开始不断地得到锻炼和成长，原来在北大的那种非常懒散的状态——早上睡到九十点钟起来，晚上一两点钟才睡觉，起来以后也不刷牙洗脸，就躺在床上看看书，到了上课时间拎个破书包到教室里走一趟，回来以后继续躺在床上看书的懒散状态，一扫而空了。因为你发现自己像一只家养的动物被扔到了荒野中，选择只有两个，要么在荒野中饿死，要么迅速学会捕食猎物！所以，在艰难的环境中，你的成长速度反而会更快。

作为个体户生存下来以后，我想到的是一个更大的发展，这就像动物要扩展更大的地盘一样。对我来说，这是一个很自然的选择，我要去寻找一些能够跟我联合起来做事情的人。当时，我做出了一个决定，那就是必须找至少在某些方面比我强的人来跟我联合，这样的话我才能把事情做出来。所以我跑到国外，把我的朋友，尤其是我认为很有才华的大学同学给拉了回来，比如王强、徐小平。把他们拉回来后，我就从个体户变成了一个团队，我们变成了合伙人。

个人成长和团队成长是完全不同的，个人成长可以随心所欲、心愿所到，快一点或慢一点，做错了或做对了都由自己负责。但是到了团队中，你就必须为团队负责，既要展示自己的成长速度，又要展示自己的眼光和威望。而且当面对一批老同学过来跟你一起合作的时候，如果这些做得不到位的话，就会令人失望，这个团队就维系不下去。所以，团队就变成了另外一个促进你成长的要素。我在大学从来没有当过学生会干部或社团干部，但是十年后我开始要领导一群大学同学创业，那么对我来说，这又是一次领导能力的提升。

尽管中间有很多争吵，也有很多不一致的看法，但是最后我们仍然一起努力把它从合伙人企业，打造成了一个集团公司。而集团公司就意味着要有合理的公司结构来做事情，跟原来合伙人制的松散的结构相比是一次组织结构上的提升，所以这也是在组织中间的成长。你在一个组织中间成长和你个人成长、与合伙人一起成长又是一个不同的概念，因为组织结构需要在法律、规则、契约精神，还有组织架构以及组织秩序中寻找你的领导点、你的布局，而且一个组织架构的形成直接决定了你是不是能够把这个组织带上更大的规模。所以从这个意义上来说，组织架构的成长是对我的再一次洗礼。就这样，我从一个很随意、很随便的人，逐渐习惯被组织约束，最后还具备了扩大组织和稳定组织的能力。

后来，新东方又变成了美国的上市公司，我也就又变成了美国上市公司的 CEO 和董事长。这对我而言又是一次质的飞跃。之前，不管是集团公司也好，还是个体户、合伙人也好，我都处在一种自我封闭的体系中，也就是只在内部运营，财务体系和人力资源体系不规范，也没人来监督。可一旦变成了上市公司，就要面对非常严格的法律法规了，犯任何错误都会受到严厉的惩罚，因为美国有一整套的规范体系。很多中国公司不愿意到美国去上市，就因为这套规范体系太严格，以至于很多人，尤其是一些有私心的管理者和创始人，觉得有点受不了，因为他们没法做手脚了。但是我是比较容易接受严格监督的，因为我认为，在一个国际平台上做事情，虽然会面临很多约束，但是未来给你带来的舞台也一定是更加广阔的。所以最后，我选择了直面契约精神的挑战，把新东方坦然地放到全世界人民的面前。这个过程无疑也是我的成长过程：从一个比较土的中国公司的创始人发展成为一个受严格监督的国际公司的领导者，而且其间还要时不时地跟国际领域的人打交道。从这个意义上来说，毫无疑问我又进步了。

　　大家会发现，我的每一步成长都跟新东方的成长交织在一起，而且是一个交替的过程。新东方的成长是由于我的成长，而我成长也是因为新东方需要我成长，或者说是新东方的成长迫使我不得不成长，这甚至比身边有一个朋友不断敦促我更加管用，因为它跟我的命运、我的利益、我的发展息息相关。

　　我还想说的是，除了不断的成长，心态上也有很大的进步，知道了进退，而不是一味地往前。大家都知道，刘邦和项羽相争的时候，刘邦是知道退的，他退到汉中地区努力发展农业，发展经济，训练自己的军队，凭借秦岭这道天然屏障，不受外界的干扰，直到最后做好准备才暗度陈仓，把天下给打了下来。而项羽却只知道一味地向前，虽然勇敢，但最后终究走向了失败。所以人在关键时刻，是要知道后退的。但所谓的"后退"不是能力上的退化，而是退一步海阔天空。

在成长过程中，我们要时不时地思考一下我们是不是给自己留有足够的余地，或者站在更高处、更远处、更广阔的境地来看待自己和企业的成长。通过这种后退，我们能够让自己的生命、思想和发展变得更加广阔。所以我说，懂得后退也是人生中一个重要的成长要素。

我在上大学的时候，前两年拼命学习不知后退，后来因为得了肺结核在医院住了一年，而这一年就是我冷静下来反思的时期，后退的过程，使我更加清楚地看到了后面的大学生活以及大学毕业后的生活应该怎么去做。包括新东方上市以后，我很少去关注新东方的股价走势，而是关注公司更长远的发展，不以焦躁的心态来对待新东方所发生的事情，而是以退一步的心态去思考新东方的长远发展和未来，这就会使新东方走在更加正确的道路上。

直到今天，我个人还在成长，也从来没有放弃过成长，从研究各种商业案例到思考新东方未来更大的布局、更长远的发展，再到我自身知识结构的调整和提升。总而言之，只要活着，未来的路就会很长。人生是不可确定的，因为你不知道明天会发生什么。但总而言之，人生要做好两种打算：一种是长远打算，你活到100岁会是怎样的，这样的岁月你怎么去安排；另一种是每一天的打算，这就意味着即使明天已经不再属于你，你也不会为今天所做的事情而后悔，这就是一种长短结合的对人生的设计。

在这个过程中，我觉得两个因素最重要：一个是时间，另一个是身体。人生一辈子也就3万多天,如果每天都没有进步、没有收获,那么你的生命肯定就是在原地踏步,甚至是浪费。所以,时间比金钱更加重要——时间可以换来金钱,但金钱却没有办法换来时间。

另一个就是身体最重要。我周边有不少朋友,包括我的大学同学,都已经有去世的了,通常就是因为不太注意身体,或者说身体过度透支。我们也常常听说,一些创业者到了三四十岁,突然就得了什么心肌梗死,或者突然就倒地而亡了,这种情况不在少数。所以,不管你是为别人干活还是为自己干活,都要锻炼身体,身体健康才是最重要的。在这个世界上,只有时间是你自己的,身体是你自己的,如何使用时间和生命也是由你来决定的。如果你的时间被别人支配了,你的身体因为各种消耗倒下了,对你来说,这才是最悲伤的事情。所以我认为,这就是人的成长过程中最重要的两个因素。

我的个性如何成全和阻碍了新东方的发展

在一个人的成长过程中,有些东西不是能马上克服的,也不是说变就能变的,比如我们的个性。每个人个性不同,这种个性在潜移默化中塑造了一个人的状态,但也会阻碍一个人的发展。

通常来说,个性有好的一面,也有坏的一面。比如一个勇往直前的人,他的优点就是做事情干脆利落,而且不太受别人的影响,这是好的方面;但是他有可能考虑不周,到最后才发现方向错误,所有努力都化为泡影,这是坏的一面。

通常情况下,我们是不太容易克服个性中坏的一面的。因为个性跟人的基因是有某种关系的,具有某种天然性。正如我们在遇到困难和障碍时,第一反应往往就是躲,其结果就是,我们往往会被自己所恐惧的东西压倒。当我们克服了个性中的弱点时,通常来说,就是我们能够取得成就的时候。所以无论如何,人要做的就是努力发扬个性中好的一面,努力克服个性中坏的一面。当然,克服个性中坏的一面并不是一件容易的事情。

我来分析一下我自己的个性。我个性中好的一面还是不少的，比如比较坦诚、积极向上，比较合群，喜欢和大家打交道，脾气比较温和，也比较善于宽容和谅解别人，别人得罪我的话，不会天天想着要去报复。同时，我也比较大方，有利益的话愿意和别人分享。如果我口袋里有1000元给大家分的话，我觉得我自己留100元就差不多了。

就像钱币有正反面一样，个性有好的一面也就有坏的一面。我个性中坏的一面就是：我比较软弱，不愿意跟人硬碰硬；有的时候不能坚持原则；还容易过分宽容，比如员工、合作者犯了错误，我却不愿意严厉指正，最后使他的错误越来越过分；我的和气、合群等特点也容易导致权威不足。权威在某种程度上来自别人对你的恐惧和距离感，但是我身边没有任何人恐惧我，也没有人跟我有很强的距离感，这最后就变成了权威不足，以致有的时候我发号施令，下面的人不听。

当然这也涉及我个性中的另外一个弱点，那就是我做事有时会瞻前顾后，明明自己认为决策是对的，但考虑到其他人的情绪，我的推动力不够，就导致新东方的很多变革速度比较慢。

一个人个性中好的一面和坏的一面是很难拆分的，也会互相转化，好的一面过了头往往就变成了坏的一面。但分析清楚自己个性中的弱点以后，你就可以想办法去规避它。比如我不太善于劝退员工，或者说直接开除他们，因为我不愿意面对冲突，那我就可以让新东方的人力资源负责人，或者新东方高级管理干部中比较强势的人去帮我做这样的事情。

直到今天，新东方很多事情的成败和我的个性、性格依然是密切相关的，这也就意味着新东方能发展到什么样，都会带有我个性的影子。因此，我需要不断地历练自己的个性，让自己好的一面发扬得更好，坏的一面得到更好的改善，或者说是规避得更好，这也是新东方未来发展的一个要素。所以直到今天，我依然还会去历练我的个性，同时也努力争取扬长避短。

所谓的"历练个性"是什么意思呢？就是对于有些你不愿意面对的东西，要想办法去面对，因为你不去面对的话，这件事情就永远留在那儿，永远也解决不了，到最后甚至会发酵，会越来越麻烦。如果我历练成了快刀斩乱麻的个性，再跟我的个性中好的一面结合起来，那么新东方的推动力、发展力可能会比现在好很多。

总而言之，每个人都有不断完善的空间，我也不例外。

我的知识结构如何影响了新东方的发展

每个人都会在成长过程中形成自己的知识结构,而且这个知识结构是不断完善、不断更新的。而且,一个人的知识结构会直接影响其事业发展的高度。接下来我要讲一下,我的知识结构是如何影响新东方的发展的。

我们常说,理工科出身的人,其思维模式和文科出身的人的思维模式是不一样的,学经济学出身的人的思维模式和学政治学出身的人的思维模式也是不一样的。一个人从小到大对于知识的追求,又直接决定了他的思维模式和方式。对于我来说,我的知识结构无疑既成就了新东方的发展,又在一定程度上限制了新东方的发展。

北大的求学经历给我带来的一个最大的好处就是让我有了追求思想的极大渴望。在进北大以前,作为一个普通的青少年,我想得很简单。但是进了北大以后,我发现这个世界有太多的思想宝库,全世界的哲学思想、社会思想,包括对生活的不同看法,这些在我们脑海里形成了急剧的冲突。在这种冲动中,我们会接受多元化的思想,以及不同的思想对我们产生的影响。所以毫无疑问，在这个过程中，我们的思路会不断扩展，对事情的分辨能力和判断力会变得复杂，但也会变得更加可靠，因为不再是沿着一种我们固认为是正确的思想往前走，而是已经开始进行独立思考。

但是我的知识结构也有缺陷，因为我在北大不是学科学的，也不是学工科的，所以很多科学、工科的知识对于我来说都是非常陌生的领域，而且我也不可能再去学这些领域的知识，况且我从小对这些领域就没有兴趣——我在中学的时候，数理化成绩一直都是比较差的。所以最后会发现，自己的事业会被自己所涉足的领域影响。

比如，我读了大量人文和社会科学的书籍，于是，我的思维模式，分析问题、解决问题的框架，基本就局限在了人文和社会科学的范围之内。这样一来，我就发现，在某个领域我的思想是扩展了的，而在另外的领域我的思路却是狭窄的。为什么会这样呢？因为我总在沿着自己所学的人文思路的方向往前走。所以，新东方的人文特征非常明显，但科学特征也非常不明显。这跟我知识结构的局限性是有关系的。

同时，我在北大只读了本科，没有深入下去，就某一个领域进行研究生和博士生的学术研究。大家知道，本科教育是以吸收多方面的知识为主的，其实并没有针对学术研究方法和学术研究的系统训练。所以，这直接导致我的思路是发散性的、零碎性的，而不是系统性的。

当然了，进入一个领域去进行系统研究，可以让自己的思路更具系统性，但是也会让思路变得更加狭窄。然而，经过系统性训练的头脑和没有经过系统性训练的头脑确实是不一样的。所以直到今天，我一直认为我的头脑还相对分散和浅薄，就是因为没有经过某一个领域真正的系统训练，而我现在去读的话，最多也只能读一些生物学的进化论等最基本的书籍，这些知识不足以构成我的科学世界观，也不足以构成我的科学方法论。这是我一直以来的遗憾。未来，有没有机会再在某个领域中进行系统的训练，我不知道，但是至少到今天，新东方在系统性领域的深度挖掘、科学标准和科学思路，以及数理逻辑思维上的缺陷，跟我的知识结构特点和缺陷是密切相关的。

在我的知识结构中，我的逻辑思维能力、数理思维能力、系统思维能力显得比较薄弱，甚至可以说是非常薄弱。但是我的形象思维能力、人文思维能力、社会思想思维能力相对来说比较强。所以大家会发现，形象思维、想象力思维、社会发散性思维都跟思维的自由度、随意性相关，这样一来，新东方就形成了以比较自由、随意、发散性的思维框架为核心的组织结构。

这个组织结构在公司规模小的时候特别有用，因为大家经过发散性的讨论可以产生很多新的思想、新的观点，而且每个人都可以去做新的实验。但是形成一个严密的组织结构以后，在这个组织结构需要往一个方向发展才能产生力量和动力的时候，这样的组织结构就会带来很大的麻烦。所以你会发现，新东方到今天依然有这样的情况，就是任何一个校长或者子公司负责人想做什么的时候，就会自己发散性地去做，等做完了我们才发现，他做的完全不是新东方总部所要求的，或者说跟总部的要求根本不是同一个方向上的，但是他已经去做了，这也说明了随意性比较大。

这也是近两年新东方越来越多地吸收理工科背景的管理干部以充实管理队伍的一个重要原因。如果沿着新东方原来的高自由度和发散性管理框架一直往前发展的话，那么到一定程度，组织结构就会崩盘，因为它是膨胀型的，不是像一列火车一样各车厢都是朝同一个方向前进的。

我最后想说的就是，尽管我的知识结构存在缺陷，但是对于我，新东方的第一领导者和责任人来说，要做的事情无疑就是意识到自己的不足，并且迅速弥补。新东方也是一样，我们现在确实已经意识到了系统化思维、逻辑思维对于新东方未来发展的重要性，所以"亡羊补牢，犹未迟也"。

新东方的人
为什么会有创业基因

大家都知道,在中国的教育领域,新东方的人出去创业的是最多的,而且成功率也是最高的。从罗永浩做锤子手机到李丰去做峰瑞资本,到李笑来的比特币,到沙云龙的朴新教育机构,再到陈向东的跟谁学等。据统计,从新东方出去做创业公司的,不管是跟教育相关的还是无关的,公司做得相对比较出色的已经有200家左右。这就涉及一个话题:为什么新东方会有那么多人选择创业呢?我觉得这跟新东方的基因相关。

因为新东方最初的基因就是创业基因。关于新东方最著名的故事就是我从北大辞职出来创办新东方的故事。毫无疑问,凡是来到新东方的人,在一定程度上都希望自己变成另外一个俞敏洪。大家的思路是,既然俞敏洪从北大出来创业做成新东方,那如果我从新东方或者别的地方出去创业,能不能变成俞敏洪呢?他们和我一样,同样是不愿意被约束、被限制的人。

最初,我之所以选择留在北大教书,不仅仅是因为北大是一个好地方，更重要的是因为我选任何一个工作都要过朝九晚五的生活，我对这样的工作和生活有一种天生的抵抗心理，希望自己能够自由地安排时间，也许那样会更加劳累，做的事情更加辛苦，但是我心甘情愿！一个人心甘情愿地干事情和被动地干事情，是两种完全不同的心理状态，其驱动力大小也完全不同。

所以，我本人就是这样一个喜欢自由自在的人，在新东方跟我走得近的人，尤其是新东方的中高层管理干部们，一般来说都会被我的这种自由思想影响。这种影响让他学会一种突破，产生一种不愿意循规蹈矩地去安排自己的生活和工作这样一种愿望。

同时，我在新东方又非常鼓励冒险精神，这种冒险精神逐渐也会跟创业连在一起。举个简单的例子，我原来的两个助理，从某种意义上来说也是我的保安，他们都是从部队转业来的，本来没有创业的想法，跟着我工资收入、各方面待遇都不错，但是这两个助理现在都去创业了。为什么呢？就是因为他们逐渐被我的冒险精神影响了，尽管他们是从部队转业的，但从某种意义上来说，对生活的冒险和突破还是我比他们走得更靠前。

他们看着我到一所一所大学，一家一家创业机构去演讲，不断地鼓动大家突破自己的生命极限，努力让自己的生命过得更加辉煌。到最后，他们都觉得跟着我当助理当一辈子很不辉煌，所以要自己创业。他们其中一个回家乡做了一家大型农业公司，另一个到草原上做了一个度假村，接待四方来客。这毫无疑问就是我的冒险精神带领出的新东方人。另外，新东方经常会搞一些活动，比如徒步翻山越岭，到草原上去骑马喝酒，到沙漠中去徒步，去高原上体会高原的风情风貌，到国外各种文化古迹去体会别人的思想和风情。这些不知不觉地扩大了人的眼界，让人从内心产生一种不愿意平凡度过此生的想法。

如果一直在新东方干的话，有人会认为这是一个很平凡的工作，从具体工作看的确是平凡的，但是新东方所有人联合起来做成的这项培训事业却又是不平凡的。于是，就有人想：我为什么不能去闯一闯？所以，不甘平庸就变成了新东方人的某种标志。

在这个过程中，每个人都希望能独立地证明自己，就像刚才我讲的，我两个助理最后都创业去了，也是为了证明自己其实也是挺能干的，离开老板我们也能活得很好。这从本质上也是我欣赏的东西，所以新东方从来没有启动过竞业禁止协议。（所谓竞业禁止协议就是指，如果你在新东方工作，离开新东方的半年、一年之内你都不能做同样的事情。我觉得这是对人的一种限制。）尽管不少人出去了，甚至干的事情跟新东方存在竞争关系，也有损我的利益，但我依然允许他们去干，依然抱着一种鼓励的态度。因为我觉得这是对一个人生命的承认，对一个人自由意志的承认，而自由意志和奋斗精神一直是我信奉的核心价值观。个人的自由以及个人的探索是大于一切利益的。

所以大家可以看到，为什么新东方的人出去创业能成功，这跟新东方的基因是相关的。就像北大的自由精神、独立思考这些最核心的东西依然在影响着我的生命和发展一样。那么，凡是在新东方浸泡过几年的人，新东方的核心要素也都变成了他们生命的核心要素之一，使他们能够继续去探索自己的生命之路。

当然，我们也鼓励新东方人进行内部创业，新东方投资的公司也不在少数。不管怎样，这实际上形成了一个人才流动和发展的机制。你要去创业就要离开原来的岗位，就要离开新东方的保障，去独立运营和发展。

如何看待人才的
流动和发展

那么，我是如何看待新东方的人才流动和发展的呢？毫无疑问，对于任何企业或事业来说，首先要做的就是把人才留下来，就是要把最核心的人才团结起来干大事。而对于我来说，做新东方就是我最大的事情，我要做的第一件事就是把新东方最核心、最能干的人才留下来，为此我可以不惜一切代价。这跟一个国家的发展是一样的，一个国家只有不惜一切代价，把最核心的精英人才留在这个国家，让他们为这个国家努力地去进取、探索，这个国家才能兴旺。如果一个国家的核心人才跑掉了，那这个国家一定不可能有很好的发展，因为它核心的、具有创新性和突破性的人才已经不在这个体系内了。对于企业来说也是一样的，一家企业里如果愿意留下来的都是工作了七八年、十几年都不愿意走的老员工，是一批拿着高薪的管理者，那到最后中间阶层就空掉了，这个企业也会走向衰败。

所以，要想办法团结最核心的人才，并且要让后起之秀不断地赢得三个"台"：工作的舞台、发展的平台、可靠的后台。这才是一个企业要做的事情。所以对于我来说，要做的不是鼓动新东方人出去创业，尽管他们出去创业我依然非常欢迎，而是如何把最核心的人才留下来，同时还要有一个能够淘汰已经不再是核心的、落后的、不思进取的人的机制，这是我首先要做的。

新东方有句话是这么说的：用靠谱的人做伟大的事，分更多的钱。这句话里有三个核心要素。第一，要用有才华的、靠谱的人，因为只有有才华的、靠谱的人在一起，才能把一件事情做大。第二，要有一个伟大的目标，大家愿意为这个目标共同奋斗，以实现这个目标为荣耀，并作为自己的终身价值，我觉得这是特别重要的。

第三才是分更多的钱。这是一个很现实的说法，也就是让大家在利益上得到保证，让大家觉得自己的付出和回报是对等的，从而没有后顾之忧。这样才能够让大家更加长久地留在企业中，这是对人才的一种保障机制。

同时，还要创造内部人才流动的平台和机制。为什么呢？因为我们发现，如果把一个能干的人放在一个发展空间不大的岗位上，那就等于把人才浪费了。如果把不是人才的人放在了一个大平台的重要位置上，那这个平台就会毁掉。人才要用到刀刃上。所以，一定要不断地创造人才的内部流动机制，以确保每一个人都能真正在他擅长的领域和岗位上施展自己的才华。

所以，每过一段时间，一个机构中的队伍结构要进行一下调整，即实行轮岗机制。为什么要这么做呢？因为轮岗机制能够激活每个人的机智反应，就像我前文说的，把一个孩子放在家里一辈子，他就是个巨婴，但如果把孩子放在各种不同的环境中让他去锻炼的话，他就会变成一个能干的人。同样道理，把一个具有管理才能的人一直放在一个岗位上，那他的能力只会越来越弱。因为他到最后都不会动脑筋了，对他而言一个工作干了两三年以后已经变得非常熟练了，以至于不用动脑子就知道这个工作怎么做了，所以他的进步就停止了。

如果你的企业是这样用人的，那到最后整个企业就会失去活力，就没有人再想遇到危机时到底该怎么办。所以一定要对队伍进行适当调整，让每一个人去面对陌生的环境、陌生的工作，以此来激发他的工作能动性和创造力，以及面对危机时处理问题的能力，所以队伍的适当调整一定是有利于企业发展的。那些已经不再动脑子的人，创新能力严重不足，还拿高薪，这些人就变成了公司的"小白兔"，对公司的发展并没有什么益处。因为他们不可能给公司开疆拓土，所以一定要对其做适当的调整，甚至有的时候要劝退。这样，就可以让新的血液流动进来，这才是最好的保证管理队伍成长和发展的机制。

对于一个开放的企业来说，人是可以出去的，但这些人出去以后，招进来的人必须要有更大的潜力。也就是说，不能说出去的人出去了，而进来的人还不如出去的人，比出去的人还要没有想法，这样就变成了矮子和矬子在一起的状态。所以，必须要选拔越来越能干的人加入公司的组织结构，这样才能使组织结构永远保持年轻和活力，永远保持有新鲜血液在流动。

这里面就有一个原则，这个原则就是我下面要说的这句话：队伍的年轻化永远是正确的选择。虽然把年轻人充实到队伍中来，他们做事情还不成熟，甚至有的时候不靠谱，人事关系也常常处理不好，但是我觉得只要给他们足够的时间、足够的锻炼，他们的成长速度是40多岁的人的好几倍。比如现在，不管我怎么努力，我的成长速度都是不如年轻人的，因为年轻人从小到大接受的各种思维训练和变化训练，以及他们拥有的对新知识、新结构和新想法的接受能力是远远高于我们的。所以对于我来说，在新东方挑选年轻人，也就是35岁以下的人，把他们安放到重要的岗位上去，为新东方的创新和突破性发展做贡献，毫无疑问是一个最正确的选择。也就是说，不管这些年轻人刚开始多么不成熟，要给他们成长、发展的机会，这就是我对新东方人才流动和人才培养的看法。

做人做事的核心要素：
诚信、坦诚和信任

我觉得做人做事的最核心要素有很多，比如善良、与人为善、有爱心、喜欢去帮助别人，这些都是很好的。但不管做企业也好，还是与人交往也好，我觉得有三个要素是最重要的：第一个是诚信，第二个是坦诚，第三个是信任。

这三者是有区别的。首先，诚信意味着你跟别人做事情时没有任何欺诈，不管是口头上的还是协议上的，不管是两方关系还是三方关系，你都保持诚信，能够不让别人操心，让人相信你所做的每一件事情、说的每一句话不是虚假的，也不是夸张的。诚信还意味着契约精神，说到做到。从政府体系到我们个人，再到上市公司和其他企业，按道理说，上市公司应该最需要诚信了，因为老百姓花了那么多钱来买你的股票，你不诚信的话就等于欺骗老百姓。但是我个人感觉有一些上市公司是不够诚信的，有些政府部门朝令夕改从某种意义上来说也是缺乏契约精神的一种表现。人与人之间是应该有契约精神的。

第二个是坦诚。坦诚就是你做事情不是遮遮掩掩，而是愿意直来直往地与人打交道，比如不会绕弯子让人去猜。坦诚给我们带来的一个好处就是大大减少了人与人之间的沟通成本。因为大家知道，做事情最大的成本往往就是沟通成本，而沟通不畅通又会引起其他成本的增加。所以为什么在中国做生意那么累，还常常赚不到钱？就是因为这个过程中没有坦诚，从而引起了交易成本的急剧增加。

最后一个就是信任！信任是一种互相的行为，如果我对你足够信任，借给你钱我都可以不用你写借条；反之，你对我信任的话，你借给我的钱也不用我写借条。互相之间的信任可以减少很多摩擦，也可以减少很多交易成本。所以，一个人如果能做到这三点的话，那跟别人打交道、做生意的成本一定会越来越低、效率越来越高。这种低成本和高效率相加就构成了你做事情能够成功的核心基础。所以我说，做事情要有这三个核心要素。人性是很复杂的，可能是你永远猜不透的，因为别人心里在想什么，你不知道。

我们常常会发现这样一个现象：当你面对一个人，当你猜不透他心里在想什么时，心里会产生什么感觉？你心里马上闪出的感觉很可能是我要防范这个人，在跟这个人打交道的时候一定要小心、谨慎。如果你是被防范的、被人们认为是要小心谨慎对待的人，你就会失去很多机会，人们有机会的时候肯定不会想到你。因为跟你打交道心里没底儿。所以我们也常说这么一句话：害人之心不可有，防人之心不可无。你不能时时处处让人感觉到你这个人猜不透、摸不透。而且，你应该知道危险在什么地方，进而能够规避危险，这叫"防人之心不可无"。那"害人之心不可有"，说明你内心不能产生故意去抢占别人利益、伤害别人的念头。这也就是说，你内心应该是堂堂正正的。

我们讲了这么多，你会发现：一个坦诚的、让人不需要防范的人，他获得资源的效率是最高的，成本是最低的。其实，做人是很简单的，一个人只要拥有我刚才所说的诚信、坦诚和信任，那么别人就会对你非常放心。所以，我对自己的要求一直是让自己变成一个诚信、坦诚、值得别人信任的人。

当然，这三点我并没有完全做到。如果让我给自己打个分数的话，我觉得可以打80分。也就是说，很多跟我交往的朋友，包括业界的企业家，都不会觉得我是一个腻腻歪歪、斤斤计较、包藏祸心、居心叵测的人，大部分人都觉得我还是一个非常诚信、非常坦诚、非常值得信任的人。那么这样的话，我自己做事情和新东方做事情的成本就比较低，沟通成本也比较低，效率也变得比较高。

与此同时，我着力在新东方打造一个透明、诚信、互相信任的合作氛围。当然，这个目标不是每个人都能够做到的，但是总体来说，新东方跟别的企业相比，氛围还算是比较不错的。

我还想说的是，我们常常看到有人觉得自己很坦诚、很可信、很厉害，看到别人在腻腻歪歪、做的事情让自己不舒服的时候就抑郁，就直接怼别人，甚至不把别人顶到墙角根本就不回来，也许这些人说的是对的，他们对对方的判断也是正确的，但是一旦说出来，捅破这层纸的话，那跟对方的关系立刻就会陷入特别复杂的状态。也就是说，如果你做事情不给别人留情面的话，那别人以后做事情也不会给你留情面。所以即使你本人很诚信、很坦诚、很可信，但是你表达的方式依然要讲究技巧,要让人感到非常舒服。如果你是一个管理者,很坦诚,你的属下有什么错误或缺点,而你根本就不顾属下的面子,直接就把它说出来了,而且态度还不友好,甚至当着所有人的面把别人批得体无完肤,你这样做就等于不给人情面,也不给别人回旋的余地,这样的结果只会更糟糕。

我们也发现,有些管理者就是这样的人,这会导致团队人心离散。为什么这么说呢?因为你不给别人留情面,别人也不会给你留情面;你不给别人成长的空间,别人也不会给你发展的空间。所以我们一定要想办法在做事情的时候降低自己的成本,这个成本不仅仅是钱,也不仅仅是你花的时间,而是包括很多方面。做事情轻松、能够迅速达成目的、没有任何障碍,这就是降低做事成本。

我个人认为,降低做事的成本最好的方法就是把自己变成一个诚信、坦诚和值得别人信任的人,而且是唯一的方法。你只要做到这些,就可以把精力、时间和资源用在你的事业和人生中最重要的地方,而不是把精力耗费在无聊的信息上。

世界上有两种人,一种人要把所有时间和精力耗费在解决自己所创造的麻烦和问题上,比如跟别人的纠葛、吵架、内讧等。有的夫妻就是这样生活的,天天吵架,天天在解决矛盾。而另一种人就活得非常明白,把自己的时间、精力和资源用在对自己的人生最重要的事情上面,把那些琐碎的事情想办法排除掉。而要排除琐碎的事情,最好的方法就是有一个博大、坦诚、诚恳的胸怀,这是我们每一个创业者和做事业的人,包括懂得生活的人都应该记住的最重要的原则。

与政府官员打交道：
坚持原则做事情

在讲完我们应该采取什么样的态度和品格来跟社会打交道、做事业以后，我们再来讲讲和政府官员打交道时，应该把握什么样的原则。

像美国、加拿大这样的国家，它们的法律法规已经比较成熟，和它们打交道相对比较简单。

但是中国由于这几十年发展迅速，各项变动都比较大，因此政府的政策、法规变化也比较大，甚至一些政府办事员对企业的态度直接决定了企业到底能够做得快还是慢，能不能顺利进展。所以对于我们来说，在中国做企业，有时跟政府打交道会相对来讲要花费比较多的时间和精力。当然，现在中国的政府职能部门也在简化，效率也在提高。现在新的年轻创业者可能在这方面感受要稍微弱一点，这跟我们当初做生意的时候相比确实进步了很多。当时，办个营业执照都有很多步骤。

那时出现这种现象是有原因的。首先，中国历史上就是一个以政府机制为核心的社会体系，所以政府在社会治理当中的主导性，可以使社会的走向发生改变。其次就是中国从古代到今天就是一个人情社会。人情常常会大于规矩。有时候，我们按照规矩去做事情，人家可以不理你，但是你要按照人情去做事情，人家就可能会理你。所以在中国的不少场合，如果人情没到，关系就不会到。你在中国做事情首先要把人情建立好，关系才能建立好，这是一个循环的过程。

所以在日常工作中，我们有时不得不去利用这样的人情关系来做事情，这就是人情社会的特点。政府在社会发展中的关键性作用，加上人情社会的传统，使我们陷入了一个做事情相对复杂的过程。

由于政府官员手中掌握的资源比较多，所以我们做事情时免不了要跟各级政府官员打交道。从办事员，到税务局、社保局，到主管部门，包括教育部、科技部、教育厅、教育局等，我们免不了要和它们打交道。而打交道就要有原则。我们也知道，不少企业家跟一些政府官员勾结，所以常常一个政府官员因为贪污腐败被抓进去了，背后总有几个企业家跟着牵扯进去，因为就是他们为这些腐败的政府官员提供了源源不断的资金支持。

这就意味着我们跟政府官员打交道要有原则，美国桥水基金的创始人达利欧写了一本书叫《原则》，在中国也很风行。他觉得坚持一些原则去做事情总比没有原则要好，有些原则是不可突破的。在跟政府和政府官员打交道的时候，核心原则是什么呢？我把它叫作友情相交，而不是利益相交。也就是说你可以跟政府官员建立起很好的个人感情，比如说在一起吃个饭、聊聊天，只要不过分奢侈就好。很多政府官员本身也是非常有想法的人，有很好的品格的人，跟他们打交道，让他对你的人品人格予以认可，这种事情叫作友情相交，最后对方把你视为朋友。但这绝对不是利益相交，比如说遇到事情拎一大捆钱跑到政府官员家里说，你帮我把这个事情干了。即使政府官员帮你干了，这种事情最后也会带来比较大的后遗症。

在整个过程中间，要把握的另外一个原则是，要做没有后遗症的事情。什么叫没有后遗症呢？也就是说，你去做的一个事情，比如我刚才说的，给政府官员送一捆钱，就会留下麻烦，这个事情即使一年两年不爆发，十年八年也都有可能爆发出来，这个就变成了一个后遗症。没有后遗症的事情是什么呢？就是合理合法的事情，清白的事情。

但是我们有的时候也会碰上比较邪恶的办事员，明目张胆地就向你要钱、要东西，不给的话，他就不给你办事。过去，这样的情况经常能碰到。而在今天反腐如此严格的情况之下，可能好很多，但仍不能排除这种人的存在。在这种情况下，我们宁可放弃利益，宁可这件事我们不做了，也不要走上这条歪路。因为这个事情有风险，越是这样的人你越不能给他，因为越是这样的人，越有可能被抓起来，那你也会很容易牵连进去。所以如果说在那个时候实在不行了，这条路根本就走不通，那这个利益就不要了，大不了再穷一段时间，再搁置一段时间！当然你有别的解决办法的时候可以用别的办法，但是一定不要选择给自己留下后遗症的办法。

我跟政府官员打交道打得还是比较多的，因为新东方在全国各地都有分校和教学点。但是在我心中，我发现绝大部分的政府官员都只是想把事情做好而已。他们有的时候会"为难"你，只是因为他们不太愿意也没法承担责任而已。你跟他们熟悉以后，你会发现他们的理解力甚至比你还要好，也有很强大的同理心和同情心。利欲熏心的人毕竟是少数，遇到这样的人你就避开。跟好的政府官员去打交道，这样的话既有了交情，又有了友情，互相之间还能学到东西，而且还可以把自己的业务放在一个非常安全的范围之内。

当然，有的人会说，我们去干的时候不像俞老师你讲得那么轻松，不过我几十年就是这么过来的，会遇到困难和障碍，但是你坚持原则只会有好处没有坏处。所以我希望所有做生意的人，需要跟政府官员打交道的人，要坚持原则去做事情，可能对你来说会有更大的好处。

我的未来不是梦：
为孩子们的成长全心服务

每个人都有自己的目标和理想，我也为自己的目标和理想做了很多事情。而且我的目标和理想是不断变化的。最初在农村的时候，我的目标就是考上大学，后来我考上了北大；我参加工作后的目标就是能够留在北大当一名好老师，这个目标也实现了；我的第三个目标就是从北大到国外去留学，结果努力了三年都没有成功，最后留学梦想就破灭了；我的第四个目标是变成有钱人，因为当初留学不成功就是因为想到美国留学却没有钱交学费，所以我觉得自己应该挣钱，于是就出来创立了新东方。结果，这个目标很快就实现了，因为当时我的目标并不高——有30万元就可以了。后来我发现，30万元不够，就把目标改为挣到100万元；挣到100万元后，我觉得100万元也不够了，因为当时北京的房子一套就要差不多50万元，就觉得还可以多挣点；再后来，就把新东方做成了一项事业。

紧接着，我下一个目标和理想，就是把新东方做成一个在中国教育领域有影响力的教育公司。于是，我就把国外的老同学、老朋友都拉回来，一起做新东方。当然，后来做着做着我们就决定把新东方变成一家上市公司，用产业化的思路来做教育。于是，新东方就到美国纽约证券交易所上市了。

公司上市以后，有一段时间我有些迷失了方向，上市以后新东方干什么呢？后来，新东方收入和利润增长就变成了我的下一个目标，但是这个目标明显是不靠谱的，因为收入目标其实跟你所做的事情是否伟大、是否有内涵、是否有意义是没有必然联系的，因此有一段时间新东方就走了弯路。当然，这几年新东方在不断地提升教学质量，不断地研发教学产品，不断地把科技应用到教育领域中去，又回到正道上来了。

就在这个时候，有人问我："俞老师，你下一步打算做什么呢？"下一步我想做什么呢？我觉得我想得还是比较清楚的。除了自己的日常生活，就像我刚才说的，时间最宝贵，身体最重要，花时间多读点自己喜欢的书，做点自己喜欢的事，陪着孩子一起成长，闲时全世界旅游一番，考察一下文化名胜，让自己的生活过得更加轻松一点，这是我们50多岁的人应该有的心态。此外，剩下的就是在事业方面。那在事业方面，我的理想和目标到底是什么？也有人经常跟我探讨这个问题，我也非常清晰地做过这方面的回答。

我要做的事情其实比较简单。作为一个在教育领域深耕了二三十年的人，这辈子我都不可能离开教育领域了。那么我要做的，第一就是为孩子们创造一套全面成长的教育体系，我希望通过新东方的不断研究和研发，未来孩子们能在性格、人格、知识方面都得到全面的提升。也就是说，未来，我们新东方不仅仅教孩子学英语，也不仅仅教孩子们学数理化，帮助他们通过一门又一门的考试，而是要在这个过程中，让孩子们在人格、个性发展等方面得到全面的成长，使每一个孩子都变得更加出色，让每一个孩子在面对这个世界时更加健康和健全，这是我要做的第一件事情。所以，新东方也在做各种各样有关这方面的布局，包括成长中心、新东方的素质教育体系等，这些也刚好可以呼应国务院和教育部所出的要求为孩子减负的文件。我觉得给孩子减负不是说孩子不成长，而是要建立一种多维度的、更加健全的成长体系，这是国家需要的！

我要做的第二件事情是建立家庭教育体系，因为我深刻体会到了一句俗语所体现的现实性，就是"三岁看大，七岁看老"，即一个孩子如果在三岁没养成良好的生活习惯，在七岁没养成良好的学习习惯和思维习惯，那一辈子就基本定型了。我发现，凡是在十岁之前就已经养成了良好生活习惯的孩子，他的学习习惯、思考习惯，包括品德习惯，基本就不用父母操心了。相反，如果在孩子十岁之前把他娇生惯养，最后弄得像小霸王一样，而父母再把自己的坏脾气传给孩子，没有教会孩子去阅读、去学习的话，那父母后半辈子基本上处于痛苦和绝望中，因为这个孩子很可能会走歪路。所以我觉得，家庭教育体系的建设，对于中国的未来是非常重要的。

我要做的第三件事情，我前面也讲过了，就是关注科技给教育带来的变革。科技给人类的知识结构所带来的变革是不可忽视的。历史上的印刷术、广播录音、广播电视是科技进步，互联网发展是科技进步，现在的人工智能也是科技进步。所有这些科技进步一旦跟教育结合起来，就会使知识成倍地增加，使知识的习得变得更加容易，使知识的传播变得更加广泛。所以，从这个意义上来说，虽然我不是技术出身，但科技和教育的结合也是我研究发展的一个重要领域。

我要做的第四件事就是促进均衡教育在中国的发展。在中国，尤其是在中国的贫困山区，有成千上万的农村孩子，他们得不到现在城市孩子所拥有的教育体系和教育资源。对他们来说，在这样一个飞速发展的时代，他们只会被落得越来越远。如果他们被落得越来越远，又没有人去帮助他们，他们会跟中国整体社会形成一种撕裂的状态。随着现代科技的应用，我们该如何用新东方的教育资源来帮助这些边远地区的孩子，使他们能跟其他孩子共同成长，也变成了我个人的责任和使命。

所以，总的来说，未来我要为孩子们的成长全心服务，这里面包括孩子们素质的整体提高、家庭教育成长、科技与教育结合，以及促进中国贫困地区、边远地区与城市的教育均衡，这都是我要做的事情。

新东方的故事没有结束，新东方的责任，尤其是面对我刚才说的贫困地区教育、孩子全面成长等课题，新东方的责任正在前方。我的故事也没有结束，尽管已经50多岁，但对于我来说，未来还有很长的路。只要我保持头脑清醒，保持体力、精力的旺盛，那未来的几十年对于我来说还会产生更多的精彩。我希望我未来的几十年能够比我过去几十年所创造的精彩更加精彩，甚至在本质上要有更高的提升。

对于我来说，为中国教育去做点好事，一些力所能及的好事，为年轻一代、下一代的发展去做点好事，包括为年轻人的创业等去做点好事，而不是倚老卖老、觉得自己厉害，这对我来说也是一件非常重要的事情。而且随着年龄的增加、个性的成熟，我越来越清楚地意识到自己的局限在什么地方，也越来越清楚地意识到自己能够做些什么。对我来说，取其所长、扬长避短已经变成了我未来的一个准则。用自己拥有的资源、时间、精力，包括社会财富和人脉去为孩子们做事情，为年轻的创业者做事情，对我来说是非常重要的，自己踏遍青山人未老，何况还有青山等着我们去踏遍。所以对于我来说，风流人物还看今朝，年轻人在不断地成长，我希望自己能够有用，能够成为年轻人的垫脚石。

总而言之，新东方还在发展，俞敏洪还在发展，希望我们大家共同努力，让中国变得更好，让中国教育变得更好。

附 录
新东方发展大事记

1993 年
- 11月16日，北京新东方学校成立。

1996 年
- 第一家新东方书店"东方之星书店"正式开业。新东方出国咨询服务中心（北京新东方前途出国有限公司前身）成立。

2000 年
- 在上海、广州设立新东方学校。
- 12月，新东方教育在线成立，新东方正式进入远程教育领域。

2001 年
- 新东方教育科技集团挂牌成立，新东方步入国际化、多元化的教育集团发展阶段。

2002 年
- 在武汉、天津、西安、南京设立新东方学校。
- 6月，投资 3.2 亿元兴建新东方扬州外国语学校。

2003 年 ▶ 在沈阳、重庆、成都、深圳设立新东方学校。

5 月，新东方大愚文化传播有限公司成立，新东方进入图书与杂志出版领域。

2004 年 ▶ **2 月**，北京新东方前途出国咨询有限公司成立，全面开展留学咨询等相关业务。

8 月，创立"泡泡POP"少儿英语全新品牌并全面启动。

2005 年 ▶ 在杭州、长沙、哈尔滨、济南、太原、郑州、长春、襄樊设立新东方学校，集团新一轮业务拓展计划开始实施。

3 月，北京新东方迅程网络科技有限公司成立，正式启用www.kooleam.com域名。

10 月，新东方教育科技集团入驻地处北京中关村核心区的新东方总部大楼。

2006 年 ▶ 在福州、合肥、昆明、石家庄、苏州、株洲、宜昌、鞍山、佛山设立新东方学校。

9 月 7 日，新东方在美国纽约证券交易所成功上市，成为中国大陆第一家在美国上市的教育机构。

2007 年 ▶ 在南昌、无锡、荆州、大连设立新东方学校。

3 月，新东方学前教育拓展中心（北京新东方满天星教育咨询有限公司）成立。

5月，新东方留学直通车全国推广管理中心成立。

11月，新东方国际高中项目部正式成立。
新东方与美国教育考试服务中心（ETS）签署战略合作协议。

2008年
在黄石、兰州、宁波、厦门、青岛、南宁设立新东方学校。

10月，新东方家庭教育研究与指导中心成立。

2009年
11月，新东方优能中学教育全国推广管理中心成立。

2010年
在湘潭、镇江、洛阳、南通设立新东方学校。

7月，新东方优能教学管理系统UMS全面上线，正式进军个性化教育领域。
北京昌平外国语学校成立。

2011年
在吉林、贵阳、呼和浩特、唐山、乌鲁木齐设立新东方学校。

4月，新东方网www.xdf.cn正式上线。

6月，迈格森国际教育成立，正式进军中国4~17岁青少年高端教育培训市场。

2012年
以事实和快速反应击败美国浑水公司对于新东方的攻击。

6月，北京沃凯德国际旅行有限公司正式成立。

2013 年 ▶ **9 月**，新东方教育行业研究院成立。

2014 年 ▶ **5 月**，新东方素质教育研究与发展中心成立。

8 月，开放式的在线教育直播网站酷学网正式上线。

2015 年 ▶ 在泉州、温州、潍坊、珠海设立新东方学校。

3 月，北京新东方百学汇教育咨询有限公司成立，新东方开始在素质教育领域全面布局。
新东方二、三线城市拓展事业部成立。

2016 年 ▶ 在锦州、保定、烟台设立新东方学校，同时积极探索双师模式，在泰安、沧州设立双师学校。

6 月，新东方宣布 2016 财年集团收入突破 100 亿元，成为中国第一家收入过百亿元的教育培训机构。

7 月，北京东方优播网络科技有限公司成立，利用互联网技术将新东方的K12业务在三、四线城市以虚拟课堂的方式做进一步拓展。

8 月，整合前途出国欧亚留学申请服务和小语种培训两大业务团队，成立新东方欧亚教育，提供欧亚各国语言培训加留学申请的一站式服务。

11 月，北京盛德维新教育科技有限公司成立，全面负责新东方国际学校系统的业务拓展和资源整合。

2017 年　▶　在漳州、南阳设立新东方学校，在开封、秦皇岛、安阳、邯郸、中山、银川、绍兴、湖州设立双师学校。

4月，北京双师东方教育科技有限公司成立，借助双师模式开拓业务，同时向欠发达地区中小学输送公益教育资源。
新东方市值突破 100 亿美元，成为中国第一家市值过百亿美元的教育品牌。

5月，举行"俞你同行——新东方优秀教师航海之旅"，新东方通识教育项目正式启动。

7月，北京比邻东方教育科技有限公司成立，全面负责新东方外教口语项目的业务拓展。同年十月发布青少外教直播品牌"blingabc"。

11月，新东方与科大讯飞共同投资成立的"东方讯飞教育科技有限公司"，正式发布首个智能学习产品 RealSkill。

2018 年　▶　在盐城、连云港、焦作、东莞、海口、义乌、金华设立新东方学校。

5月，新东方作为基石投资人携手工商银行、中信信托、张家港产业资本中心等机构成立新东方教育文化产业基金，专注教育产业及泛教育文化领域股权投资。

6月，成立东方坐标学院，发现并培育致力于改变教育产业格局的未来商业精英。

7月，成立新东方人工智能研究院，研究探索人工智能在教育领域的发展方向及应用。

2019 年 ▶ **3 月**，新东方在线登陆香港交易所上市，成为中国内地首家在港交所上市的在线教育公司。